新时期煤炭行业

发展方式变革动力与方向

The Impetus and Direction of Development Mode
Reform of Coal Industry in the New Period

任世华　秦容军　郑德志　著

中国发展出版社
CHINA DEVELOPMENT PRESS

图书在版编目（CIP）数据

新时期煤炭行业发展方式变革动力与方向/任世华，秦容军，郑德志著. —北京：中国发展出版社，2022.5

ISBN 978-7-5177-1293-0

Ⅰ.①新… Ⅱ.①任… ②秦… ③郑… Ⅲ.①煤炭工业—工业发展—研究—中国 Ⅳ.①F426.21

中国版本图书馆CIP数据核字（2022）第084468号

书　　名：新时期煤炭行业发展方式变革动力与方向
著作责任者：任世华　秦容军　郑德志
责 任 编 辑：郭心蕊
出 版 发 行：中国发展出版社
联 系 地 址：北京经济技术开发区荣华中路 22 号亦城财富中心 1 号楼 8 层（100176）
标 准 书 号：ISBN 978-7-5177-1293-0
经　销　者：各地新华书店
印　刷　者：北京市密东印刷有限公司
开　　本：710mm×1000mm　1/16
印　　张：16.75
字　　数：235千字
版　　次：2022年5月第1版
印　　次：2022年5月第1次印刷
定　　价：79.00元

联 系 电 话：（010）68990630　68990692
购 书 热 线：（010）68990682　68990686
网 络 订 购：http://zgfzcbs. tmall. com
网 购 电 话：（010）88333349　68990639
本 社 网 址：http://www.develpress. com
电 子 邮 件：174912863@qq. com

编　委　会

主　　编：任世华　秦容军　郑德志

其他作者：陈　茜　曲　洋　张亚宁

李　鑫　郝成亮　焦小淼

吴立新　李　昕　卢晓燕

前言

党的十九大提出“我国经济已由高速增长阶段转向高质量发展阶段，正处在转变发展方式、优化经济结构、转换增长动力的攻关期”“必须坚持质量第一、效益优先，以供给侧结构性改革为主线，推动经济发展质量变革、效率变革、动力变革”。十九届五中全会进一步强调“推进能源革命”“能源资源配置更加合理、利用效率大幅提高”。2020 年 9 月以来，“二氧化碳力争于 2030 年前达到峰值，努力争取 2060 年前实现碳中和”的“双碳”目标成为国家战略，并纳入生态文明建设整体布局，将推动我国经济社会发生系统性变革。煤炭行业是经济社会发展的供给侧，必须按照新时期经济社会发展的总体要求，推进发展方式根本性转变，才能肩负起作为清洁低碳、安全高效能源体系稳定器和压舱石的使命，成为实现伟大复兴中国梦的可靠能源保障。

过去几十年，我国煤炭开发利用水平由原始落后走到了国际先进甚至国际领先，实现了规模的快速增加，支撑了经济社会快速发展。伴随经济由高速增长转向高质量发展，经济发展对煤炭的依赖减弱，煤炭生产消费步入高位平台期，煤炭行业进入自新中国成立以来的根本性转折期。一是发展阶段转换。经过 1949—1990 年的幼稚期、1991—2013 年的成长期、2014 年以来的成熟期，煤炭行业正在由“中年”进入“中老年”，转入生命周期的下半程。二是主攻方向转换。过去 70 年以提升产能和产量为目标，煤炭行业为经济社会发展贡献 925 亿吨煤炭，未来累计产量（不含原位转化）大概率不会超过925亿吨，将由产量增长转向质量优化。三是竞争态势转换。过去面对供不应求的能源需求，主要是煤炭企业间产量多寡和生产成本高低的竞争，掌握了资源、项目、技术就相当于获得了竞争优势；当前新能源已开始与煤炭存量竞争，煤炭行业面对的不再是仅由自身发展决定的市场，将由行业内竞争转向能源行业间竞争。

煤炭行业发展动力和驱动要素发生了颠覆性变化，以往需求拉动的要素驱动式增长不可持续，必须探索适应新时期煤炭行业发展要求的新发展方式。

本书以项目研究报告为基础，在系统评价和识别煤炭行业以往发展方式的动力来源和驱动要素的基础上，分析借鉴发达国家消费平台期煤炭行业发展经验，展望我国新时期经济社会发展新趋势、新图景，明确未来煤炭行业发展方式变革的动力来源，提出煤炭行业发展方式变革的战略思想、战略愿景、战略目标、战略路径以及重点任务和相关措施建议。

全书共分为10章。第1章依据要素驱动理论、系统论、资源配置理论、协同论，采用定量和定性相结合的权重计算方法，构建了综合评价指标体系和基于层次分析法（AHP）+熵值法的最小偏差综合赋权评价模型，建立了煤炭行业发展方式评价方法；第2章采用建立的评价方法和模型对煤炭行业发展方式进行回顾评价，揭示了过去几十年煤炭行业发展动力、核心驱动要素及其贡献，并分析了煤炭行业发展成效和目前存在的瓶颈问题；第3章梳理了发达国家进入煤炭消费平台期的历史背景，分析平台期煤炭行业在政策、科技、安全、国际化等方面的发展特征，归纳了发达国家平台期煤炭行业发展经验，为我国煤炭行业发展方式变革提供经验借鉴；第4章分析国内外新形势新变化，展望新时期我国经济社会发展图景，描绘了与煤炭行业相关的经济发展、人口就业、资本投资、科技创新、环境保护、数字经济六大方面变化趋势；第 5 章从需求变化、要素变动、新定位新要求等方面分析煤炭行业发展要素未来变化态势，明晰煤炭行业发展方式变革的动力来源；第 6 章基于煤炭行业“三大转换”的发展格局研判，提出了煤炭行业发展方式变革“三项理念”的战略思想，“过程四化”“主体四高”的战略愿景，起步—攻坚—全面提升“三个阶段”的战略目标，自身优化、立体发展、融合发展“三大变革路径”；第 7 章围绕煤炭行业发展方式变革的目标和途径，提出构建智能绿色开发体系、健全定制化精准供应体系等八大重点任务，推进形成全产业链的协同突破新局面和立体融合发展新格局，促进煤炭行业高质量发展迈上新台阶；第 8 章聚焦煤炭行业科技创新，研判煤炭技术装备发展形势和趋势，提出了“打造智能绿色矿山科技创新新生态”的目标和实施路径。第 9 章面对碳达峰碳中和的新要求，分析煤炭行业的碳排放特征，提出发展煤炭行业特色碳中和技术体系。第 10 章汇集了煤炭行业发展方式变革焦点问题研究的 7 篇支撑性论文和专题报告，对新时期我国煤炭的地位和作用、煤炭绿色矿山建设历程、国际煤炭行业发展经验借鉴、新冠肺炎疫情对从业人员影响、“双碳”目标下煤炭行业发展趋势、煤炭与新能源耦合发展路径、煤炭行业向地热能资源开发拓展等进行了深入分析和讨论。

各章节编写人员具体如下：前言，任世华、秦容军、郑德志；第 1 章，秦容军、曲洋；第 2 章，秦容军；第 3 章，陈茜、吴立新；第 4 章，任世华；第 5 章，秦容军；第 6 章，任世华；第 7 章，秦容军、曲洋、陈茜、李鑫、张亚宁、郝成亮、李昕、卢晓燕；第 8 章，郑德志；第 9 章，焦小淼；第 10 章，任世华、郑德志、陈茜、焦小淼、曲洋、张亚宁。全书由任世华、秦容军、郑德志、曲洋、陈茜统稿，任世华审定。

本书的出版得到了中国煤炭科工集团有限公司科技创新创业资金专项项目“煤炭行业发展方式变革及产业创新战略研究”的资助；学习和

引用了谢和平院士、康红普院士、王国法院士、王双明院士等院士专家的战略思想；姜智敏副会长、晋举文研究员、李维明研究员等在项目研究和书稿编写过程中给予了无私指导，在此一并表示衷心的感谢。

由于编写组水平有限，书中难免存在不足之处，诚恳地欢迎您批评指正，并提出宝贵的意见和建议。

任世华

2022 年 5 月

目 录

1

煤炭行业发展方式评价方法

——基于要素驱动理论的 EMCD 评价

煤炭行业发展与社会经济、能源需求密切关联，也受资源、资金、技术、人力、体制等多重要素的影响。需求是煤炭行业发展的拉动力，类似于汽车的发动机，提供动力来源，而各要素则是煤炭行业内在发展的驱动力，类似于汽车的车轮，支撑煤炭行业前行，二者协同推进了煤炭行业持续前行。开展煤炭行业发展方式评价，揭示各因素对煤炭行业发展的影响及其内在机制，对科学认识煤炭行业发展方式、推动煤炭行业发展方式向正确方向变革具有重要的理论和现实意义。本章借鉴要素驱动理论、系统论、资源配置理论、协同论，采用定量和定性相结合的权重计算方法，构建煤炭行业发展方式评价指标体系和基于层次分析法 + 熵值法的最小偏差综合赋权评价模型，形成煤炭行业发展方式评价方法（EMCD），见图 1-1，旨在为揭示煤炭行业发展方式的内在作用机制提供支撑。

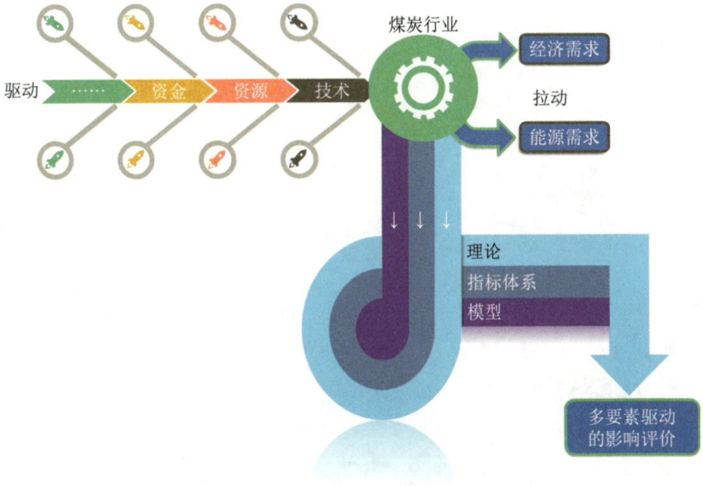

图1-1　煤炭行业发展方式评价方法示意图

1.1 理论借鉴

1.1.1 要素驱动理论

经济增长是由生产要素（土地、资源、劳动力等）投入驱动的，投入数量、质量和结构决定了经济增长的速度和质量。随着时代发展，生产要素的内涵和范围持续演进。煤炭行业的发展也是由生产要素投入驱动的。

要素市场在经济发展中的角色，见图 1–2。“要素驱动”模式的发展方式基于比较优势、后发优势。在经济发展的初期阶段，“要素驱动”模式一方面能够有效发挥本国的禀赋优势和比较优势，充分利用人力资源，有效积累资本；另一方面，要素的规模投入使社会化大生产成为可能，加速了产业分立，使产业体系进一步健全，产业结构从单一走向多元，特别是推动了第二产业的发展，将产业重点从第一产业转向第二产业，使传统农业国家转变为工业化国家，实现产业结构的优化升级。但是随着经济规模的增长，要素驱动带来的边际效益通常会呈现出递减趋势。

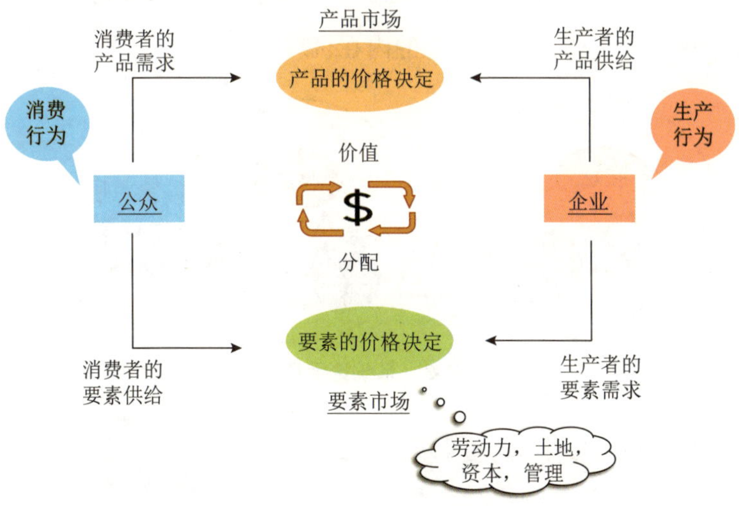

图1-2 要素驱动示意图

1.1.2 系统论

经济社会可视为一个大系统，系统实际运行过程遵循相应的原理、原则和模型。而煤炭行业是经济社会系统中的一部分，根据社会系统需求进行适应性调整和优化。

系统论研究系统的一般模式、结构和规律，研究各种系统的共同特征，用系统论知识定量地描述其功能，寻求并确立通用系统的原理、原则和模型，主要对计算机、应用数学、管理等专业的某一或某些方向进行针对性研究。

系统论认为，整体性、关联性、等级结构性、动态平衡性、时序性等是所有系统共同的基本特征。系统论的任务，在于调整系统结构、各要素关系，使系统达到优化的目标，见图 1–3。例如，社会系统中由于科技等要素驱动，促进大数据、物联网、区块链等新技术广泛应用，而大数据行业具有显著的耗能特点，拉动了社会系统中能源需求的增加，最终传导至作为主体能源的煤炭上，要求其根据区域用能变化及时改变煤炭生产、储备及发电、调峰等一系列策略，适应新的用能需求，优化经济社会系统能源平衡，维持系统稳定。系统论可较好地阐释因经济及需求拉动等引发的煤炭行业变化的内在机理。

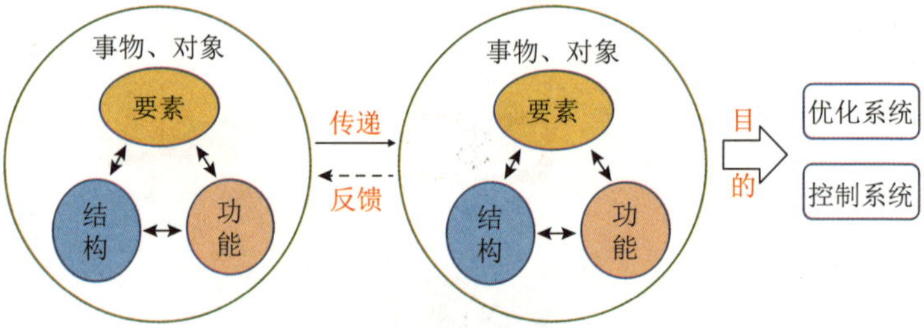

图1-3 系统论示意图

1.1.3 资源配置理论

资源总是向更能实现其价值的领域流动，以实现资源的最佳利用，即用最少的资源耗费，生产出最适用的商品和劳务，获取最佳的效益。资源配置的实质就是社会总劳动时间在各个部门之间的分配。煤炭行业的发展也是社会资源配置的结果。

资源配置合理与否，对一个国家经济发展的成败有着极其重要的影响。在经济学中，人们从事经济生产活动的目的是满足自身需要，这种需要的满足是通过人力、财力、物力等资源要素的投入来实现的；同时，这种从投入到产出的过程是在一定的资源约束、技术限制条件下实现的。因此，资源稀缺性的广泛存在使资源配置问题成为经济学研究的核心问题。资源配置合理，就能节约资源，带来巨大的社会经济效益；资源配置不合理，就会造成资源浪费。在市场经济体制下，市场机制是资源配置的决定性力量，见图 1–4。

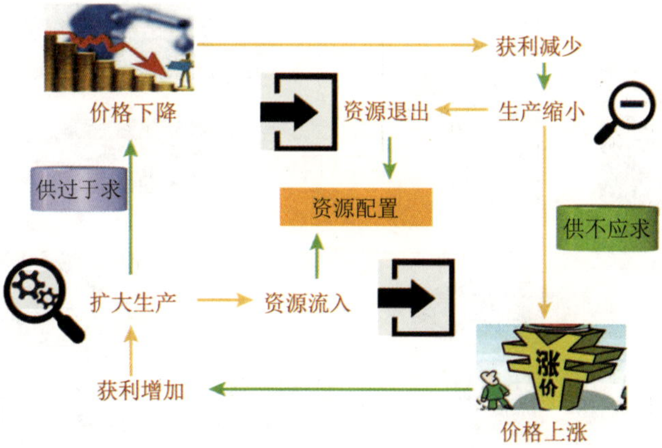

图1-4 市场配置资源的运行机制示意图

1.1.4 协同论

协同论亦称“协同学”或“协和学”，是在多学科融合研究基础上逐渐发展起来的一门新兴学科，是系统科学的重要分支理论。其创立者是联邦德国斯图加特大学教授、著名物理学家哈肯（Hermann Haken）。

协同论认为，在整个环境中，尽管属性不同的系统千差万别，但各个系统间存在着相互影响而又相互合作的关系。其中也包括通常的社会现象，如部门间关系的协调、企业间相互竞争的作用、不同行业间的相互配合与协作以及系统中的相互干扰和制约等。以不同机构的协同创新为例，其运行机制见图 1-5。运用协同论，煤炭行业可借助自身的资源优势、成本优势、管理优势等发展其他相关产业，通过产业内外部的合理分工和相互协作，实现多元产业与主业之间的优势互补、有序运行、良性循环和共同进步，从而获取协同效益、降低生产成本、提高生产效率和专业化水平，最终促进整体目标的实现。

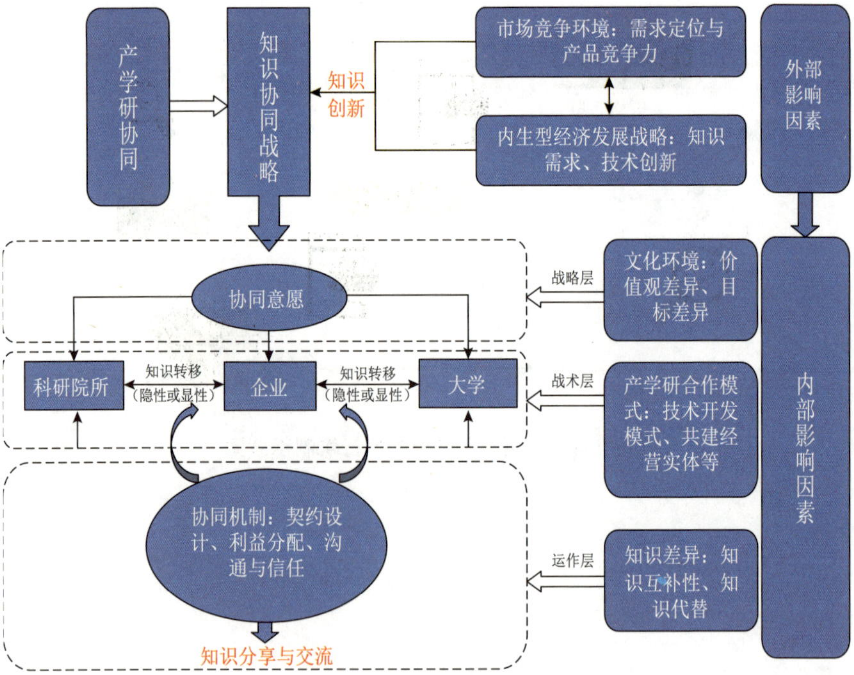

图1-5 协同创新示意图

1.2 综合评价指标体系

依据要素驱动理论、系统论、资源配置理论、协同论等相关理论，从需求拉动和要素驱动两个维度构建煤炭行业发展方式评价的指标体系，见图 1–6。

煤炭消费最能反映需求的拉动力，选取“煤炭消费量”作为需求拉动的衡量指标。而资源、资金、技术、人力、体制是驱动煤炭行业发展的关键要素，作为要素驱动的衡量指标。资源指标中，选取“可利用资源量”为具体指标，衡量资源规模和资源可利用潜力；资金指标中，选取“行业固定资产投资”为具体指标，衡量投资规模及投资强度；技术指标中，由于衡量技术水平的指标较多，为判断整体技术水平，选取“综合技术水平”定性指标，进行分级打分，涵盖回采率、机械化程度、废弃物资源化利用率等多个子项；人力指标中，选取“从业人员数量”为具体指标，衡量从业人员规模；体制指标中，由于体制集中表现在政策领域，因此选取“政策适配性”为具体指标，涵盖政策适用性、政策强度、政策执行效果等多个子项，采用专家打分法综合评判取值。

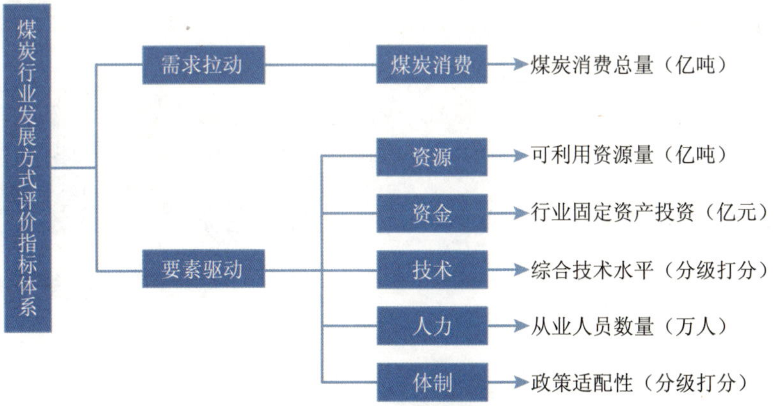

图1-6 煤炭行业发展方式评价指标体系

1.3 综合评价方法

1.3.1 灰色关联法

灰色关联分析方法非常适合于小样本量对系统态势发展变化进行量化分析，特别是对多种存在内在关联且具备一定灰色的数据，可以较为准确地判断其关联性。描述因素之间发展趋势的相似或相异程度，以衡量因素间的关联程度。通过测算灰色关联度，判断要素关联程度，判断各要素对系统的影响大小。灰色关联法的主要流程见图 1–7。

目前，灰色关联法已广泛应用于多类系统的要素影响判断。如祁明德结合西藏社会经济发展的特点，采用灰色关联分析法对西藏的区域经济系统进行了分析评价；潘雄锋综合运用灰色理论和协同学方法，以大连市作为分析对象，对城市建设和经济协同发展系统进行了灰色关联分析；徐奥通过建立灰色关联评价模型和预测模型对美国四个州的各种能源使用情况进行评价。

■ 原始序列矩阵

$$Y_i = [Y_1, Y_2, Y_3, Y_4, Y_5] = [y_i(k)]|_{i=1,2,\cdots,5;k=1,2,\cdots,n}]$$

■ 归一化矩阵

$$Y_i' = \left[\frac{y_i(k)}{y_{i\max}(k)} \Big|_{i=1,2,\cdots,5;k=1,2,\cdots,n} \right] = \left[y_i'(k) \Big|_{i=1,2,5;k=1,2,\cdots,n} \right]$$

■ 绝对值序列矩阵

$$Y_i'' = \left[\left|\Delta_i(k)\right|_{i=1,\cdots,4;k=1,2,\cdots,n} \right] = \left[\left|y_i'(k) - y_i'(k)\right|_{i=1,k=1,2\cdots,n} \right]$$

■ 关联系数矩阵

$$\sigma_i = \left[\frac{S_i + \zeta L_i}{\Delta_i(k) + \zeta L_i} \Big|_{i=1,\cdots,4;\ k=1,2,\cdots,n} \right]$$

■ 关联度

$$\lambda_i = \left[\frac{1}{n} \sum_{k=1}^{n} \sigma_i(k) \Big|_{i=1,\cdots,4;\ k=1,2\cdots,n} \right]$$

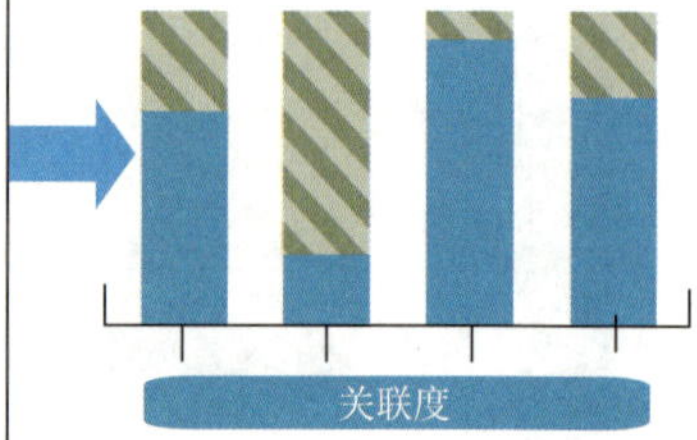

图1-7　灰色关联法流程示意图

1.3.2 层次分析法

层次分析法（AHP）是一种多层次权重解析方法，是比较常用的评价方法，能把定性和定量方法结合起来，以处理许多用传统的最优化技术无法解决的实际问题。层次分析法的主要流程见图 1–8。

层次分析法的应用范围很广，在能源领域应用也较多。如彭澎等采用层次分析法对影响北京工业能源市场的 10 种主要能源的重要性进行了评价，综合考虑了定性和定量因素，给出了关联系数的重要性权数；李强年等利用层次分析法对甘肃酒泉的风电产业发展的影响因素进行探析，并将该方法应用于具体风电工程项目后评估，为构建风电产业发展评价指标体系提供理论参考；李莉莉运用层次分析法评价鄂尔多斯市资源型城市产业转型状况，并建立多元回归模型研究影响产业转型的因素，提出适合鄂尔多斯市资源型城市产业转型的具体政策建议。

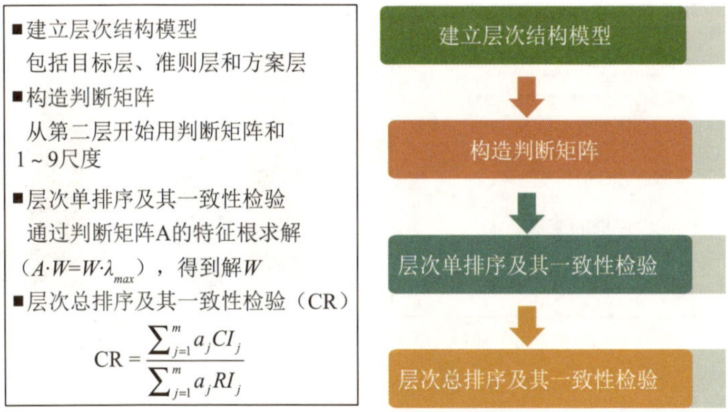

图1-8 层次分析法流程示意图

1.3.3 线性加权评价法

线性加权评价法是传统的权重评价方法，其核心是采用数学方法进行无量纲化合成处理，测算各指标权重，进而判断各要素的关联关系。线性加权评价法要求指标间相互独立，每个指标只影响综合评价值，而指标之间不相互影响。由于线性加权评价法是基于“部分之和等于总体”的思想，因此如果各指标之间不独立，则会造成一定指标信息的重复，不能客观反映实际状况。线性加权评价法适用于各评价指标间相互独立的情况，在选择指标时，应注意指标的独立性。线性加权评价法的主要公式和流程见图 1–9。

线性加权评价法的应用较多，如孙玮玮等将线性加权评价法应用于大坝风险后果的综合评价，较客观地反映了大坝风险程度，具有概念清晰、过程直观、计算简单等特点，为大坝风险后果综合评价提供了一条新途径。

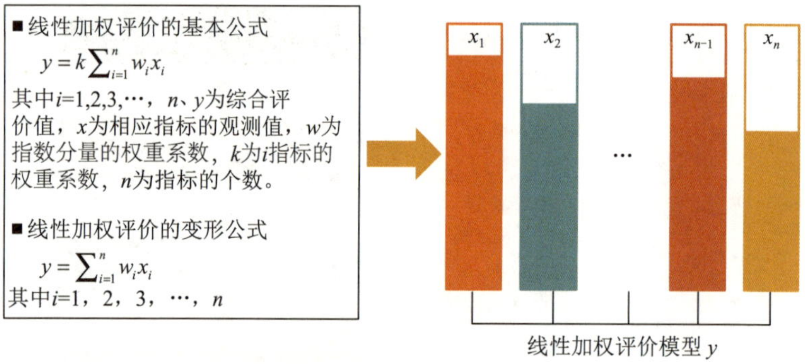

图1-9 线性加权评价法流程示意图

1.3.4　熵值法

熵值的概念来源于热力学，原本是统计热力学过程中系统从有序趋于无序、从概率较小的状态趋于概率较大的状态。熵是组成系统的大量微观粒子无序度的量度，系统越无序、越混乱，熵就越大。用于信息论中，熵值与信息量成反比，即信息量越小，反映的不确定性越大，此时熵值也就越大，反之亦然。根据熵值的特性，可通过计算熵值来确定某一指标的离散程度，从而体现在指标的权重上。熵值评价法的主要流程见图 1–10。

基于熵值的权重测算在能源领域已有不少应用，如王莞珏等利用熵值法，基于区域式综合能源重点实施主体的视角，构建一套评价指标体系，对浙江省 15 个产业集聚区进行实证分析研究；彭芳春等利用熵值法研究我国家庭生活能源消费结构的演变及其原因，对于分析我国生活能源消费趋势，构建合理、清洁、高效的生活能源消费体系给出建议。

■ 对各指标作比重变换

$$P_{ji} = r_{ji}\sum_{i=1}^{n} r_{ji}$$

■ 计算指标 r_i 的熵值

$$H_j = -k\sum_{i=1}^{n} P_{ji}\ln(P_{ji})$$

其中：$k > 0, k = 1/\ln(n)$

■ 计算指标 r_j 的差异指数

$$a_j = 1 - H_j$$

■ 计算指标 r_j 的权重

$$\lambda_j = a_j / \sum_{j=1}^{m} a_j$$

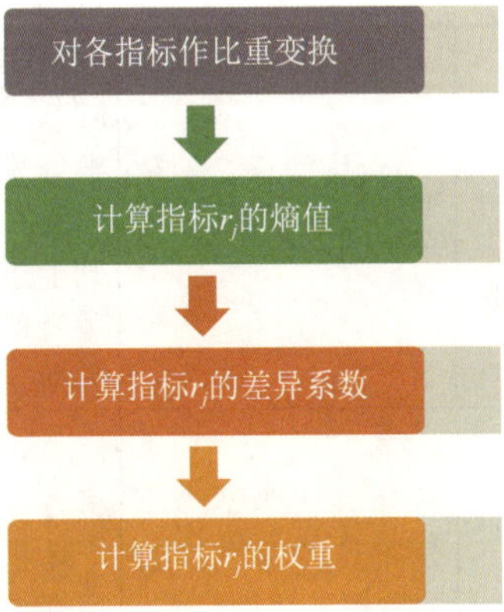

图1-10　熵值评价法流程示意图

1.3.5 评价方法选择

层次分析法、专家咨询法等主观赋权方法，由于决策人员的经验或倾向性，具有一定的主观随意性；而熵值法、灰色关联法等客观赋权方法，虽然充分利用了数据的客观信息，但容易忽略专家的经验信息。几类方法的适用范围、特点和不足见表 1–1。

由于煤炭行业大量数据来自统计，数据指标带有层次性、经验性和离散性，而层次分析法适用于层次性数据权重求解并包含专家经验，熵值法则适用于离散性数据权重求解，因此，煤炭行业要素驱动和需求拉动的影响评价，采用层次分析法 + 熵值法进行综合评价，以统筹主观与客观方法，提升评价准确性。

表1-1 煤炭行业发展方式评价方法选择

名称	适用范围	特点	不足
专家咨询法	直接打分	由评估专家直接以个人判断或调查问卷形式打分	主观性强
层次分析法	指标体系要有专家系统的支持	面对具有层次结构的整体问题综合评价，采取逐层分解，变为多个单准则评价问题，在多个单准则评价的基础上进行综合评价，可将决策者的主观判断与经验导入模型，并进行量化处理	主观性较强，且对一些病态矩阵求解存在系统误差
线性加权评价法	适合服从典型概率分布且需标准检验的数据计算	将各项指标转化为同度量的个体指数，方法简单，便于理解	要求数据量大，样本服从某一分布，要求因素与系统特征数据之间呈现线性关系且彼此无关
熵值法	因素间彼此无关且数据指标无特定层次的矩阵计算	采用熵值判断某个指标的离散程度，对多系统评价可直接定量	熵值计算未反映主观意志，容易受到离散极值影响
灰色关联法	适合统计数据、灰度高的关联数据计算	弥补常规数理方法局限，对少样本和无规律样本同样适用，不会出现量化结果与定性分析结果不符合的情况	要求对各项指标的最优值进行确定，工作量较大

1.4 煤炭行业发展方式评价模型（EMCD 模型）

根据煤炭行业发展方式评价指标体系和优选的评价方法，构建煤炭行业发展方式评价模型（EMCD 模型）。EMCD 模型分别采用层次分析法和熵值法确定各指标的主观权重 u_j 和客观权重 v_j。通过最小偏差组合赋权方法分别计算资源、资金、技术、人力、体制等要素的综合权重 w，确定需求拉动和要素驱动对煤炭行业发展的差异性，量化描述内在影响机制。EMCD 模型见图 1-11。

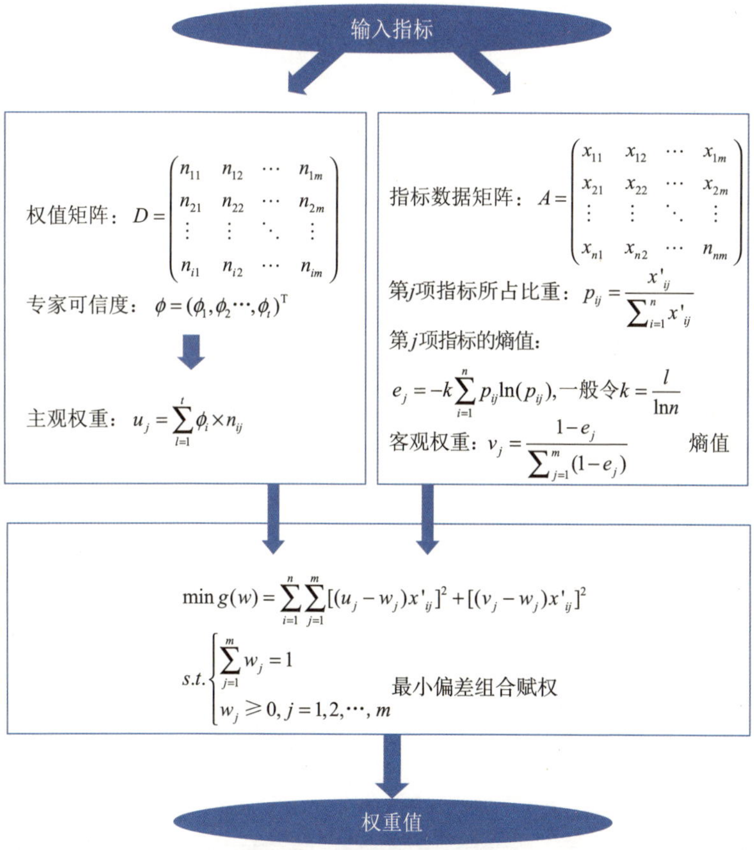

图1-11　EMCD模型示意图

2

煤炭行业发展方式回顾评价

——需求拉动的要素驱动式增长

深刻认识过去几十年煤炭行业快速发展表象下的深层次规律（即发展方式），明确发展动力来源和驱动要素及其可持续性，是探讨未来发展方式变革的基础。

改革开放以来，伴随重工业发展和城市化加速，我国社会经济快速发展，对能源的需求也快速增长。煤炭作为我国的主体能源，随着能源需求的不断增长，吸引了多方关注和投入，资源、资金、技术、人力、体制等生产要素不断在煤炭行业积聚，推动了煤炭行业的跨越式发展。

采用建立的EMCD评价模型，对煤炭行业发展方式回顾评价显示，过去几十年煤炭行业延续需求拉动的要素驱动式增长。需求拉动是核心因素，贡献率达到39.62%；资源、资金、技术、人力、体制等要素具体驱动了煤炭行业发展，贡献率分别为10.19%、15.28%、12.36%、13.21%、9.34%。见图2–1。然而，快速发展之后，驱动要素可持续性面临挑战，煤炭行业现有发展方式面临瓶颈。

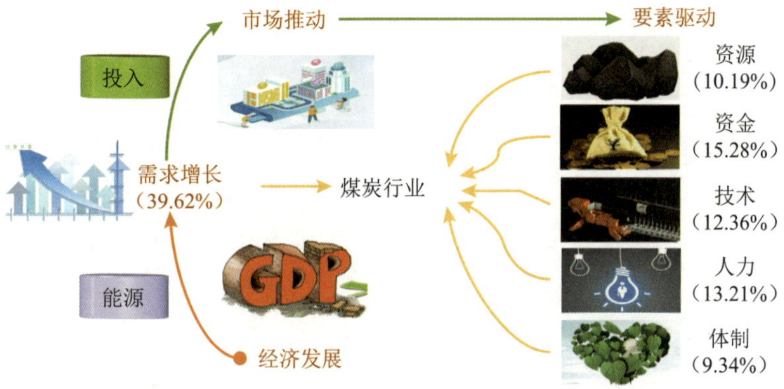

图2-1　过去几十年煤炭行业发展方式

2.1 发展动力：需求拉动

2.1.1 经济：快速发展

改革开放以来，我国工业规模快速增加，经济高速增长。从 1978 年至 2020 年，按照经济体制改革进程，我国经济发展大体可分为四个阶段，见图 2-2。

1978—1992 年，市场经济探索阶段，经济年均增长率 9.46%。1993—2002 年，社会主义市场经济确立阶段，经济年均增长率 9.84%。2003—2016 年，社会主义市场经济体制完善阶段，经济年均增长率 9.59%。2017—2020 年，经济由高速增长过渡到高质量发展阶段，经济增速由高速、中高速逐步过渡到中速。

前三阶段每年经济增速有高有低，而每个阶段经济平均增速均在 9.6% 左右。第四阶段虽然经济增速有所下降，但是每年国内生产总值（GDP）增长绝对量仍保持增长态势。

图2-2 我国历年国内生产总值（GDP）及其增长率

数据来源：历年《中国统计年鉴》。

2.1.2 能源：消费弹性系数维持在较高水平

改革开放以来，虽然我国单位 GDP 能耗逐年降低，但能源消费弹性系数一直维持在 0.5 左右，充分显示了我国经济增长与能源消费唇齿相依的关系。我国 GDP 由 1978 年的 3678.7 亿元增加到 2020 年的 1015986 亿元，增长 276.2 倍；能源消费由 1978 年的 5.7 亿 tce① 增加到 2020 年的 49.8 亿 tce，增长 8.74 倍。主要发达国家的历史经验也表明，在完成工业化前，能源消费弹性系数将维持在较高水平。

按照经济体制改革进程的四阶段划分，不同阶段能源消费弹性系数呈现不同特点，见图 2-3。1978—1992 年，我国能源消费弹性系数平均值为 0.77，由于这个阶段我国经济基数较小，发展增速快，能源消费弹性系数相对较高；1993—2002 年，能源消费弹性系数有所下降，平均值为 0.46；2003—2016 年，由于高耗能产业增速较快，能源消费快速增加，能源消费弹性系数平均值回升到 0.69，其间连续三年数值甚至高于 1（2003—2005 年）。2017—2019 年，我国主动转变经济发展方式，推动能源生产和消费革命，能源消费增速与经济增速双双下降，能源消费弹性系数平均值回落到 0.49。2020 年受新冠肺炎疫情影响，呈非正常变动。

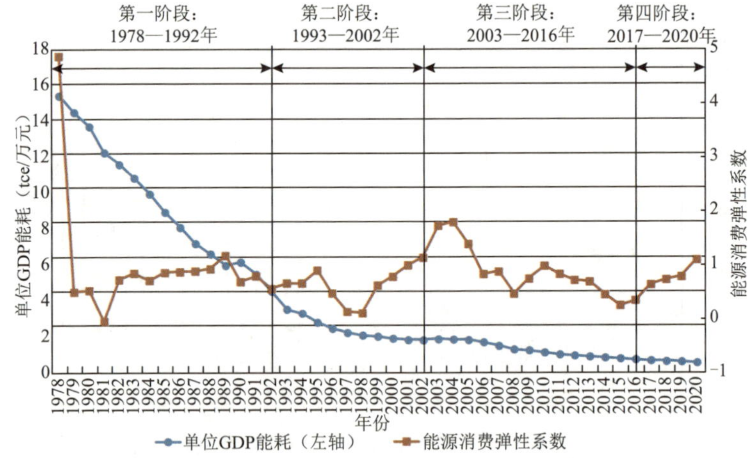

图2-3 单位GDP能耗、能源消费弹性系数

数据来源：历年《中国统计年鉴》。

① tce：吨标准煤。

2.1.3　煤炭：需求持续增长

鉴于我国的能源资源禀赋和国际能源价格、国际形势，我国主要依靠本土能源，而煤炭是本土唯一可以依靠的能源。新中国成立初期，煤炭消费量占一次能源消费总量的 90% 以上，经济增长与煤炭消费互相依赖、互相促进。

全国煤炭消费量由 1978 年的 4 亿 tce 增加到 2020 年的 28.17 亿 tce，增长了 7 倍。按照四个阶段划分（见图 2–4）：1978—1992 年，随着改革开放政策的实施，社会经济对作为主体能源的煤炭需求量猛增，煤炭消费量稳步增加，年均增速 5.6%；1993—2002 年，受亚洲金融危机影响，我国处于经济波动调整时期，煤炭消费量波动起伏，由 8.66 亿 tce 增长至 11.62 亿 tce，增长了 34.2%，其中 1997—1999 年消费增速为负值；2003—2016 年，在我国经济快速增长的拉动下，煤炭消费也快速增加，消费量接近翻了一番，年均增速为 6.4%；2017—2020 年，由于经济发展方式调整，煤炭消费增速下降，煤炭消费进入平台期，平均增速为 1.4%。

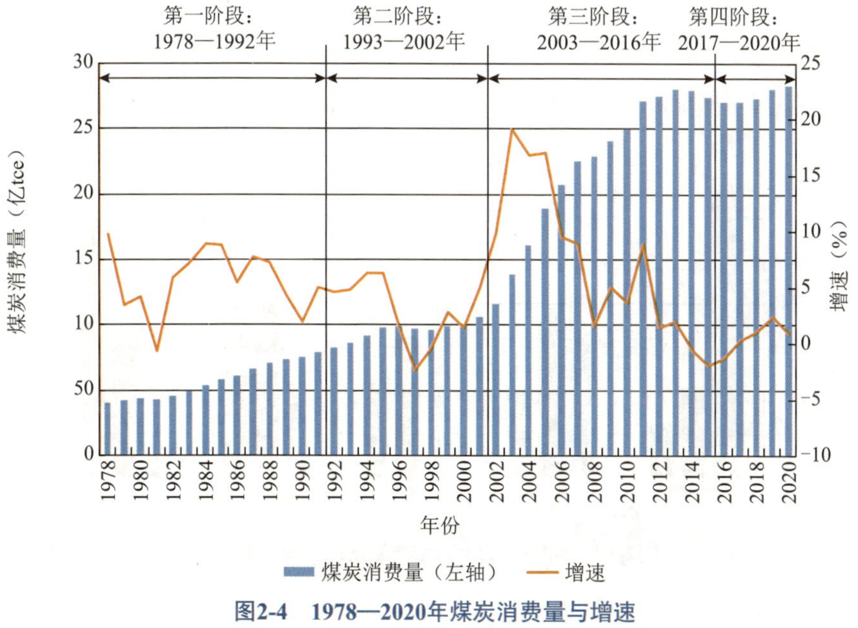

图2-4　1978—2020年煤炭消费量与增速

数据来源：历年《中国统计年鉴》。

2.2 发展方式：要素驱动

2.2.1 资源：探获资源量增加，开发广度和深度加大

随着西部地区探获的资源量不断增大（目前预测资源量 3.85 万亿吨，占全国的 66.2%），煤炭开发的广度逐渐由东部向西部地区转移。

1949 年，我国煤炭工业重心主要集中在东部地区，产量 2153 万吨，占全国煤炭产量的 66.3%，其中，辽宁省煤炭产量 544 万吨，居全国各省市之首；当年，中部地区煤炭产量 679 万吨，占全国煤炭产量的 21%；西部地区煤炭产量 411 万吨，仅占全国煤炭产量的 12.7%。2008 年，我国西部地区煤炭产量达到 11.71 亿吨，占全国煤炭产量的 43%，首次超越中部地区成为全国煤炭主要供应地和重要商品煤调出地区；中部地区煤炭产量 10.73 亿吨，占全国煤炭产量的 40%；东部地区煤炭产量 4.66 亿吨，占全国煤炭产量的 17%。2019 年以来，中东部一些省份提出大比例退出煤炭产能，我国煤炭开发进一步向西部地区集中。2020 年，我国西部地区煤炭产量占全国煤炭产量的 59.38%，中部地区煤炭产量占全国煤炭产量的 33.63%，东部地区煤炭产量占全国煤炭产量的 6.99%。1949—2020 年煤炭资源开发情况对比见图 2–5。

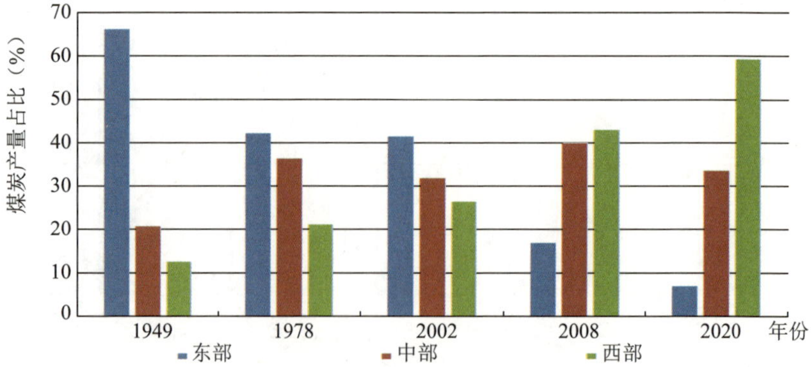

图2-5　1949—2020年煤炭资源开发情况对比

数据来源：历年《中国煤炭行业发展年度报告》。

2.2.2 资金：快速涌入，固定资产投资大增

资金是所有行业发展的根本，只有不断的资金流入，行业才能发展，煤炭行业经历了资金快速流入到投资急剧下降的过山车式波动过程。

2000—2002 年为煤炭工业改革脱困阶段，煤炭行业大力整顿小煤矿，着力解决结构性矛盾等深层次问题，投资总额逐渐增加；2003—2012 年是我国煤炭行业快速发展的“黄金十年”，随着煤炭需求上升，煤炭企业盈利能力提高，大量社会资本进入煤炭行业，投资总额快速增长，从 2003 年的 436 亿元上升到 2012 年的 5370 亿元，十年增长了 12 倍，复合增速高达 34%，资金的大量投入，造成众多项目无序开工，煤炭生产能力迅速增加，市场过热明显；2013—2016 年，全国煤炭行业产能过剩，需求疲软，价格下滑，大量煤炭企业亏损，经营压力大，造成煤炭采选业固定资产投资连续五年逐年降低；2016 年开始，煤炭行业进入化解过剩产能阶段，至 2020 年末煤炭化解过剩产能主要目标任务基本完成，煤炭行业由总量性去产能转向系统性去产能、结构性优产能，与此同时，随着行业效益持续好转，煤炭行业固定资产投资开始回升。2000—2020 年煤炭采选业固定资产投资情况见图 2-6。

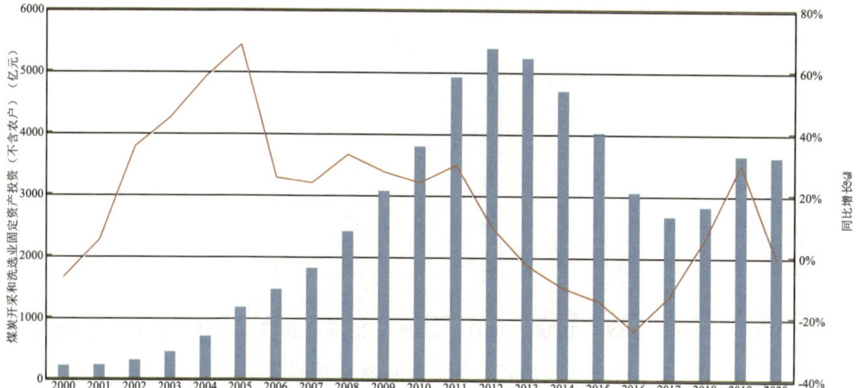

图2-6 2000—2020年煤炭采选业固定资产投资

数据来源：历年《中国煤炭行业发展年度报告》。

2.2.3 技术：由跟踪、模仿逐步升级到并跑、领跑

煤炭行业通过引进、消化、吸收、再创新，在从采掘主导技术到安全保障技术、从工艺到成套设备、从单项技术到系统集成等各个方面，一大批科研项目突破了一系列关键技术，取得了丰硕的成果。

我国煤矿采煤机械化起步较晚，20 世纪 60 年代，机械化程度不到 10%，随着科学技术不断进步，大型煤炭企业采煤机械化程度由 1955 年的 3.06% 提高到 2020 年的 98.86%，见图 2–7。与此同时，煤炭科技创新由跟踪、模仿逐步升级到并跑、领跑，我国煤矿智能化开采、大型矿井建设、特厚煤层综放开采等技术已达到国际领先水平，建成了 500 个左右智能化采煤工作面，并开创了“一人巡视、无人操作”的综采智能化开采新模式。此外，我国大型综采成套技术和装备已整套出口到俄罗斯、乌克兰等多个国家，实现了技术装备由输入到输出的颠覆性转变。

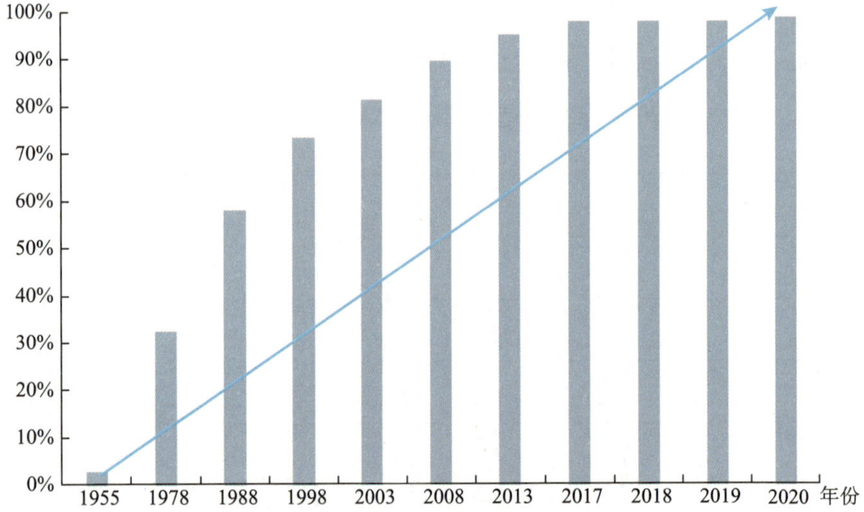

图2-7 1955—2020年我国大型煤炭企业采煤机械化程度

数据来源：历年《中国煤炭行业发展年度报告》。

2.2.4 人力：从业人员规模高位波动

我国煤炭行业从业人员人数众多，属于典型的劳动密集型行业。2000年以前，煤炭开采和洗选业的从业人员不足400万人。随着煤炭行业“黄金十年”的开启，从业人数2004年突破了400万人，2008年突破了500万人，2013年达到历史最高值611万人。随着行业产能过剩以及亏损加剧，煤炭企业纷纷实施降本增效并启动人员分流，从2014年起，煤炭行业从业人员数量开始回落。据第四次全国经济普查数据显示，2018年，煤炭行业从业人员为347.3万人，仍是采矿业中人员最多的行业，占采矿业总人数的58.27%；在第二产业所有40个行业划分中，煤炭行业人数排名第12位，占第二产业总人数的3%，见图2-8。结合当年产量数据，可以计算出我国煤炭行业的人均产量约1059.6吨，远远低于美国煤炭行业人均产量1.28万吨的水平（2018年美国原煤产量6.84亿吨，从业人员53583人）。

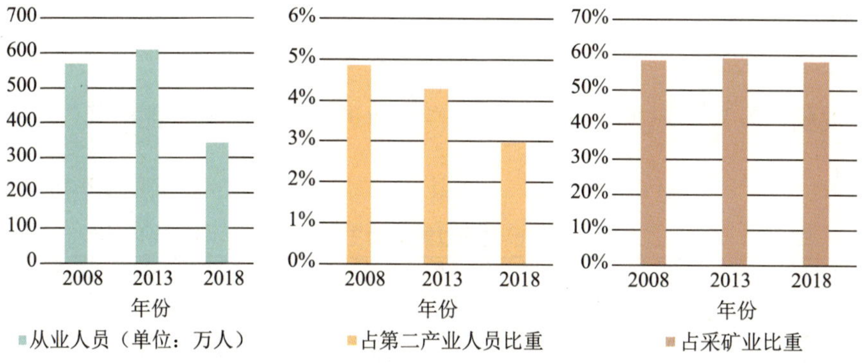

图2-8 煤炭行业从业人员情况

数据来源：《第四次全国经济普查》。

2.2.5 体制：政策向促进行业发展方向调整

纵观煤炭行业发展历程，煤炭产业政策随着煤炭市场的反复而变化，不断推动煤炭行业的发展，政策对市场的支撑作用明显。

1978—1992年，煤炭供应紧张，煤炭工业按照“发挥中央和地方两个积极性，大中小一起上”精神，大力发展煤炭生产。

1993—2001年，我国经济飞速发展，煤炭需求大增，原煤炭工业部发布《建设高产高效矿（井）暂行管理办法》，建设高效矿（井），增加煤炭供应；与此同时，小煤矿数量迅速增加，出现了煤炭产能过剩的局面。

2002—2012年，相关部门发布《国务院关于促进煤炭工业健康发展的若干意见》《关于做好煤炭资源开发规划管理工作的通知》《对矿产资源开发进行整合的意见》等政策，开始整顿煤炭生产秩序和关闭小煤矿，在这个过程中，煤炭逐渐供不应求，价格快速增长。

2013—2020年，受到我国经济发展降速、能源结构调整等影响，煤炭市场需求减弱、产能过剩，国务院印发《关于煤炭行业化解过剩产能实现脱困发展的意见》等政策，煤炭工业进入化解过剩产能时代。见表2-1。

表2-1　部分省份化解过剩产能主要政策

省份	政策
山西省	《山西省煤炭供给侧结构性改革实施意见》
河北省	《河北省煤炭行业化解过剩产能实现脱困发展的实施方案》
江苏省	《江苏省化解煤炭过剩产能初步方案》
山东省	《中共山东省委山东省人民政府关于深入推进供给侧结构性改革的实施意见》
湖南省	《湖南省煤炭行业化解过剩产能实现脱困发展的实施方案》
湖北省	《湖北省推进供给侧结构性改革五大任务总体方案》
重庆市	《重庆市推进供给侧结构性改革工作方案》

2.3 发展成效：突破跨越

2.3.1 供给：保障能力跨越发展，满足经济发展需求

经过多年的努力，煤炭工业生产力水平实现了跨越式发展，安全稳定供应保障能力得到了大幅提升，满足了国民经济持续快速发展的需要。

全国煤炭产量由1978年的6.2亿吨增加到2020年的39.1亿吨，增长了5.3倍，见图2–9。新中国成立以来，累计生产煤炭925亿吨，占全国一次能源生产总量的75%左右。建成了神东、黄陇、宁东、新疆等14个大型煤炭基地；建成了陕北、大同、平朔、蒙东等一批亿吨级矿区。全国煤矿数量由20世纪80年代8万多处减少到2020年的4700处以下，平均产能提高到每年110万吨以上。全国建成年产能120万吨以上的大型现代化煤矿1200处以上，产量占全国的80%左右，其中，建成年产千万吨级煤矿52处，每年产能8.2亿吨。建成了大秦、朔黄、蒙冀、瓦日等主要煤炭铁路运输通道，建成了秦皇岛、京唐港、曹妃甸、黄骅和南京、武汉等一批沿海、沿江煤炭接卸港口码头，全国煤炭资源科学规划、合理开发、现代化生产体系基本建成。

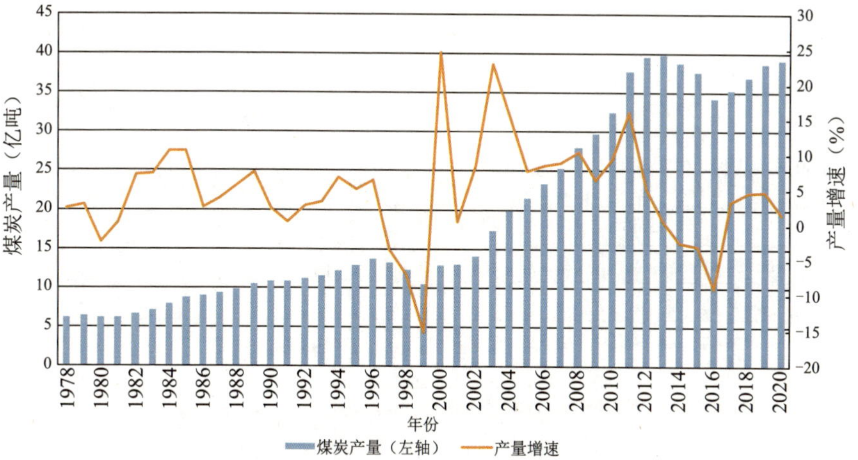

图2-9 1978—2020年全国煤炭产量图

数据来源：历年《中国统计年鉴》。

2.3.2 效率：生产效率提升明显，部分煤矿处于国际先进水平

煤炭行业通过优化开发布局、发展优质产能、推进智能化开采等措施，不断提高原煤生产的全员工效，部分煤矿已处于国际先进甚至领先水平。

我国煤炭资源埋藏普遍较深，开采相对简单的露天煤矿比重不到20%，井工矿占绝大多数。除了资源禀赋方面的断层构造多、煤层薄、倾角大等不利条件外，我国部分矿井还伴随着瓦斯、水、火、冲击地压等灾害，开采条件受限、安全事故多发，制约了开采效率。但随着煤炭科技的提升，我国煤炭年生产工效由2000年的325.59吨/工提高到2020年的1921.19吨/工，提高了4.9倍，见图2-10。尤其是2013—2020年，我国原煤年产量一直维持在36亿～39亿吨，但从业人员却由611万人骤降了408万人至203万人，降幅达到66.8%，年均下降11.1%。与2013年相比，2020年煤炭行业只用了不到原先33%的人员就完成了更多的煤炭产量。同时，部分煤矿工效优势更是明显，如国家能源集团神东矿区补连塔煤矿，日原煤工效达到了167.76吨/工，处于国际先进水平。

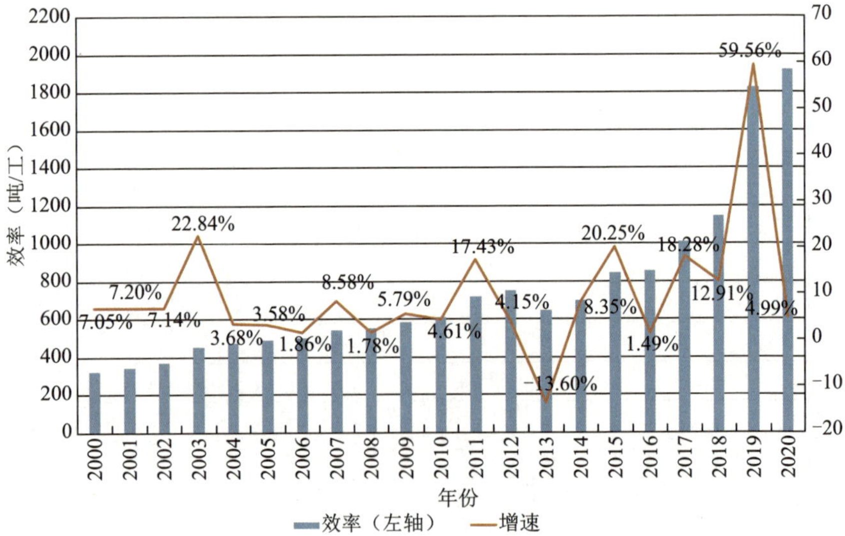

图2-10 2000年以来煤炭生产效率变化趋势

数据来源：国家统计局。

2.3.3 安全：生产条件逐步改善，百万吨死亡率逐年下降

面对煤矿地质条件复杂、自然灾害多、开采难度大、事故多发等问题，从新中国成立以来，我国积极推进现代化矿井建设，改革采煤工艺和技术，煤矿安全生产条件逐步改善，百万吨死亡率逐年下降。总体来看，我国煤矿安全发展历程可分为三大时期，见图 2-11。

1949—1977 年为煤矿安全生产水平大幅波动时期。该时期煤炭行业的核心任务是保障煤炭生产和供应，所建设的煤矿以中小型煤矿为主，煤矿生产技术装备较为落后，导致煤矿事故频发，百万吨死亡率在 4.32 ~ 22.28 之间波动，安全生产形势十分严峻。

1978—2002 年为煤矿安全生产水平持续好转时期。该时期由保障煤炭供应按计划开采逐步转变为通过技术进步推进煤矿安全高效开采，大型煤炭基地建设取得重大进展，百万吨死亡率由 1978 年的 9.44 下降到 2002 年的 4.94，煤矿安全生产形势总体持续稳定好转。

2003—2020 年为煤矿安全生产水平快速提升时期。该时期历经行业发展的“黄金十年”，煤矿企业对安全生产投入持续增加，采煤机械化程度大幅提升，重大灾害治理关键技术及装备得到推广应用，百万吨死亡率由 2003 年的 3.71 快速下降至 2020 年的 0.058。

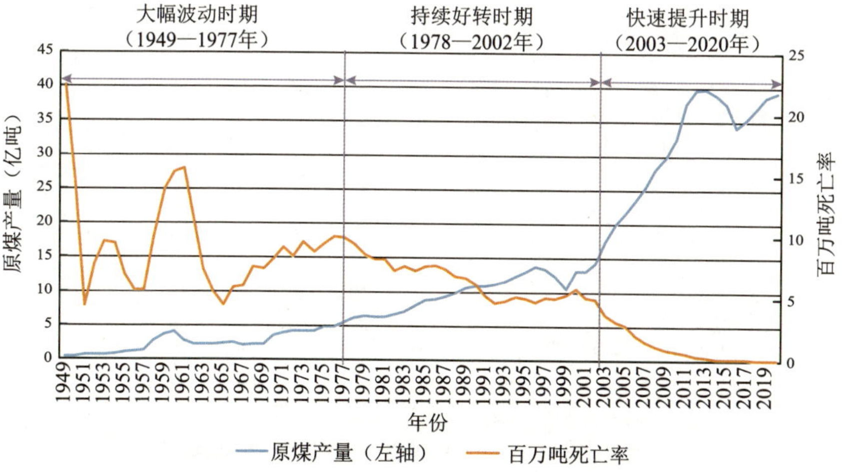

图2-11 新中国成立以来我国煤炭安全发展历程

数据来源：历年《中国煤炭行业发展年度报告》。

2.3.4 质量：选煤工艺取得突破，入选率大幅提升

相较于煤炭产量，我国原煤入选率的增幅更大。1952 年我国原煤入选率约 4.4%，洗精煤年产量仅有几百万吨，2020 年我国煤炭入选率已达到 74.1%。选煤工艺从 20 世纪 50 ~ 70 年代的以跳汰为主，发展到 20 世纪 80 年代的跳汰粗选、重介旋流器精选经典流程，再到 20 世纪 90 年代的跳汰、重介分选、水介旋流器分选、动筛跳汰选、风选、自生介质分选、微泡浮选等工艺共存的状态。近年来，随着重介选煤工艺的基建投资和生产成本不断降低，在解决了设备、管道的耐磨以及介质回收和高效泵送设备问题后，重介质选煤技术在我国得到了迅速发展，其易操作和高效率的特性越来越受到欢迎，并已成为主导工艺。进入 21 世纪，选煤作为洁净煤技术的基础，其提高煤炭质量和利用效率、减少无效运输、减少燃煤污染物排放的效果明显，发展速度加快。2010—2020 年，我国原煤入选能力由每年 16.51 亿吨增加到 28.96 亿吨，平均每年增加选煤能力超过 1 亿吨，见图 2-12。

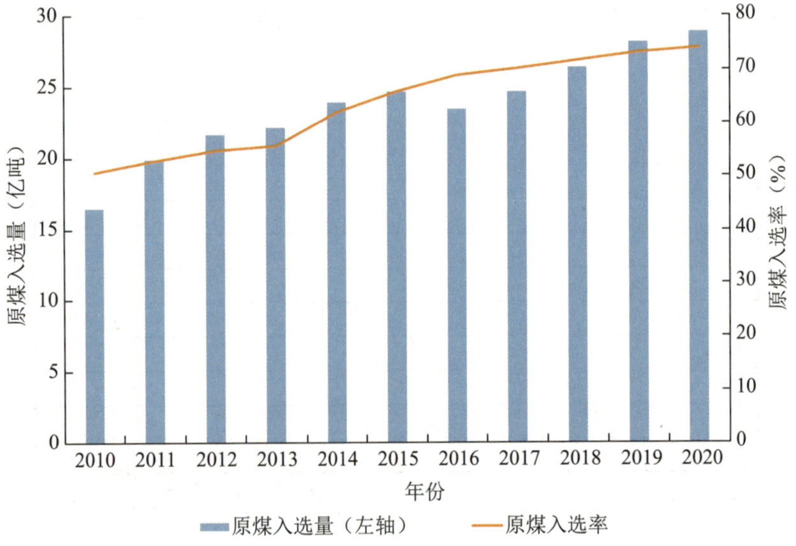

图2-12 2010—2020年煤炭入选率和入选量情况

数据来源：历年《中国煤炭行业发展年度报告》。

2.4 发展瓶颈：亟待破解

2.4.1 资源：浅部经济可采资源大幅度减少

煤炭资源保障程度低，浅部经济可采资源大幅减少，未来可经济开发利用的煤炭资源并不富裕，已经成为制约煤炭产能建设的瓶颈。

首先，煤炭资源丰富的东部黄淮海区经过50多年的开发，浅部煤质优良、硫等有害元素含量低、水文地质条件简单的山西组煤炭资源已所剩无几，而更多的是转向开发以太原组为主的下组煤，其硫元素含量高，奥灰水、太灰水条件复杂。其次，多个省份计划未来几年内整体性退出煤炭生产，例如，2016—2019年河北煤炭产能退出超过40%，江西、重庆等也大幅度降低煤炭产量，甚至退出煤炭生产行业。再次，生态红线范围内煤炭资源将不再开采，根据《关于划定并严守生态保护红线的若干意见》，将全面完成全国生态保护红线划定、勘界定标工作，从现有情况来看，贵州、内蒙古、山西、陕西等省份一些煤炭资源将划入生态红线范围内，不能再开采。最后，在5.57万亿吨煤炭资源总量中，埋深在1000米以深的2.95万亿吨约占煤炭资源总量的53%，开发难度较大。见表2–2。

表2-2　不同埋深煤炭资源情况

埋藏深度	煤炭资源量（万亿吨）
1000米以浅	2.62
1000米以深	2.95
合计	5.57

2.4.2 资金：投资回报率低，投资意愿弱

2012 年以来，我国煤炭行业发展整体处于下行阶段，陷入了“停滞”的局面，资本回报率低迷，加上“双碳”目标提出后，对煤炭行业未来发展的不乐观预期，影响了企业资本投资的意愿。

从 2013 年开始，在经济增长放缓的大背景下，煤炭行业的“黄金十年”宣告结束。煤炭行业呈现出“三增四降”的特征：进口大幅增加、资产负债率增加、成本增加，主营业务收入下降、产量下降、价格下降、盈利能力下降。煤炭进口量从 2012 年的 2.89 亿吨增长到 2020 年的 3.04 亿吨；煤炭产量从 39.54 亿吨下降到 39.08 亿吨；规模以上煤炭企业主营业务收入从 34050 亿元下降到 20002 亿元，下降 41.26%；利润总额从 3555 亿元下降到 2223 亿元，下降 37.48%，见图 2–13。

煤炭行业属于资金密集型行业，获取和开采资源需要大量资金，然而行业盈利能力下降，资本回报率低，导致资金投资意愿弱，行业固定资产投资已从 2012 年的 5370 亿元下降到 3000 亿元左右，降幅近 50%，投资量大大减少。

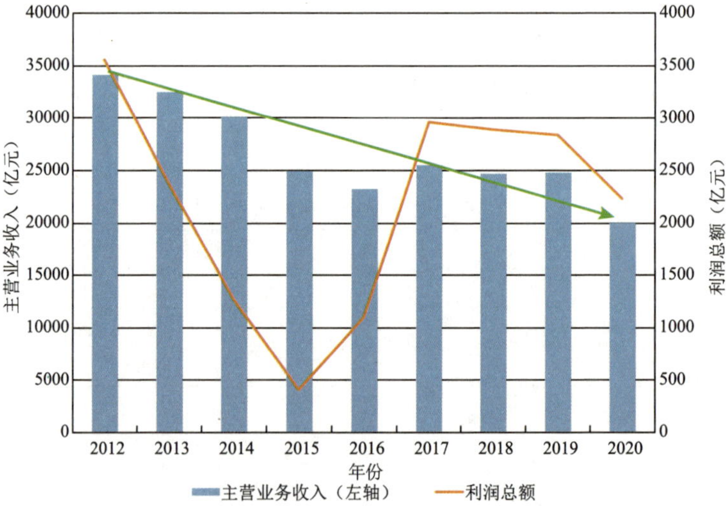

图2-13　2012年以来规模以上煤炭企业经济效益情况

数据来源：历年《中国煤炭行业发展年度报告》。

2.4.3 技术：自主创新不足，难以支撑未来需要

科技决定煤炭的未来，科技创造未来的煤炭。煤炭科技在煤炭行业的发展中起决定性作用，处于行业发展的核心位置。虽然我国煤炭科技水平有了长足进步和显著提高，但与世界能源科技强国相比，还有较大的差距。煤炭行业核心技术缺乏、关键装备及材料依赖进口的问题还比较突出。

我国煤炭行业技术装备主要参考和借鉴美国、欧盟等的原理、标准、规范进行集成开发，普遍采用成套引进、部分国内配套、国内研发制造、核心部件攻关等方式，目前我国采煤机、刮板运输机、刮板转载机等整机几乎全部可实现国内组装，但仍有大量核心元部件依靠进口。受国外制约的三种类型见图 2-14。例如，我国生产的大型刮板运输机国际领先，但其中 2000 千瓦以上减速器仍需从德国采购；直径 5 米反井钻机国际领先，但液压马达仍需从法国采购；8.8 米采煤机国际领先，但高速大承载轴承仍需从美国采购。必须清醒认识煤炭行业的科技水平，特别是高端制造领域存在的巨大差距，很多技术装备还受制于人，自主创新不足，难以支撑煤炭行业未来发展的需要。

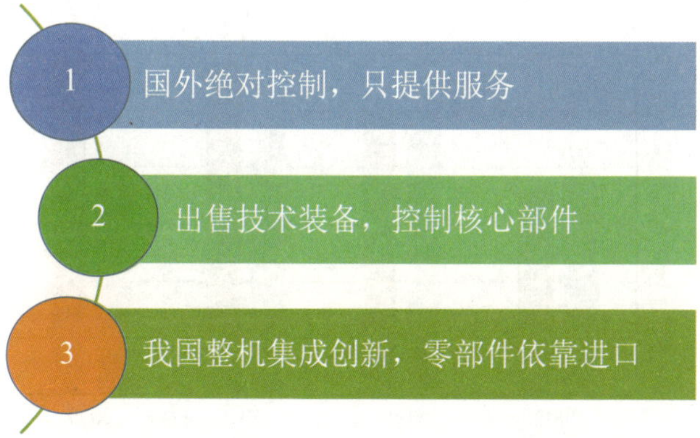

图2-14 我国煤炭科技创新受到制约情况

2.4.4 人力：从业人员年龄偏大，人员素质提高幅度有限

煤炭行业从业人员整体素质不高与行业智能化发展对高素质人员需求提升的矛盾越来越突出。煤炭行业从业人员虽然数量多，但整体素质偏低。随着行业自动化、智能化水平的不断提高，行业发展对人员素质的要求越来越高，现有的人力结构水平无法满足行业发展的需求。

从供给端来看，一是从业人员年龄偏大，后备劳动力不足。我国采矿业 40 岁以上人员占比超过全行业平均水平，见图 2-15。并且煤矿工作环境差、待遇低、交通相对闭塞，导致井下一线招工难。二是整体素质不高，高级技术人员短缺。当前从业人员以中专生为主，近一半为中专及以下学历，大专及以上学历不足 30%。

从需求端来看，行业自动化、智能化矿井建设正如火如荼，高素质、高技术人才的需求越来越强烈。在美国，只有受过专业学历教育才能进入煤炭行业，近 90% 的原煤生产人员来自社区职校，员工具备较高的专业素养和丰富的实践经验，正是高素质的人才队伍支撑了美国煤炭行业的智能化发展。而目前，我国煤炭行业低学历的人员结构越来越不能适应未来需求，存在着富余人员众多与高级技能型人才短缺的突出矛盾。

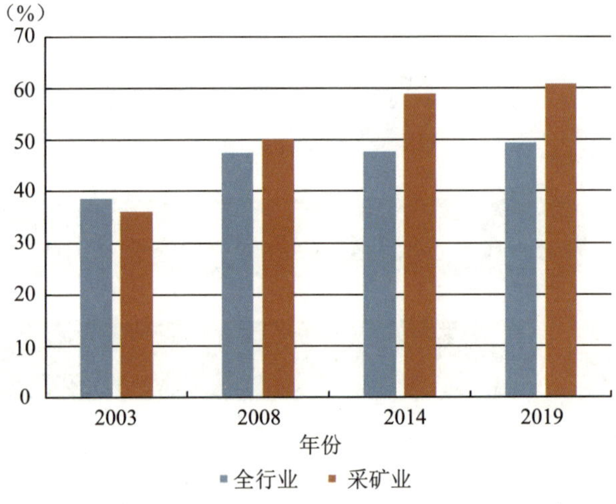

图2-15 我国采矿行业与全行业大于40岁人员占比情况

数据来源：《中国劳动统计年鉴》。

2.4.5 体制：集中度不高，难以形成发展合力

煤炭商品市场化与煤炭生产企业非市场化属性之间的矛盾，形成了我国当前的煤炭市场格局。煤炭虽然能满足国民经济的发展需求，但是煤炭企业对市场感知具有很明显的滞后性，在一定程度上加剧了紧缺或过剩的程度，耗费了大量的人力、物力资源。煤炭是我国市场化程度最高的能源品种，煤炭市场属于典型的“原子型”竞争结构，企业数量多，但没有寡头企业，市场集中度低，难以形成合力。2020 年，前 8 家大型企业原煤产量 18.55 亿吨，占全国的 47.6%，见图 2-16，相比于美国、俄罗斯、印度等呈现出明显的寡头垄断型产业结构的产煤大国（前 8 家煤炭企业产量占全国的 55% ~ 65%），数值较低，仍处于典型的竞争市场。煤炭产业的低集中度，首先，容易引发过度竞争；其次，会导致企业重产量、轻质量，不利于整个行业的技术进步和创新；最后，数量庞大的小煤炭企业普遍存在着资源浪费、环境污染严重等问题，不利于整个行业的高效可持续发展。

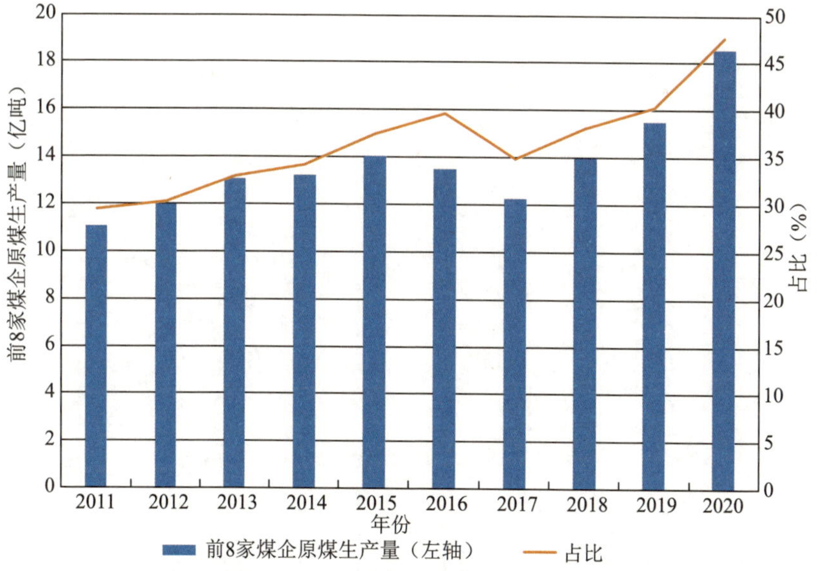

图2-16　2011—2020年我国前8家煤企原煤生产情况

数据来源：历年《中国煤炭行业发展年度报告》。

3

煤炭行业发展方式变革国际经验借鉴

——发达国家煤炭消费平台期发展方式变革经验

发达国家的工业化进程走在国际前列，英国、法国、美国、德国等世界主要发达国家先后在19世纪末、20世纪初完成工业化进程，见表3–1。煤炭作为“蒸汽时代”的主要动力，是支撑各国工业化进程的重要能源，见证了过去两个多世纪以来世界经济的发展。随着工业化进程的完成，发达国家在20世纪50年代前后进入煤炭消费平台期。在这一时期，煤炭行业呈现出前所未有的新特征：在更全面更严格的政策和法律法规的约束、保护和激励下，煤炭行业在科技进步、环境保护、安全防护、国际扩张等多个方向取得快速进步，迎来了稳定的高质量发展时期。

2020年，我国煤炭在能源消费结构中占比下降至56.8%，与此同时，煤炭消费量波动幅度已经连续五年保持在1%以内，预示着我国已经进入煤炭消费平台期。如何在政策层面引导行业发展，如何促进行业在较短的时间内有效地达成安全、绿色、清洁、高效各项目标，完成历史性转变，主要发达国家在煤炭消费平台期的实践和发展过程给了我们重要的启示。

表3-1　　19世纪中后叶主要资本主义国家工业化水平对比

	人均工业增加值水平			农业劳动力（%）		工业劳动力（%）		服务业劳动力（%）	
	1860年	1880年	1900年	1870年	1913年	1870年	1913年	1870年	1913年
英国	64	87	100	22.2	11.8	42.4	44.1	35.4	44.1
德国	15	25	52	49.5	34.5	29.1	37.9	21.4	27.6
法国	20	28	39	49.8	41.0	28.0	33.1	22.2	25.9
西班牙	11	14	19	66.3	56.3	18.2	13.8	15.5	29.9

注：人均工业增加值水平中，以英国1900年=100为基准值。

数据来源：Broadberry et al（2008）。

3.1 发达国家进入煤炭消费平台期的背景和历程

3.1.1 英国——建立了近代工业体系

英国是世界上最早开始工业化的国家。18 世纪 40 年代，棉纺织业新机器的发明和应用拉开了第一次工业革命的序幕。此后，机器取代手工劳动出现在采煤、冶金等多个工业部门，尤其是蒸汽机的投入和使用为工业部门提供了动力。19 世纪 40 年代前后，英国率先完成第一次工业革命，生产效率和劳动力得到了极大的提高。到 19 世纪中后叶，英国的人均工业产值水平、工业部门的就业人数已遥遥领先于其他资本主义国家。1860 年，英国以占世界 2.5% 的人口生产出占世界 20% 的制造业产品，成为 19 世纪的"世界工厂"。

19 世纪 70 年代至 20 世纪初，以电气时代为标志的第二次工业革命同时发生在英国和其他几个国家之间。电器开始替代机器，逐步补充和取代蒸汽机。新兴产业如钢铁业、化学业、石油业的相继出现推动了工业和经济的发展，尤其是 1900—1910 年的十年间，英国年均经济增速超过 8%，英国基本建立了近代工业体系。1870—2000 年英国 GDP 增长情况见图 3-1。随着工业化的逐步完成，英国煤炭消费进入平台期。

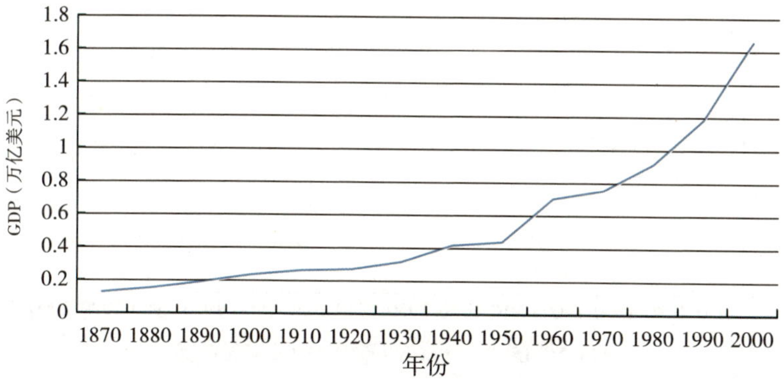

图3-1 1870—2000年英国GDP及增长趋势

3.1.2 德国——由轻工业转向重工业

19 世纪中叶，德国工业进入高速发展时期，运输业发展推动德国由轻工业向重工业转型。20 世纪初，德国工业总产值超过英国，成为仅次于美国的第二大工业强国。

19 世纪初，德国开始出现机器应用于纺织业中，但手工生产仍在整个纺织业中占主导地位。焦煤高炉、搅拌法炼铁等新技术的出现，刺激了煤和铁的产量，使越来越多的汽船及火车能够使用蒸汽机。1824 年，第一艘汽轮在莱茵河上开航；1846 年，德国已经有 1139 台蒸汽机；1848 年，德国铁路线长达 2500 千米。此时，德国的工业生产水平仍然落后于法国和英国。

19 世纪中叶，运输业的发展推动德国由轻工业向重工业转型。从 1850 年至 1870 年，德国的蒸汽机动力增长近 10 倍，煤、铁产量增长 5 ~ 6 倍，钢产量增长 28 倍多。1870 年，德国在世界工业总产量中的比重上升到 13.2%，超越了法国。1871 年，德国统一，以机器为主体的工厂遍布全国。

20 世纪初，德国在工业部门的就业比重首次超过农业，GDP 和工业总产值超过英国，工业总产值占全球的 16%，成为仅次于美国的第二大工业强国。1870—2000 年德国 GDP 增长情况见图 3-2。由轻工业向重工业转型使德国实现工业化跨越发展，此后，德国进入煤炭消费平台期。

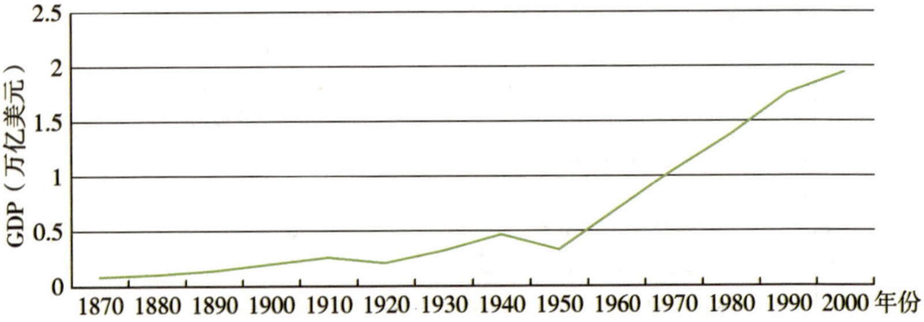

图3-2 1870—2000年德国GDP及增长趋势

数据来源：Angus Maddison。

3.1.3 美国——基本完成工业化进程

第二次工业革命推进美国工业化高速发展。1885 年前后，美国制造业产出超过英国，取代英国成为世界第一工业大国。

1790 年，美国出现了第一个纺织品工厂，拉开了工业革命的序幕。进入 19 世纪后，美国工业增长较为缓慢，纺织业仍是最重要的产业，手工作坊遍布全国。直到 19 世纪 70 年代内战结束后，第二次工业革命出现的许多新型科学技术应用于制造业，美国迎来了工业化高速发展时期。这一时期，钢和铁成为经济的重要组成部分，全世界四分之一的生铁来源于美国。美国建成了全国范围的铁路网络，汽船的应用使密西西比河成为连接西部与南部地区的重要通道，交通运输的发展开创了美国贸易的新时代。美国注重新技术、新产品的发明创造，19 世纪中后叶，打字机、电话、录像机、电灯、汽车等大批新发明诞生于美国。

美国工业化进程较欧洲资本主义国家大幅加快。1872 年，美国 GDP 超越英国；1885 年前后，美国制造业产出超过英国。从 1870 年至 1915 年，美国工业产品生产指数增长了近 7 倍，人均 GDP 增长了近 1 倍（图 3–3）。逐步实现工业化后，受替代能源影响，美国煤炭消费开始大幅度波动，并在 20 世纪 60 年代进入短暂平台期。

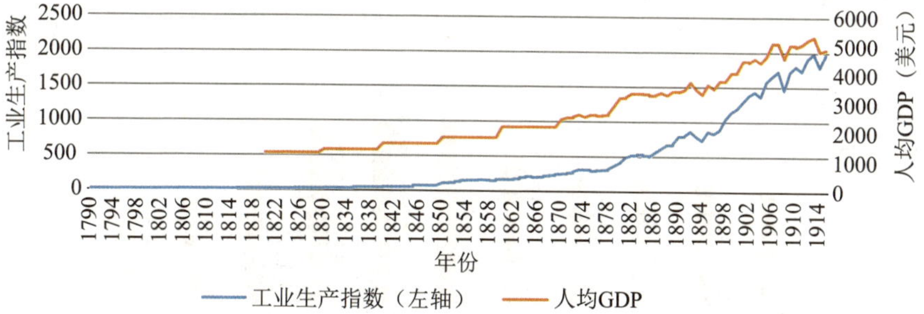

图3-3 美国工业化发展趋势

数据来源：An Annual Index of U. S. Industrial Production，1790—1915。

3.1.4 澳大利亚——本土经济转向外向经济

19 世纪前，澳大利亚的“殖民地经济”主要服务于资本主义国家，输出丰富的农牧产品。1901 年联邦政府成立后，以制造业、采矿业、建筑业为代表的工业水平逐渐提高，1950 年后经济发展依赖于出口和外国投资。

作为英国的前殖民地和自治领地，19 世纪之前，澳大利亚的“殖民地经济”主要服务于英国和欧洲资本主义国家，为其输送了上等的羊毛和丰富的农产品。19 世纪 50 年代，“淘金热”吸引了大批移民，人口数量在短短 20 年的时间内增加了 4 倍。1901 年联邦政府正式成立后，澳大利亚的经济进入快速发展阶段。得益于丰富的自然资源，除农业、畜牧业之外，澳大利亚的制造业、采矿业、建筑业等工业发展迅速。1903 年，制造业劳动力仅有 20 万人，占总劳动力的 17%，到 1950 年劳动力占比已经增加到 27%，产值占 GDP 的比重上升了 15%。20 世纪 50 年代后，澳大利亚的经济发展更加依赖于出口和外国投资，矿产资源和农副产品是其主要出口商品，采矿业和制造业则吸引了大量的外国资本。1964 年，工业和服务业占 GDP 比例分别为 40%、48%，进入后工业化时期。随着工业化的完成，20 世纪末期，澳大利亚进入煤炭消费平台期。1901—1995 年澳大利亚制造业发展趋势见图 3–4。

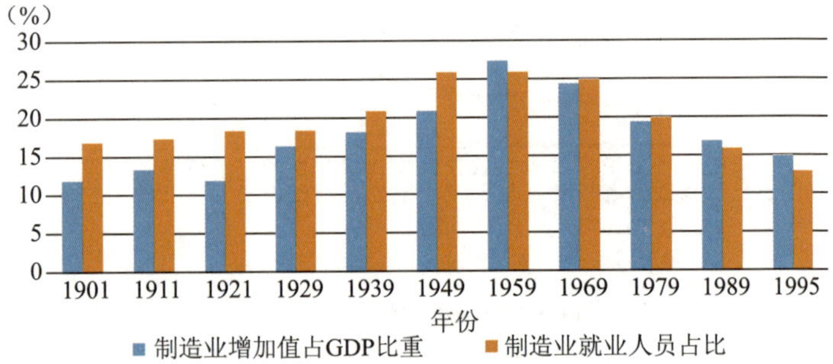

图3-4 澳大利亚制造业发展趋势

数据来源：The Changing of Australia Manufacturing。

3.2 发达国家煤炭消费平台期消费轨迹

3.2.1 英国——20世纪40 ~ 60年代

英国煤炭消费轨迹与工业化进程基本一致。20 世纪上半叶，制造业在经济结构中的比重达到峰值，煤炭在能源消费中的比重保持在 80% ~ 90%，煤炭消费进入平台期。此后，煤炭消费和制造业比重同步下降。

早在 16 世纪，英国就开始了煤炭的开采和使用，但是受技术限制，直到 18 世纪下半叶蒸汽机出现，煤炭才开始被大规模开采。第一次工业革命刺激了煤炭的需求，从 1853 年至 1913 年，英国的煤炭消费量从 650 万吨增长到 1960 万吨，增长约三倍。20 世纪上半叶，煤炭消费量达到峰值，制造业在经济结构中的比重也很快迎来了历史最高水平（见图 3-5），而煤炭在能源消费结构中的比重在半个世纪里始终保持在 80% ~ 90%。20 世纪 40 ~ 60 年代，英国煤炭消费进入平台期，消费量变动幅度始终保持在 10% 以内。此后，煤炭消费和制造业比重都呈下降趋势，并持续到今天。煤炭支撑了英国制造业乃至工业经济的发展，1956—1966 年的十年间英国人均 GDP 平均增速超过 2%。

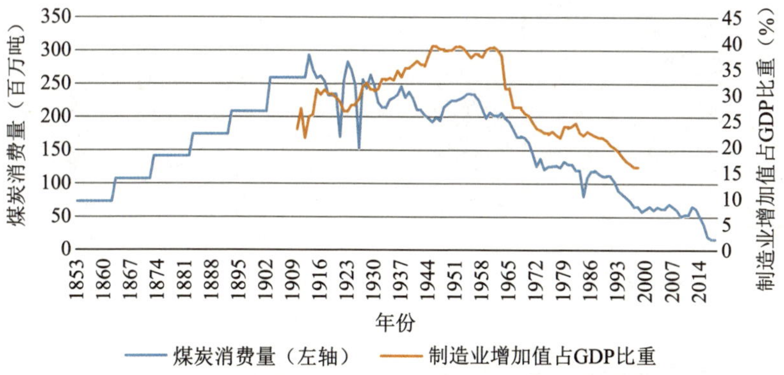

图3-5 英国煤炭消费轨迹

数据来源：英国能源与气候变化部。

3.2.2 德国——20世纪50～70年代

德国最早于1750年在鲁尔区发现煤炭，该地区煤炭储量占全德国的78%。随着第一次工业革命的到来，鲁尔区新的煤矿陆续出现，煤炭产量从1850年的181万吨增长到1913年的1.03亿吨，并在1957年达到1.12亿吨的峰值，鲁尔区的煤炭资源是其成为德国乃至世界重要工业中心的不可或缺的条件之一。

19世纪中叶，德国工业进入高速发展期，以钢铁、化学、机械制造等产业为核心的重工业驱动煤炭消费进一步提升。德国工业中心柏林的煤炭消费快速增长，从1881年至1911年，该地区煤炭消费从102.9万吨增长到237.2万吨。20世纪50年代之后，德国的煤炭消费量开始缓慢下降并进入平台期。1957年，石油产量的持续增长使得煤炭产量过剩，在接下来的十年中，大量煤矿被关闭。德国工业化完成后制造业在经济结构中的比重逐渐下降，1983年，鲁尔区制造业就业人数首次低于服务业。随着淘汰落后产能以及能源效率的大幅提升，德国煤炭消费大幅下降并最终维持在较低的水平。1965—2017年德国煤炭消费轨迹见图3-6。

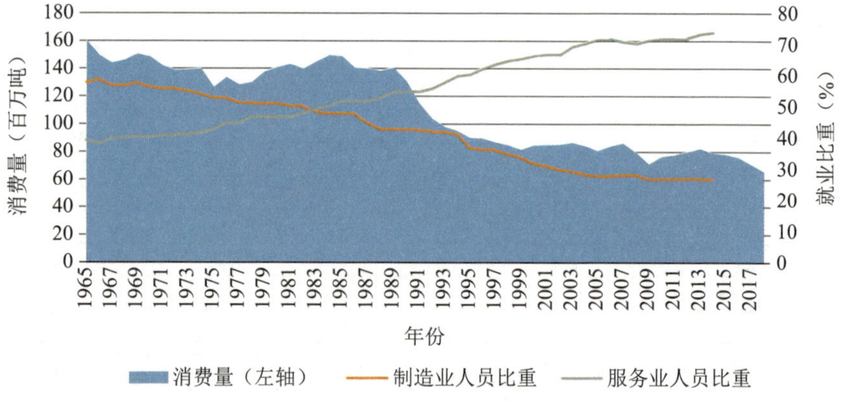

图3-6 德国煤炭消费轨迹

数据来源：世界自然基金会。

3.2.3 美国——20世纪60～80年代

19 世纪 50 年代之前，美国能源消费仍以木材、畜力为主。1850 年，俄亥俄州的煤田有 7000 矿工和每年 32 万吨产量，但仅仅经过三年时间，该州的煤炭产量就超过了每年 130 万吨。与此同时，马里兰州的煤炭通过铁路和汽船运往各个工业城市，煤炭产业从阿巴拉契亚山脉延伸到中部草原，最终扩展到西部落基山脉。到南北战争时期，全美至少有 20 个州发展煤炭产业，煤炭产量居世界第一。

煤炭源源不断地供往铁路、航运、钢铁厂、纺织业，支撑了内战之后工业的快速发展。从 1870 年至 1920 年，美国生产的工业产品价值增长了近 10 倍，煤炭消费增长近 16 倍，煤炭占能源消费结构的比重长期保持在 80% 以上。随着石油和天然气的快速发展，煤炭消费量大幅下降且波动幅度较大，20 世纪 30 年代之后，石油消费量超过煤炭消费量，成为美国最主要的能源资源；20 世纪 60 年代初期，天然气消费量超过煤炭消费量，取代煤炭成为美国第二大能源。进入 20 世纪 60 年代，美国煤炭消费相对平稳，进入短暂的平台期；到 20 世纪 70 年代两次石油危机之后，煤炭消费开始缓慢增长，2008 年金融危机之后再次呈现下降趋势。1850—2018 年美国煤炭消费轨迹见图 3-7。

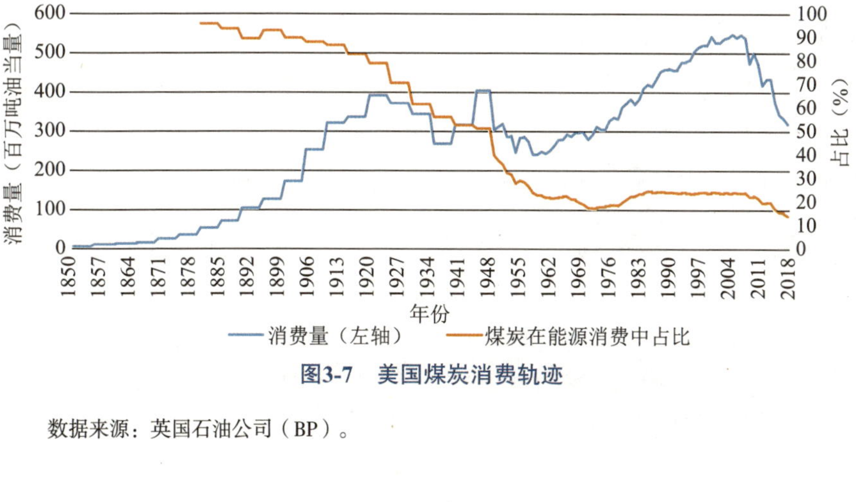

图3-7 美国煤炭消费轨迹

数据来源：英国石油公司（BP）。

3.2.4 澳大利亚——2000年前后

1965—2007 年，澳大利亚煤炭消费增长了 2 倍多，煤炭在能源消费结构中的比重保持在 45% 上下。2000 年后，煤炭消费进入平台期。此后，煤炭在能源消费中占比下降到 30% 以下。

澳大利亚最早于 1797 年在新南威尔士州发现煤炭，直到 1889 年各州才陆续开始开采煤炭。早期的煤炭开采进展缓慢，除了少数几个矿之外，整个行业几乎处于停滞状态，1889 年煤炭产量只有几万吨。进入 20 世纪，在政府扶持及出口需求的刺激下，澳大利亚煤炭产量稳步增长。1925 年，煤炭产量超过 1300 万吨并有 100 万吨用于出口。第二次世界大战之后，日本的重建和快速工业化带动了澳大利亚昆士兰州的露天矿开发，到 1970 年，出口日本的煤炭超过 2000 万吨。

煤炭也一直是澳大利亚国内交通、制造业的重要支撑。20 世纪中后叶，澳大利亚国内的煤炭消费稳步增长，从 1965 年到 21 世纪初，煤炭消费增长了 2 倍多，在能源消费结构中占比 45% 左右。进入 21 世纪，受替代能源的影响，煤炭消费开始缓慢下降并进入平台期，占能源消费结构的比重下降到 30% 以下，见图 3-8。同时，出口的比例进一步提高，2018 年出口煤炭占总产量 82%，出口主要对象由欧洲和日本转变为中国。

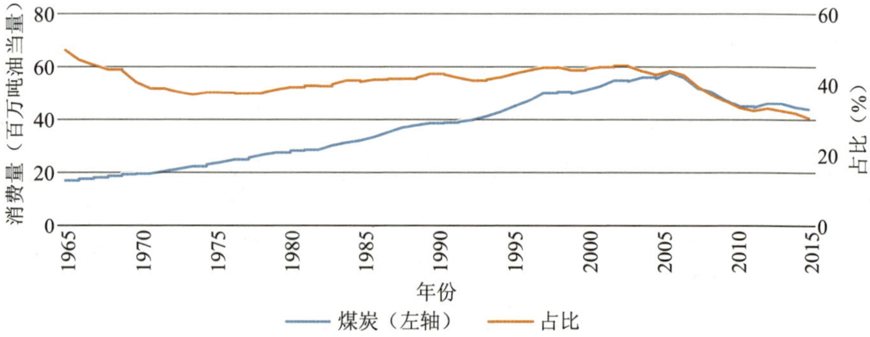

图3-8　澳大利亚煤炭消费轨迹

数据来源：英国石油公司（BP）。

3.3 进入消费平台期煤炭工业发展典型特征

3.3.1 法律法规：完善、具体和严苛

颁布或修订一系列矿业专属的法律、规章和条例，涵盖矿山安全、环境保护、科技创新，引导和规范煤炭行业健康发展。当前约 80% 在用的规定源自煤炭消费平台期，见图 3–9。

20 世纪中叶之后，澳大利亚各州相继颁布了各自的资源法律，尤其是在矿产资源占据重要地位的西澳大利亚州和昆士兰州，为保证法律在不断发展的矿业中发挥作用，始终保持对法律法规的定期修订。英国在 20 世纪 50 ~ 90 年代形成了成熟的矿山环境保护与治理的法律体系，并不断完善法律：1951 年通过《矿业工作法案》，允许政府收取生产者和矿权所有者恢复当前矿山作业造成影响的费用；20 世纪 70 年代颁布《城乡规划法》在矿山开发许可证上设立了矿山复垦条件；同时相继颁布涉及矿区废弃物处理的《河流法》《清洁空气法》《海上倾废法》等法律；1990 年在《环境保护法》中首次将污染行为定义为犯罪；1995 年在《环境法》中明确了地方政府、矿山经营者等主体在废弃矿山环境治理中应承担的责任。当时形成的“严格且有效”的矿山环境法律一直沿用下来。

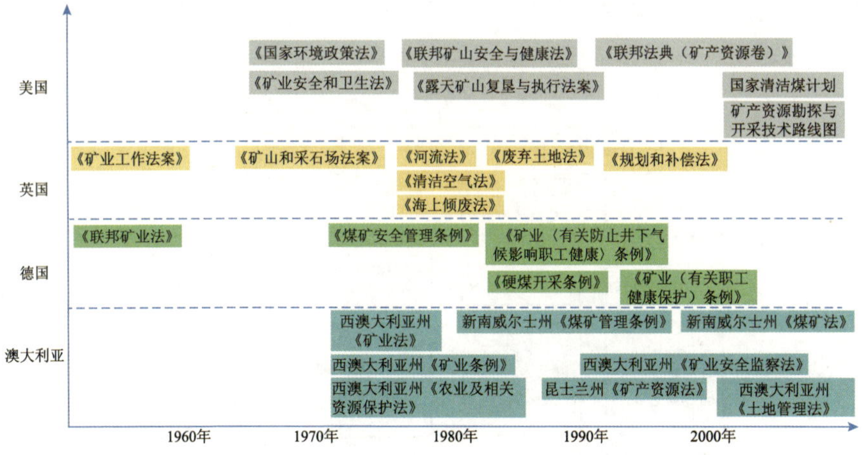

图3-9　主要产煤国消费平台期颁布的煤炭相关法律法规

3.3.2 职业健康和环境保护：成为强约束

经过前期的快速发展，煤炭消费平台期主要产煤国更加重视保护矿工的职业健康，制定了一系列安全规程或实施细则。20 世纪 70 年代以来，主要产煤国更加重视环境的可持续发展并制定了一系列环境保护的具体措施。

德国针对较差的地下开采条件，于 1970 年在《联邦矿业法》的基础上颁布《煤矿安全管理条例》，并于 1984 年进行了修订；1983 年颁布了适用于硬煤煤矿的《矿业（有关防止井下气候影响职工健康）条例》，其矿山安全健康监管体系见图 3-10。美国于 1977 年颁布的《联邦矿山安全与健康法》规定：矿工由于工作环境造成健康或工作能力受到损害，则必须重新分配工作，并从这种环境中调走，其工资数不得低于在调走时其他同种矿工的正常工资。

1977 年，美国针对复垦专门立法《露天开采治理与复垦法案》，详细规定了原有煤矿和新建煤矿的作业标准、程序以及复垦技术标准与目标，要求矿井关闭后土地要恢复到原用途要求的环境。1957 年英国出台《煤矿业（塌陷赔偿）法》，对由采矿造成的地质灾害进行规范。1980 年美国《环境扰动、赔偿与责任综合法》规定了责任追究制度与连带责任制度。通过各项法律措施，发达国家建立了环境许可证制度、环境影响评价制度、保证金制度、环境监督和检查制度的全生命周期监管制度。

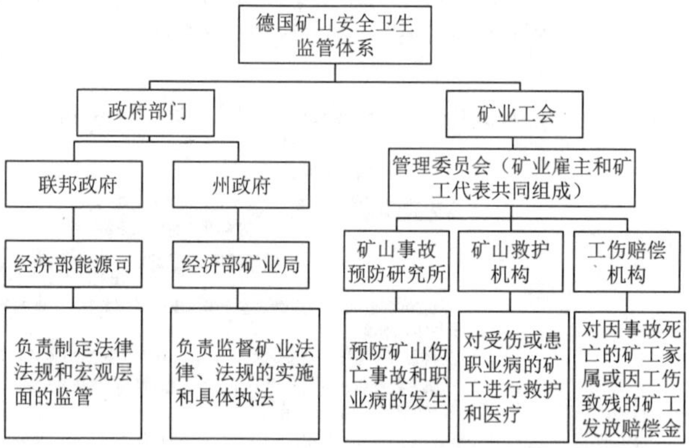

图3-10 20世纪后期德国建立的矿山安全健康监管体系

3.3.3 技术水平：快速提升

20世纪80年代以来，主要产煤国的煤炭开采技术和设备发展迅速，井工开采以长壁采煤为主，采煤机、液压支架等设备的设计概念、结构和性能都有重大改进，形成一系列高产高效的综采设备，带动了煤炭生产效率快速提升。美国煤炭生产效率见图3-11。

1990年澳大利亚煤炭开采的长壁工作面个数为20个，1994年增加到26个，到1995年长壁开采的产量占到井工矿总产量的70%。同一时间，美国固本煤炭公司总生产能力达到8000万吨/年，以长壁开采为主的矿井17个，1994年该公司的恩露福矿创造了810万吨的高产纪录，是当时美国产量最大、效益最好的井工矿。

综采设备向大功率、高可靠、高安全方向快速发展。1993年美国84个综采工作面中有75个使用电牵引采煤机，最大功率达1380千瓦。澳大利亚戈登斯通矿通过引进英国安德森Electra1000s型采煤机，首创煤矿年产400万吨的记录。德国韦斯特伐利亚公司生产的输送机，用三台电机驱动，最大运输能力达到3260吨/小时，大大提升了运输效率。同时，此阶段各设备的监测控制系统已比较成熟，主要产煤国制订了“一体化采煤工作”计划，以实现采煤工作面自动化为目标。

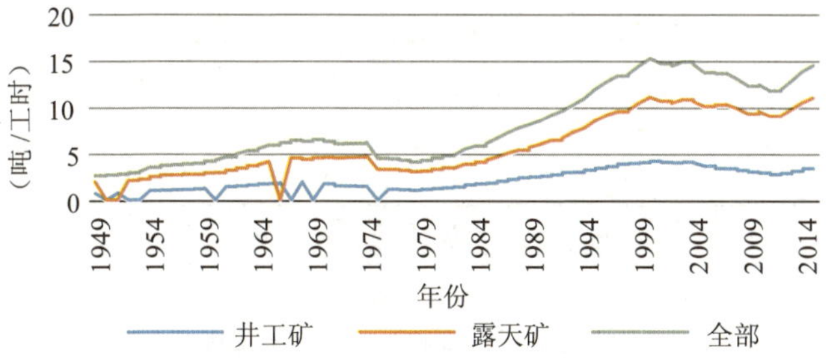

图3-11 美国煤炭生产效率

数据来源：美国能源信息署（EIA）。

3.3.4 安全生产：快速改善

各主要产煤国的煤炭开采安全状况在煤炭消费平台期都有明显改善，死亡率和受伤率较平台期前下降超过 85%。这主要得益于煤炭消费平台期的各项法律措施以及不断提高的采煤技术和机械化水平，在经历煤炭产消的快速发展之后，以更加理性的态度促进煤炭行业健康平稳发展。

20 世纪 30 年代到 70 年代末，美国矿井开采的人员死亡率和受伤率呈现波动下降的趋势，二者基本保持一致的变动。进入 20 世纪 80 年代和 90 年代，死亡率和受伤率持续下降，尤其是受伤率下降幅度更为明显，在 1991—1999 年不到 10 年的时间内由 10.18% 下降到 6.44%。进入 21 世纪，两项指标由快速下降转变为缓慢下降，并维持在较低水平。1931—2015 年美国煤炭安全生产状况见图 3-12。

19 世纪末英国煤炭消费量大幅增长，这一时期也是煤炭安全事故的高发期。根据英国国家煤炭博物馆的资料，19 世纪 60 年代，每年每 200 名矿工中就有 1 人死亡。到 20 世纪初，每 600 人中有 1 人死亡；到 20 世纪中叶，每 1000 人中有 1 人死亡，死亡率大幅度下降。

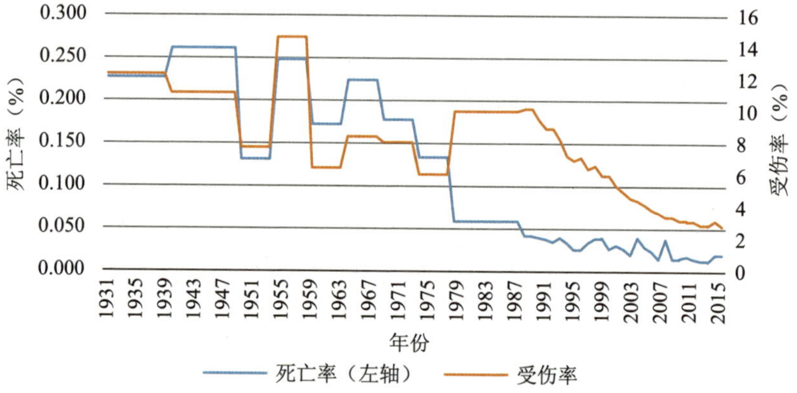

图3-12 美国煤炭安全生产状况

数据来源：美国劳工部。

3.3.5 煤炭消费：快速向电力集中

在发达国家工业化快速发展阶段，煤炭作为燃料在生产和生活中都发挥过巨大的作用。随着工业化的完成，煤炭的终端用户由多样化向单一化转变，由交通运输、工业、家庭用户向发电用户集中。

英国工业化进程中煤炭分别用于工业、铁路、化工、家用等9类终端用户。20世纪60年代，煤炭消费在经历近50年的反复波动后持续下降，同时煤电占比快速增加，其他行业用煤持续减少，70年代电力用户用煤超过50%，90年代已占90%以上。澳大利亚、美国重复了这一消费结构快速转变的模式，1980年发电用煤占67%，90年代末期发电用煤提升至80%，炼焦和冶金业还有少量用煤；20世纪中后期，美国发电用煤大幅增长，1959年发电用煤仅占煤炭消费的40%，1969年电煤比重超过60%，20世纪90年代末期这一比例达到92%，见图3-13。与此同时，煤炭消费的大气污染排放量在20世纪70年代以后开始下降，1970—2010年期间，美国工业锅炉的吨煤SO_2排放系数下降了50%左右，电力部门的吨煤SO_2排放系数降低了90%，减排效果明显。

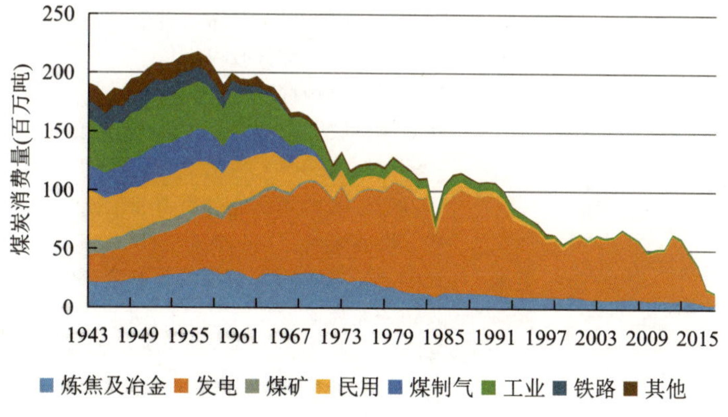

图3-13 美国煤炭消费结构变化

数据来源：美国能源信息署（EIA）。

3.3.6　企业发展：国际扩张步伐加快

20 世纪中叶以来，国外发达国家的主要煤炭企业通过资本运作方式（投资、并购、重组等）在全球范围内配置优质煤炭资源，迅速成长为大型跨国集团，在生产规模、效益规模等方面都实现了突破。

除煤炭资源外，各煤炭企业还积极开展与上下游企业的股权合作、跨品种的矿产资源投资，大力发展多元化业务，成为综合性能源服务商。例如，皮博迪能源公司大力发展煤炭贸易，投资了日本的贸易公司，并在欧洲多国进行煤炭贸易；在澳大利亚投资金属矿和火电项目；20 世纪 90 年代致力于洁净煤技术研究，建立了高效低排放能源站来应用最新的洁净煤技术。必和必拓公司于 2001 年合并重组后，业务板块包括煤矿、铜矿、铁矿石、石油等，矿产项目分布于世界各地，成为全球第一大矿业集团公司。20 世纪中叶至 21 世纪初国外大型煤炭公司的主要并购活动见表 3-2。

表3-2　国外大型煤炭公司主要并购活动

公司名称	国别	国内外并购大事件
皮博迪能源公司（Peabody Energy Corp）	美国	1955年，与辛克雷公司合并 1962年，分别收购日本三井贸易公司和澳大利亚蒂斯建筑公司部分股权 1968年，收购肯尼科特铜矿公司 1987年，收购东部燃气和燃料公司的七座煤矿 1993年，收购澳大利亚三座煤矿
阿齐煤炭公司（Arch Coal，Inc）	美国	1998年，收购美国西部里奇菲尔德煤田的三座煤矿、峡谷燃料公司65%的股权 2004年，收购峡谷燃料公司剩余35%股权和崔顿公司一座煤矿 2009年，收购力拓公司雅各布牧场煤矿
必和必拓集团公司（BHP Billiton）	澳大利亚	1984年，收购犹他国际公司获得在昆士兰州的多座煤矿 2001年，与Billiton公司合并 2005年，分别收购南非和美国新墨西哥州的动力煤煤矿

3.4 对新时期我国煤炭行业发展的启示与经验借鉴

3.4.1 制定和实施更加严格的法律法规及政策

建立健全涵盖开采、运输、利用、矿区治理等各个方面的行业标准体系；强化执法监督管理力度，同时加强媒体和社会监督。

在经历前期煤炭行业快速发展阶段之后，各产煤国政府更加注重行业发展的质量，颁布法律政策的力度和强度都超过以往任何一个时期，这一时期成为政策颁布集中期，并因此产生了积极正面效应：消费结构快速集中，科技水平、安全生产水平大幅度提升。当前，我国经济已进入新的发展阶段，面对新形势新要求，煤炭行业要坚持走科技含量高、安全程度高、环境污染低、经济效益优的高质量发展道路，就必须加大立法力度，加强政策支撑，强化对高质量发展的鼓励和引导。针对环境修复、煤矿安全事故等重大问题、紧迫问题制定专门的法律法规，加大执行力度。当前我国煤炭行业相关法律法规和政策见图 3-14。

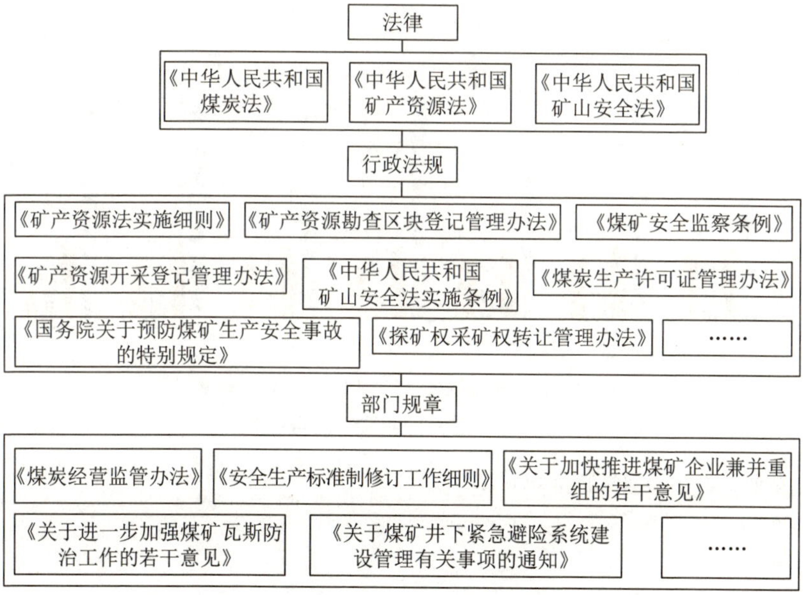

图3-14 我国煤炭行业相关法律法规和政策

3.4.2　进一步优化煤炭消费结构

积极调整煤炭消费结构，不断降低分散燃煤、钢铁冶金、水泥建材等领域的耗煤量，持续提高电煤消费比重，应用先进技术，实现节能减排。

我国煤炭消费主要集中在电力、钢铁、建材、化工等高耗能行业。2014 年以来，发电用煤比重长期维持不变，仅占消费总量的一半左右，大量的煤炭消费仍集中于工业锅炉、炼焦炉、建材窑炉等，复杂的排放源造成我国大气污染控制的难度较大，见图 3-15。反观发达国家经历煤炭消费平台期之后，电煤的消费比重达到 90% 以上，其他高耗能、高污染行业用煤比例萎缩甚至不再用煤，从而改善了大气污染状况。我国应充分利用电力等大规模集中利用的节能减排优势，积极优化煤炭消费结构，进一步削减和控制分散用煤、难以监管的设备用煤总量，促进发电用煤比例不断提高，采用超（超）临界发电、IGCC 等先进高效燃煤发电技术，不断降低供电煤耗和污染物排放总量。同时，发展和应用针对电厂的碳捕集与封存技术，推动煤炭消费的清洁低碳化发展。

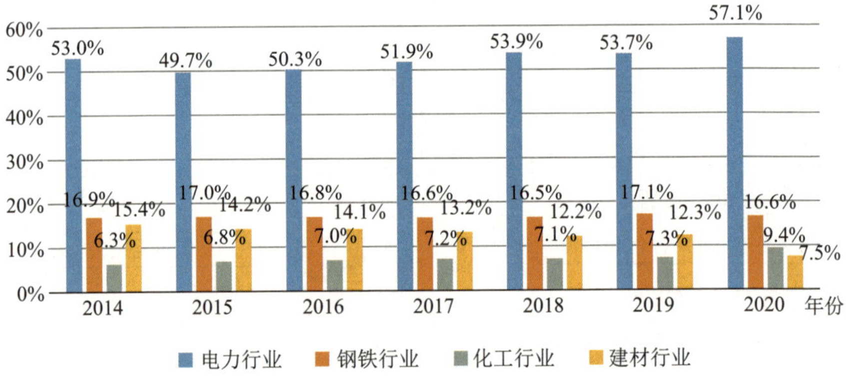

图3-15　四大行业煤炭消费比重

数据来源：中国煤炭市场网（CCTD）。

3.4.3 把科技创新作为煤炭行业发展的重要支撑

新技术引入煤炭行业，大幅度提高技术装备水平；科技创新型企业在煤炭消费平台期发挥更重要的引领作用。

在煤炭消费平台期，科技对行业发展变革的作用更加突出。根据国外发达国家经验，平台期各国政府都积极颁布政策促进科技进步，在政府、行业和企业的共同努力下，煤炭科技水平不断提升，实现了机械化、自动化采煤，生产效率和伤亡率较前期显著改善。从国外经验来看，新技术在煤炭行业中的及时推广和应用，大幅减少了煤矿安全事故发生。新时代催生新技术，当前以物联网、人工智能、大数据等为代表的新技术正在推动第四次工业革命向纵深发展（见图 3–16），利用新技术改造当前煤炭行业传统的生产方式方法，推动煤炭行业向高科技行业迈进，实现行业脱胎换骨的变革，重塑行业面貌形象，显得尤为重要和迫切。因此，融合新技术、步入智能时代是未来煤炭行业发展的重大战略选择。

我国应加大对煤炭科技创新的政策支持，促进煤炭行业转型为知识密集度高、资本密集度高、研发强度高的“三高”型行业，成为新技术、新工艺和新产品的探路者和领航者。

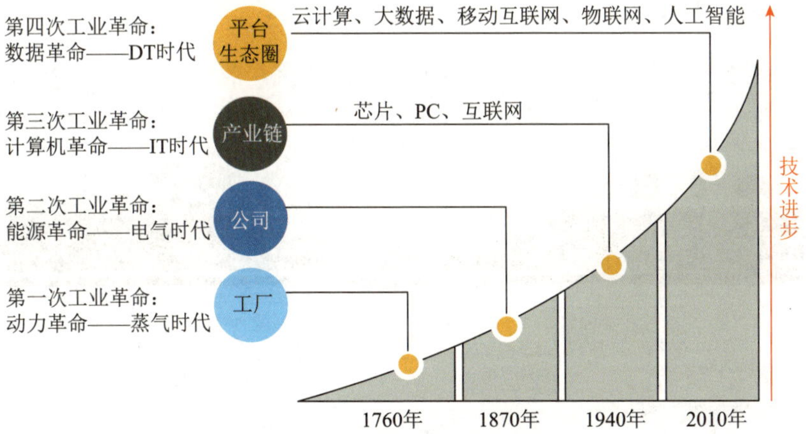

图3-16 四次工业革命示意图

资料来源：阿里研究院。

3.4.4 将环境可持续发展置于优先位置

保护生态环境，应对气候变化，坚持绿色发展，已逐步成为世界各国共识。在工业文明转向生态文明的时代背景下，重视绿色发展，通过科技创新、全生命周期管理将煤炭开发对环境的不利影响降至最低，是实现煤炭行业高质量发展的重要途径，也是我国实现由煤炭大国向煤炭强国转变的必然要求。

主要产煤国在煤炭消费平台期对环境保护基本达成共识，在环境影响评价、许可证制度、土地复垦和保证金制度等方面，注重资源效益、生态效益、经济效益和社会效益相统一，将绿色矿业的理念与实践贯穿于矿产资源开发利用的全过程。生态文明建设是中华民族永续发展的千年大计，新时期对生态环境保护的重视程度更高，我国煤炭行业必须转变资源粗放型发展方式，实现矿区绿色发展。通过建立健全矿区全生命周期管理的体制机制，明确企业的治理职责，运用信息化手段有效监管监控；激励建设绿色矿山的各项新技术和新工艺的研发，遏制和改善矿区环境污染、地表塌陷问题；坚持生态环境治理与合理开发利用相结合，发展契合区域市场的其他产业，探索关闭矿井的再利用等，实现矿区资源、经济和环境协调发展，见图 3-17。

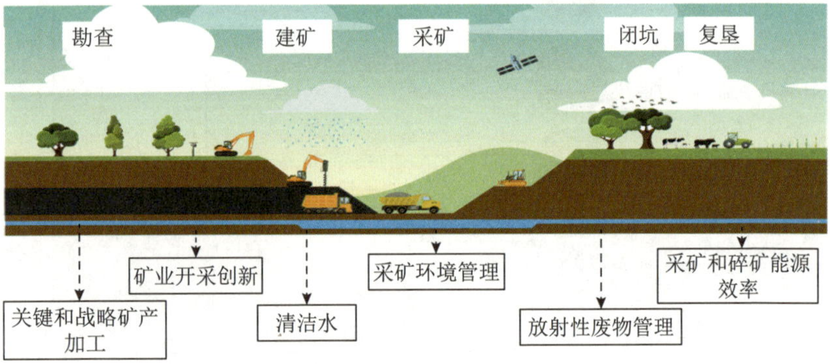

图3-17 构建全生命周期监督管理制度

3.4.5 在全球范围内统筹煤炭资源配置、开发和利用

利用多种资本手段在全球范围内配置优质煤炭资源，拓展技术交流、产能合作、工程承包、技术服务、装备出口等全产业链对外合作范围。

经过 2016 年以来的化解过剩产能和煤炭企业兼并重组，我国煤炭企业趋于大型化、集中化、多元化。与此同时，应进一步借鉴英国、德国、美国、澳大利亚在煤炭消费平台期时的发展经验，大力开拓国际市场，发展成为国际化的大型煤炭企业。当前我国可供安全、经济、绿色开采的煤炭资源量不到 5000 亿吨，不足以支撑新能源发展的整个过程，煤炭供应区域性、时段性紧缺仍将时有发生。因此，充分利用全球生产要素的区域优势，实现煤炭资源国际分工和协调发展，优化配置海内外资源、拓展国内外两个市场，将有助于我国煤炭行业有效配置资源和优化产业结构。相较于 20 世纪的国外煤炭公司，当前我国煤炭企业的分工更加细化，专业化程度更高，因此，依托能源国际合作机制，开展全产业链对外合作，有助于加快我国煤炭行业发展步伐。近年我国煤炭企业对外合作项目见表 3–3。

表3-3　我国煤炭企业对外合作部分项目

<table>
<tr><th>煤炭企业</th><th>合作国家</th><th>合作项目</th></tr>
<tr><td rowspan="2">兖矿集团</td><td rowspan="2">澳大利亚</td><td>2004年，全资收购澳大利亚澳思达煤矿</td></tr>
<tr><td>2017年，实施“大圣项目”，采用股权融资、资本运作方式收购力拓公司优质煤炭资源</td></tr>
<tr><td rowspan="2">神华集团</td><td>印度尼西亚</td><td>2011年，在印度尼西亚建设的年产150万吨的露天煤矿开始投产</td></tr>
<tr><td>俄罗斯</td><td>2013年，与俄罗斯En+集团合作，对在靠近中俄边境贝加尔地区的俄罗斯煤矿进行勘探与开发</td></tr>
<tr><td>开滦股份公司</td><td>加拿大</td><td>2010年，与河北钢铁集团、加拿大德华国际矿业集团公司签署合作协议，共同开发加拿大布尔默斯煤田</td></tr>
</table>

4

煤炭行业发展方式变革的宏观背景

——新时期经济社会发展图景

煤炭行业作为国民经济的一部分，为经济社会发展贡献能源，同时煤炭行业的发展也离不开国民经济发展的大环境。国民经济运行状况及其变化直接影响煤炭等相关能源需求，同时国民经济为煤炭行业发展提供资本、人力、技术、数据等要素，很大程度上决定了煤炭行业的发展速度和发展质量，见图 4–1。

经过 30 多年的持续快速发展，我国进入中国特色社会主义新时代，面临新的发展机遇和挑战。从国际看，以信息技术为代表的新技术革命兴起，守成大国与新兴大国博弈加剧，经济全球化遭遇逆流，世界正在经历百年未有之大变局。从国内看，传统行业逐步进入峰值平台期，人口老龄化快速到来，创新体系整体效能不足，发展方式转变和新旧动能转换已进入关键时期。特别是 2020 年大规模暴发的新冠肺炎疫情，对全球经济秩序和经济活动产生巨大冲击，可能加速“逆全球化”浪潮，给我国经济社会发展又添新的变数。

在国务院发展研究中心、国际货币基金组织（IMF）等机构研究成果的基础上，本章试图展望我国新时期的经济社会发展图景，为展望煤炭行业相关要素发展趋势提供基础。

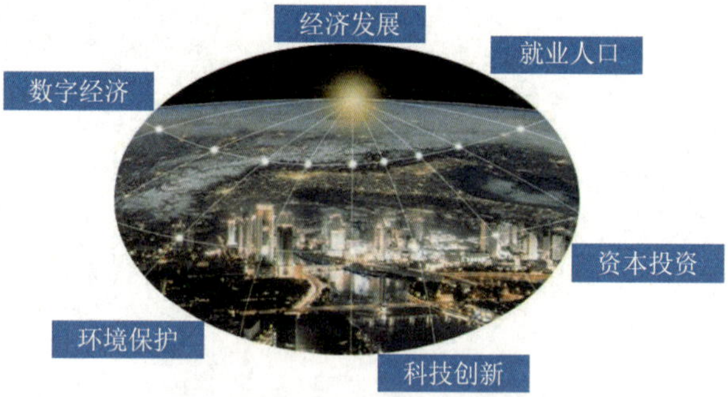

图4-1　影响我国煤炭行业发展的经济社会发展要素

4.1 经济发展

4.1.1 经济增速：进入中速平稳增长期

随着逐步进入工业化发展后期或后工业化时期，我国经济增速将向前沿国家靠近，进入 5% ～ 6% 的中速平稳增长期。

第二次世界大战以来，世界各国的经济发展主要可划分为技术前沿国家的创新引领式发展和落后国家或经济体的追赶型增长两种类型。20 世纪 50 ～ 60 年代的日本、70 ～ 80 年代的韩国等类似发展经验表明，随着发展水平的提升，后发优势逐步减弱，当接近或达到前沿国家的发展水平时，后发优势就会基本消失，经济增速逐步收敛到前沿国家相当或更低水平，见图 4-2。

改革开放以来，我国经济的高速增长是典型的追赶型增长。目前，在一些领域我国已赶上发达国家的水平，需要由跟跑转向并跑和领跑，经济发展速度将明显放缓。根据国务院发展研究中心“中长期增长”课题组 2019 年的预测，我国经济增速将逐步下降到 4.3% 左右。

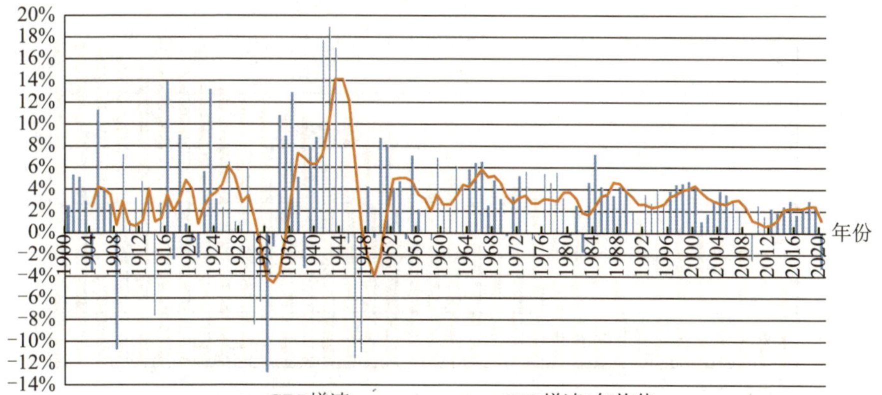

图4-2　1900—2020年美国GDP增速变化趋势

数据来源：Wind数据，作者整理。

4.1.2 经济总量：持续接近第一大经济体

2020 年我国 GDP 为 1015986 亿元人民币（折合 14.72 万亿美元），相当于美国的 70.5%，预计 2030 年将达到美国的 90%，2035 年前后将与美国相当。

按照国务院发展研究中心“中长期增长”课题组预测的我国未来 GDP 增速推算，到 2026 年我国 GDP 将达到 2020 年美国 GDP 总量。若 2028 年以后我国经济延续 4.5% 以上的增速，美国经济保持最近 20 年（2000—2019 年）的平均增速（2.08%），我国 GDP 将在 2030 年达到 25 万亿美元，超过美国 GDP 的 90%；在 2035 年前后达到 30 万亿美元，与美国相当，见图 4–3。虽然当年 GDP 赶上美国规模，但是我国 1960—2035 年的 GDP 累积总量将仅有美国同期的 60% 左右，我国在很多方面仍然很难达到同期美国的水平。

同时，也要注意到，日本 GDP 在 1995 年最高，达到了美国的 69.6%，但受被美国胁迫签订的《广场协议》影响，日元大幅升值，日本产品出口大幅下滑，进入了长期的经济停滞，最终未能接近美国 GDP 规模。

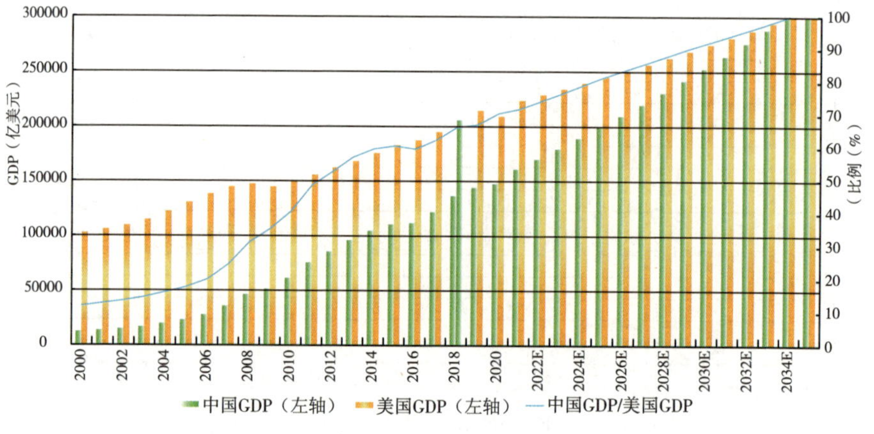

图4-3 中国、美国GDP发展趋势图

数据来源：Wind数据，《中国经济增长十年展望（2020—2029）：战疫增长模式》。

4.1.3 新特征：服务业成增长重心

伴随房地产、汽车等传统行业逐步进入峰值平台期，服务业将成为我国经济增长的新引擎，在 GDP 中的比重将提高到 60% 以上。

美国、英国、德国、日本等发达国家在经济快速增长实现工业化后，服务业在 GDP 中的比重快速提高了 20 个百分点左右，2019 年美国服务业在 GDP 中的比重达到了 81%。

根据国务院发展研究中心“中长期增长”课题组的预测，我国服务业在 GDP 中的比重也将由 2020 年的 54.5% 提高到 2028 年的 64.3%，年均提高超过 1 个百分点，见图 4–4。

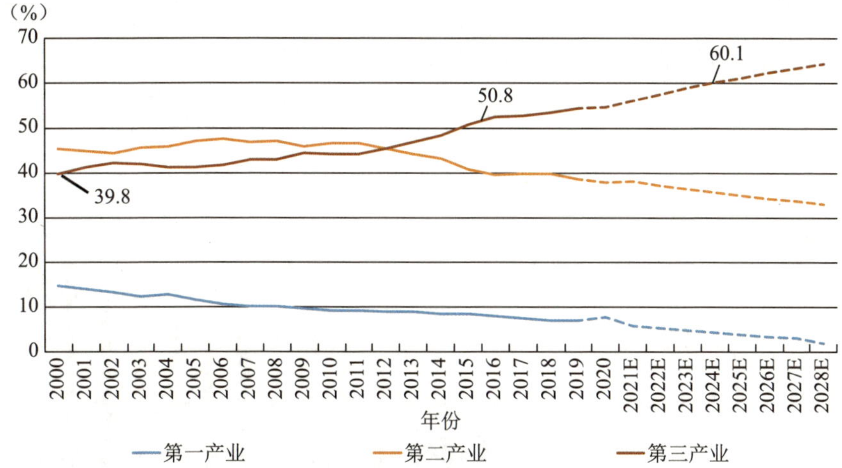

图4-4 我国服务业在GDP中占比变化趋势

数据来源：2000—2020年数据来自国家统计局，2021年及以后预测数据来自《中国经济增长十年展望（2019—2028）：建设高标准市场经济》。

4.1.4 新挑战：全球产业链重构的风险

贸易保护主义、单边主义、民粹主义抬头，“逆全球化”暗流涌动，将推动全球产业链重构，影响我国在全球产业链中的分工和份额，进而影响我国产业体系和经济发展。

自 2008 年国际金融危机以来，美国就开始推动制造业回归本土。2017—2018 年，美国退出《跨太平洋伙伴关系协定》（TPP），推动美墨加自贸区建设，从全球外包转向境内外包。2018 年中美贸易争端以来，美国正在将部分价值链从我国转移到亚洲其他地区。中、德、美三足鼎立的全球制造业供应链将被打破，给我国经济发展带来新挑战。

继 2017—2018 年恢复性增长后，2019 年我国出口商品总额几乎接近零增长，2020 年抗疫相关产品带动出口大幅增长，见图 4-5。在“逆全球化”浪潮愈演愈烈的大背景下，预计未来我国出口商品总额将难再有大幅度增长，我国经济发展将更多依赖国内消费。

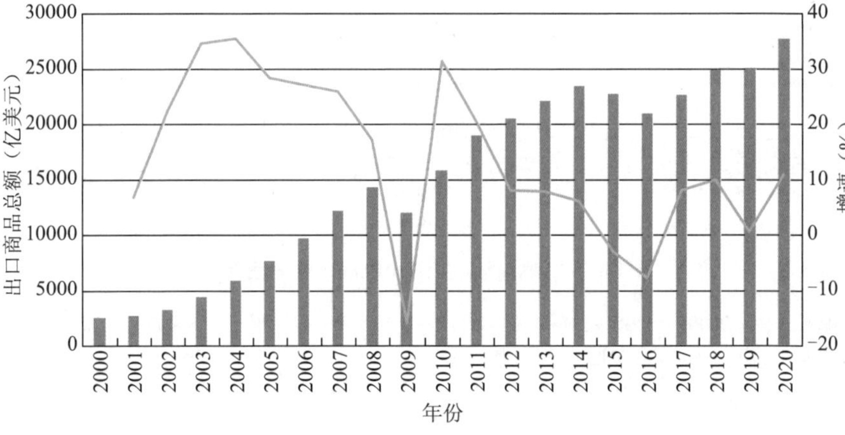

图4-5 我国出口商品总额变化趋势

数据来源：国家统计局。

4.2 人口就业

4.2.1 总人口：增速放缓

尽管我国已实施全面放开“二孩”生育政策，但尚未根本性改变我国人口出生率下降的趋势，我国人口增速放缓，总人口将于2025年前后进入峰值期。

2000年以来，我国人口出生率总体呈现下降趋势。2016年1月全面放开二胎政策，带动2016年、2017年人口出生率略有上升，2018—2020年重新回到了2015年之前的下降趋势。2020年我国人口出生率明显低于美国、英国水平。

根据国务院发展研究中心“中长期增长”课题组的预测，我国总人口缓慢增长到2025年前后，进入14.19亿的峰值水平，此后将保持平稳，见图4-6。

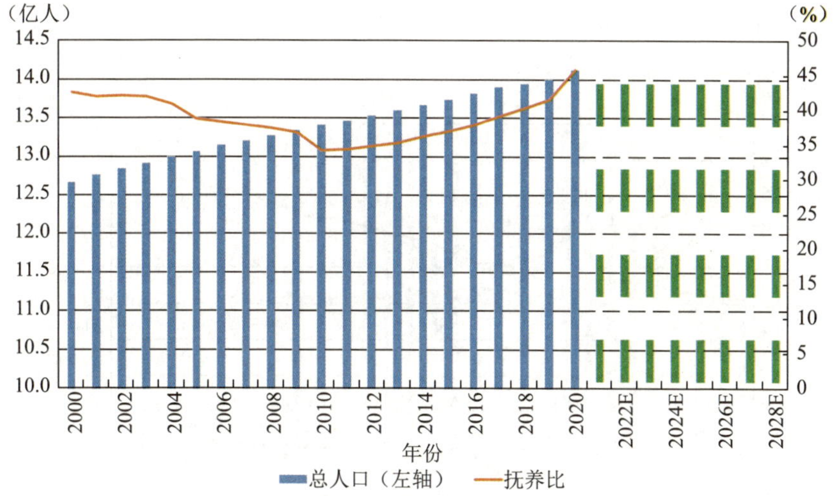

图4-6 我国人口变化趋势

数据来源：2000—2020年数据来自国家统计局，2021年及以后预测数据来自《中国经济增长十年展望（2019—2028）：建设高标准市场经济》。

4.2.2 就业人口：数量下降

经过多年的人口红利释放，2014 年我国就业人口达到 7.64 亿人的高点后开始下降，服务业是我国新增就业的主要领域，占就业人口比重将超过 60%。

我国就业人口从 2000 年的 7.21 亿人增加到 2014 年的 7.64 亿人，年均增加接近 210 万人，且其中大学本科、研究生比重较高，带动了我国就业人口总体质量的提升。2015 年以来，我国就业人口多年连续下降，预计未来仍将呈下降趋势。

伴随我国的城市化进程，大量农业人口从以农村为主的第一产业转向以城市为主的第二、第三产业，第一产业就业人口占比由 2000 年的 50.0% 下降到 2020 年的 23.6%，下降超过一半。2010 年以来，第二产业（制造业）逐步进入峰值期，加上自动化、信息化、智能化技术的推广应用，第二产业就业人口占比在 2012 年达到高点后逐年下降，就业人口向第三产业（服务业）集中的趋势更加明显。根据国务院发展研究中心“中长期增长”课题组的预测，到 2021 年第三产业就业人口占比将达到 50.8%，到 2028 年将达到 60.1%，见图 4–7。

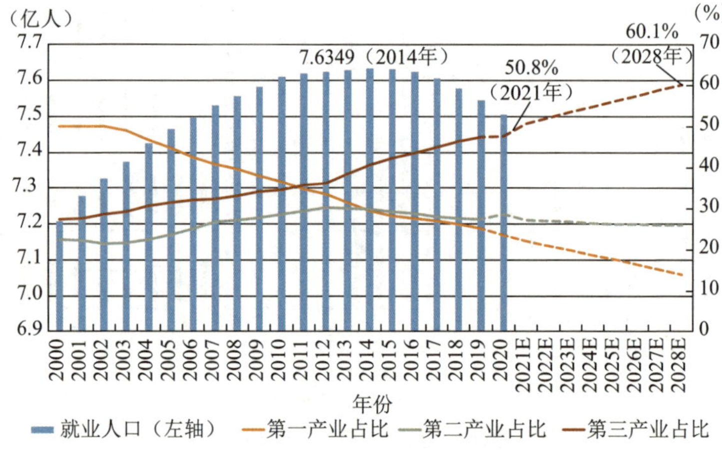

图4-7 我国就业人员及其构成变化趋势

数据来源：2000—2020年数据来自国家统计局，2021年及以后预测数据来自《中国经济增长十年展望（2019—2028）：建设高标准市场经济》。

4.2.3 新特征：数字人趋势明显

以互联网为核心的数字化技术推动了生产力要素的数字化渗透、生产关系的数字化重构、经济活动走向全面数字化，促使人类适应数字化生存环境要求表现出明显的数字人特征，见图 4–8。

数字身份：不仅在现实世界里拥有真实身份，在微信、微博、办公网络等虚拟空间中也拥有身份，且身份的存在不受地域、时间、空间的限制，人们的个性、主体性更加得到张扬，也拥有更多自我塑造和多样性发展的空间。

数字行为：数字化发展具有速度快、更新周期短、开放程度高等特点，推动人们更加便捷、高效地感知、交流、共享，使实践活动不断超越现实社会空间向虚拟空间发展，同时人们的行为也更加依赖网络和移动设备。

数字文化：拥有是一种无用的奢侈。重要的不是对机器的所有权，而是实际生产能力。不再根据某个物品或某种服务的固有价值进行判断，而是以对它们的使用和从中获得的体验来进行判断。共享单车、分时租赁等分享经济和免费增值服务模式成为新时尚。

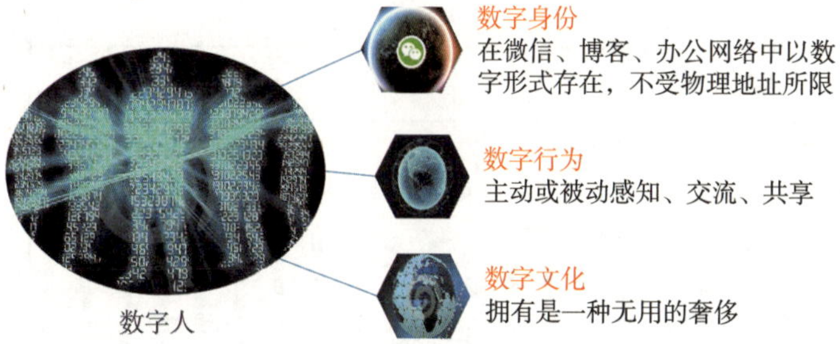

图4-8　数字人特征示意图

4.2.4 新挑战：老龄化加快

随着 1971 年全面计划生育之前十多年“婴儿潮”出生的人口进入老年，我国人口老龄化进入程度持续加深期，劳动力有效供给压力持续增加。

国际上，当一个国家或地区 60 岁以上老年人口占人口总数的 10%，或 65 岁以上老年人口占人口总数的 7%，即意味着这个国家或地区处于老龄化社会。

我国自 2000 年前后进入老龄化社会以来，老年人口数量和占总人口的比重持续增长。2000—2020 年，65 岁及以上老年人口从 0.88 亿人增加到 1.91 亿人，增加一倍；占总人口的比重从 7.0% 上升至 13.5%，提高了 6.5 个百分点，见图 4-9。未来 20 年将是我国老龄化程度加深最快的阶段，也是全球范围内老龄化速度最快的阶段。

人口老龄化对经济增长、储蓄、投资与消费、劳动市场、养老金、税金及代际关系造成冲击。劳动年龄人口数量持续下降，青壮年劳动力供给逐步减少，对潜在经济增长率造成不利影响。养老金需求持续增加，就业人员负担持续加重，既不利于保持代际和谐与社会活力，也不利于维护国家人口安全和增强国际竞争力。

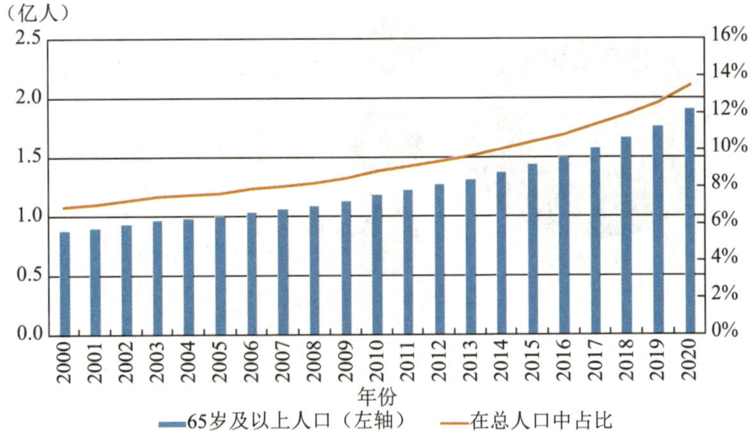

图4-9 我国老龄化人口占比变化趋势

数据来源：2000—2020年数据来自国家统计局。

4.3 资本投资

4.3.1 资本形成：速度明显放慢

伴随我国接近或达到中等收入水平，我国资本形成率也逐步回落到中等收入国家的平均水平，资本形成总额增加缓慢，固定资产投资强度减弱。

2000 年以来，我国资本形成率变化可以分为 2000—2010 年逐步上升阶段和 2011 年以来的逐步回落阶段，见图 4-10。根据国务院发展研究中心“中长期增长”课题组的预测，我国资本形成率将逐步向中等收入国家的平均水平靠近，到 2028 年将下降到 32.5%。

图4-10 我国资本形成总额变化趋势

数据来源：2000—2020年数据来自国家统计局，2021年及以后预测数据来自《中国经济增长十年展望（2019—2028）：建设高标准市场经济》。

4.3.2　资本来源：直接融资比例提高

我国基本形成了多层次资本市场体系，社会融资规模不断扩大，融资途径不断优化，价格发现功能高的直接融资比例呈波浪式升高。

我国社会融资规模由 2002 年的 2.0 万亿元上升到 2020 年的 34.86 万亿元，18 年间上升超过 17 倍；以银行贷款为主的间接融资占比由 2002 年的 91.9% 下降到 2020 年的 57.0%，下降了近 35 个百分点；以企业债券、发行股票为主的直接融资占比由 2002 年的 4.9% 提高到 2020 年的 15.3%，提高了 10 个百分点，见图 4-11。

近年来，在互联网、移动支付等技术的推动下，我国社会融资途径逐步多元化，呈现明显的三元结构：银行、资本市场构成的正规金融体系；资产管理和各类准金融机构构成的影子银行体系；互联网金融和民间借贷。但是总体来看，投资者参入程度高、市场化程度高、价格发现功能高的直接融资占比还很低，远达不到美国直接融资占比 90% 左右的成熟金融市场水平。预计在科创板试点注册制等制度创新的推动下，我国直接融资比例将逐步提高，降低实体经济融资难度。

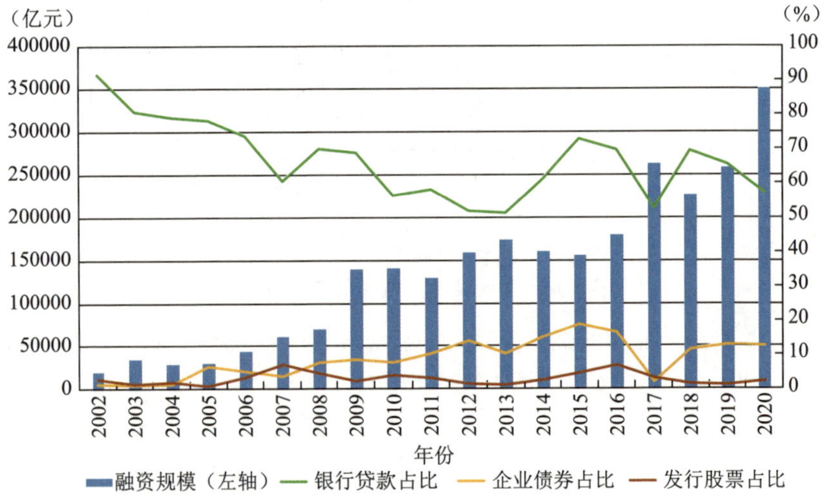

图4-11　我国社会融资规模和结构变化趋势

数据来源：国家统计局。

4.3.3 新特征：利率平稳下降

社会投资平均利润率下降，加上融资方式多元化和存贷款利率市场化改革，社会融资愿意接受的资金成本下降，推动我国实际利率逐渐接近发达国家水平。

发达国家历史经验表明，随着逐步实现工业化，资金价格呈现从高到低的变化过程。日本的贷款利率 1992 年前为 5.0% ~ 8.0%，到 1996 年下降到 2.7%，2017 年下降到 1.0%。美国的贷款利率从 2000 年前的 8.0% 以上下降到 2017 年的 3.9%，2019—2000 年有所上升。

我国一年期贷款基准利率自 1995 年高点的 12.06% 波动式下降到 2015 年的 4.35%。此后，在全面放开金融机构贷款利率管制（2013 年 7 月 20 日）、取消存款利率浮动上限（2015 年 10 月 23 日）等政策推动下，我国存贷款利率市场化程度逐步提高，存贷款利率水平呈稳中有降趋势，基本维持在 4.4% 左右，与马来西亚、泰国等相差不大。根据世界银行发布的数据，我国实际利率波动幅度逐步减小，利率水平逐步接近美国、日本等发达国家的利率水平，见图 4-12。

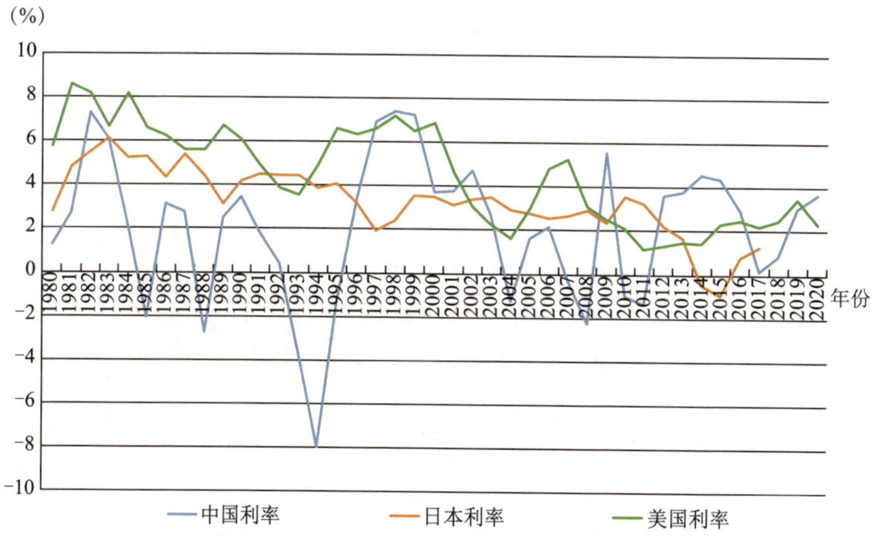

图4-12 我国和主要发达国家实际利率变化趋势

数据来源：世界银行。

4.3.4 新挑战：外流风险上升

在国内综合成本上升、中美贸易摩擦升级的背景下，跨国公司和国内企业开始考虑产能布局，我国净对外投资由负转正，并有进一步扩大的风险。

按照一般规律，当一国人均 GDP 增长到一定程度（通常是 4500 美元 / 人）后，国内综合成本上升，吸引外商直接投资增幅放缓；同时，国民和企业的国际资产配置快速上升，对外直接投资大幅增加，两者的差额逐步缩小，直至出现净对外投资。

伴随深化对外开放、加入 WTO 等开放政策，我国吸引外商直接投资由 2000 年的 407.15 亿美元快速上升到 2011 年的 1160.11 亿美元，年均增长近 10%。此后，进入缓慢上升阶段，到 2020 年增加到 1444 亿美元。随着我国经济发展及在国际经济中地位的上升，我国对外直接投资由 2006 年的 211.60 亿美元上升到 2016 年的高点 1961.50 亿元，年均增长近 25%；2017—2019 年略有回落。对外直接投资增长快于吸引外商直接投资，2014 年我国净对外投资由负转正，见图 4-13。虽然美国、欧洲对我国对外直接投资较为警惕，且有一定的限制，但我国对外投资稳定中继续开发的基本方针没有变，预计我国净对外投资性仍将呈波动增长趋势。

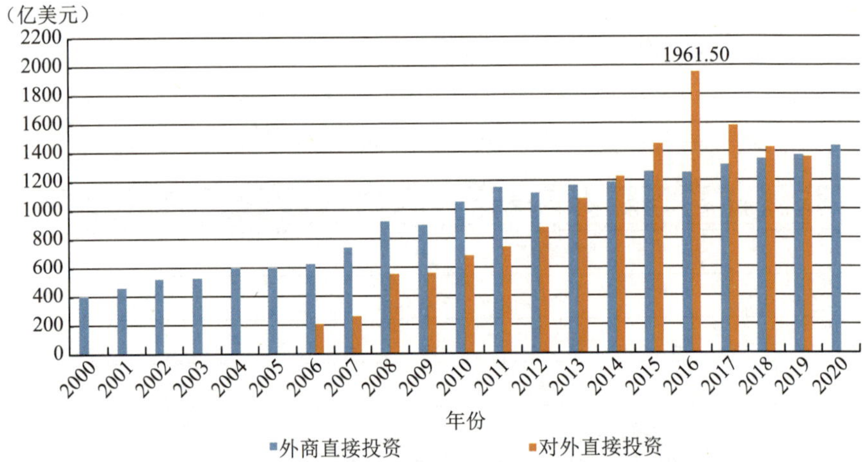

图4-13 我国外商直接投资与对外直接投资变化趋势

数据来源：国家统计局。

4.4 科技创新

4.4.1　研发投入：持续提高

从“科教兴国”战略、“创新型国家”建设，到全面实施创新驱动发展战略，科学技术发展和创新作为我国摆脱对传统增长方式依赖的战略举措，未来研发强度仍将持续加大。

1995—2005年，我国提出“科教兴国”战略，逐步建立以企业为主体的创新体系，研究与试验发展（R&D）经费占GDP的比重逐步提高到1.31%；2006—2011年，推进“创新型国家”建设，增强自主创新能力成为国家战略核心，研究与试验发展经费占GDP的比重逐步提高到1.78%；2012年以来，我国全面实施创新驱动发展战略，更加注重激发创新主体的活力，研究与试验发展经费占GDP的比重逐步提高到2.40%。2020年，我国研究与试验发展经费支出24393亿元，仅次于美国，居世界第二位。经费投入规模相对较大，但是占GDP比重还很低，甚至低于日本、德国、美国20年前的水平，见图4-14。企业已经超越政府成为科技投入的主要力量，预计未来我国科技投入还将持续增加。

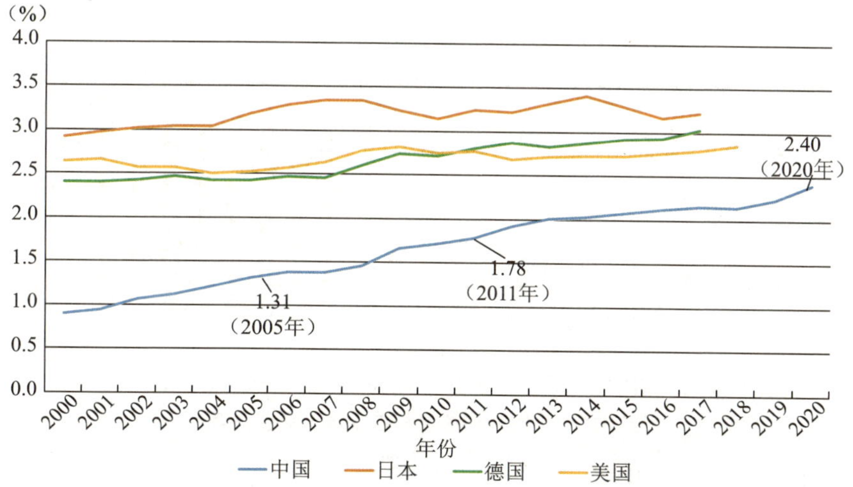

图4-14　我国与主要发达国家研发支出占GDP比重变化趋势

数据来源：国家统计局。

4.4.2 创新成果：与前沿国家差距逐步缩小

我国每年申请专利和发表论文数量上升到全球前列，在一些领域实现了由跟跑向并跑和领跑的跨越，逐步接近甚至超过前沿国家技术水平。

我国专利受理数由2000年的14.0万件上升到2020年的519.4万件，增长37倍，年均增速近20%；专利授权数由2000年的9.5万件上升到2020年的352.1万件，增长36倍，年均增速超过19%；技术市场总额由2000年的650亿元上升到2020年的28252亿元，增长42倍，年均增长接近21%，见图4-15。2017年以来，我国专利受理和授权数一直保持全球第一。2018年我国科技论文发表数量也跃居全球首位。

我国在载人航天、探月工程、载人深潜、超级计算机、云计算、百万千瓦级核电装备、高速轨道交通、5G等新技术重点领域和科技前沿方向已进入与发达国家并行甚至领跑行列；在特高压输变电设备、百万吨乙烯成套装备、生物干细胞等方面已跃居世界前列。我国与前沿国家科技创新差距呈逐步缩小的趋势。

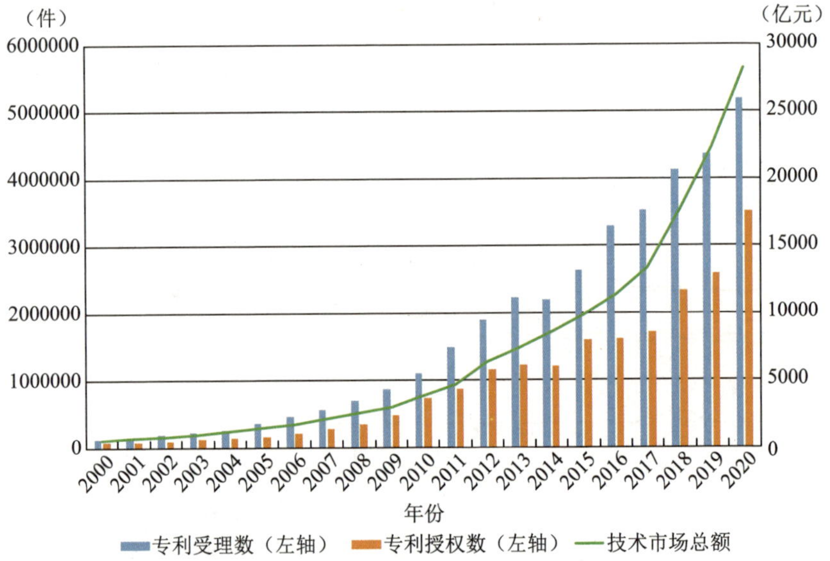

图4-15 我国专利数量和技术市场变化趋势

数据来源：国家统计局。

4.4.3 新特征：向基础研究深入

现有方向短板补足后需要原始理论和方法突破，新领域新方向需要从原始创新起步，科技创新将由应用型、集成型创新向基础研究深入。

过去几十年，我国很大比例的科技创新是在跟踪借鉴技术前沿国家理论、原理、方法、标准的基础上实现的应用型、集成型创新。随着技术装备的体量、容量和适用范围逐步接近或超过国外水平，持续进步需要在支撑体量、容量的原始理论和方法上有革命性的突破。同时，既有方向上的短板逐步补足后，我国科技创新也迈入前路无标杆的“无人区”，也必须从原始创新做起。适应新阶段新形势，要求我国科技工作逐步向支撑原始创新的基础研究深入。我国基础研究支出由2000年的46.73亿元增长到2020年的1504亿元，增长32倍，年均增长19%。基础研究在我国研究经费支出中的比重从2004年的5.96%回落到2010年的4.59%后重回上升趋势，2020年达到6.16%，不到美国、英国、日本、法国等发达国家的1/3，见图4-16。

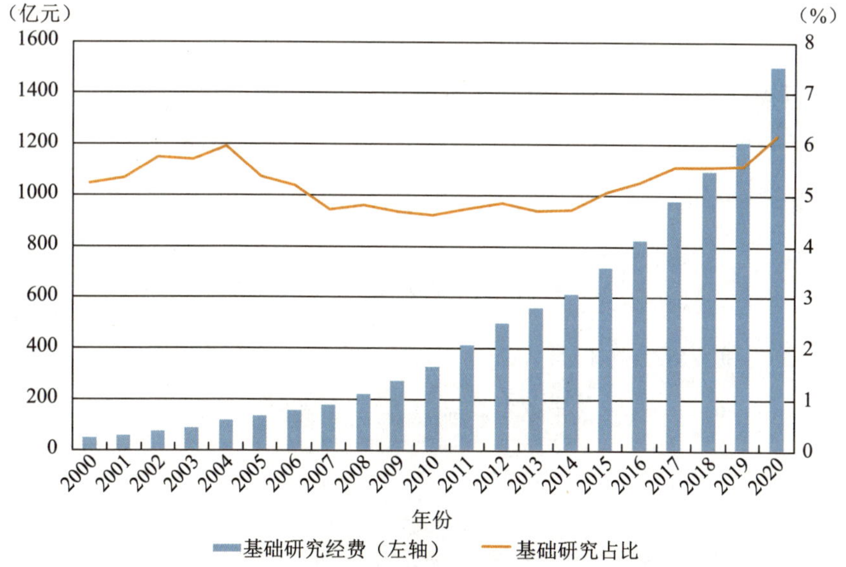

图4-16 我国基础研究经费及其在总经费中占比变化趋势

数据来源：国家统计局。

4.4.4 新挑战：前沿国家强化创新要素流动限制

前沿国家针对我国高技术领域的人才、投资、实验仪器和市场交易限制呈增加趋势，在一定程度上将制约我国科技创新的速度和效率，见图 4–17。

人才：大力培养和引进高端科技人才是赢得国际竞争优势的战略性选择。在持续加大对美国科研人员到我国从事科研活动的限制后，2020 年 5 月，美国以“国家安全”为由大规模取消具有我国军事院校背景的留学生和专家学者赴美签证，涉及人员大约 3000 人，扩大对高端人才国际流动的限制。

资金：由于新技术研究和发展存在较大的不确定性，往往需要依赖风险投资。美国在我国的风险投资主要投向金融和商业服务、媒体和教育、消费产品和服务，要求越来越高；美国外资投资委员会（CFIUS）对我国投向美国的风险投资加强审查。

科研条件：美国限制高端科研仪器设备、高端材料试剂出口我国，限制高端科研软件、科研文献数据库在我国的使用，试图卡住我国高端科技研发的“脖子”。

市场：2018 年美国商务部工业安全署（BIS）出台了针对人工智能、机器人、3D 打印、自动驾驶、芯片等领域关键技术和相关产品的限制市场交易管制框架。我国可能是受影响最大的国家。

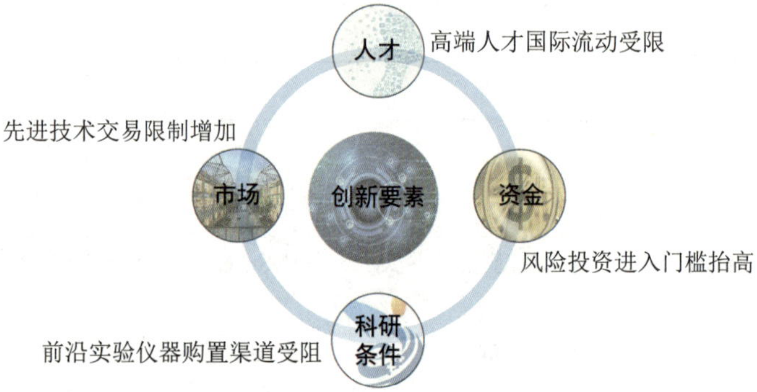

图4-17 创新要素流动限制示意图

4.5 环境保护

4.5.1 排放总量：持续下降

在生态环境保护政策的强势推动下，节能减排技术快速进步并扩大推广应用范围，促进我国主要污染物排放在2014年前达到峰值后持续下降。

1996年前后，我国相继发布了《国务院关于环境保护若干问题的决定》《污染物排放总量控制计划》等一系列环境保护法律法规和政策文件，环境保护进入快速推进期。2002年出台《中华人民共和国清洁生产促进法》，我国污染治理模式由末端治理向全过程控制转变。“十二五”以来，特别是党的十八大以来，生态文明建设纳入中国特色社会主义事业“五位一体”总体布局。强有力的政策推动了我国常规污染物减排技术快速进步，特别是研发成功了燃煤发电超低排放技术，燃煤发电污染物排放强度下降超过90%。我国二氧化硫、氮氧化物、烟尘排放分别于2006年、2011年、2014年达到峰值后持续快速下降，当前已较峰值下降超过50%，见图4-18。按照政策和技术发展惯性，未来仍将呈下降趋势。

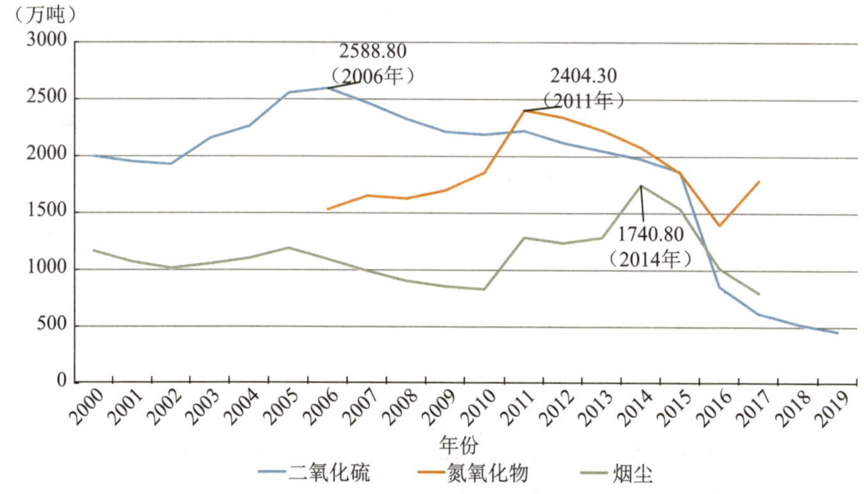

图4-18 我国主要污染物排放变化趋势

数据来源：国家统计局。

4.5.2 环境质量：稳步提升

通过 10 多年的努力，我国环境质量逐步改善，新时期在“绿水青山就是金山银山”“良好生态环境是最普惠的民生福祉”理念指引下，我国环境质量稳步提升。

大气环境方面，337 个地级及以上城市空气质量达标率由 2015 年的 21.6% 提高到 2020 年的 59.9%；平均优良天数比例由 2015 年的 76.7% 提高到 2020 年的 87.0%，见图 4–19。2020 年 PM2.5 年平均浓度 33 μg/m^3，PM10 年平均浓度 56 μg/m^3。淡水环境方面，到 2020 年，全国地表水Ⅰ～Ⅲ类水质断面比例上升到 83.4%，劣Ⅴ类断面比例下降到 0.6%。海洋环境方面，海水质量状况持续改善，典型海洋生态系统健康状况基本稳定，入海河流水质状况有所提升。土地方面，到 2019 年底，全国耕地按质量平均等级为 4.76 级。随着“绿水青山就是金山银山”“良好生态环境是最普惠的民生福祉”等理念逐步落实，我国环境质量将持续改善，预计 2035 年前后将回归“碧水蓝天”的美好图景。

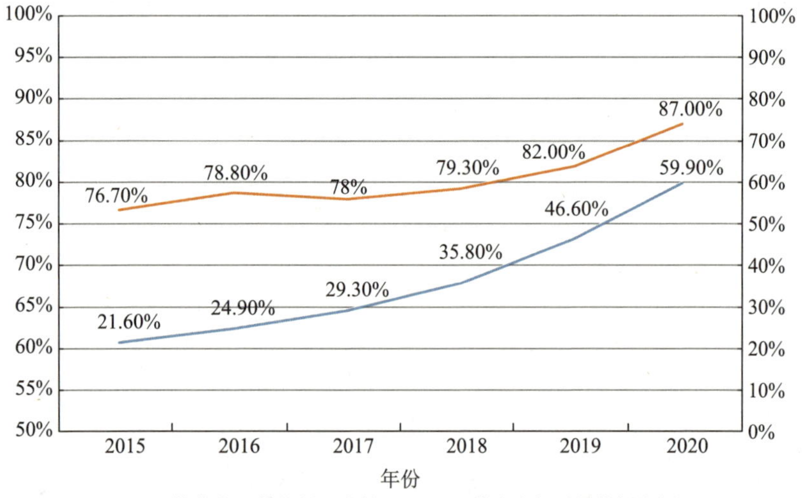

图4-19 我国监测的337个地级及以上城市空气质量变化情况

数据来源：2020中国生态环境状况公报。

4.5.3 新特征：碳达峰碳中和成为国家战略

碳达峰碳中和目标已成为我国社会共识，不仅是负责任大国对国际社会的庄严承诺，更是推进我国经济高质量发展的国家战略，将推进经济社会广泛而深刻的系统性变革，对各行各业产生深刻的影响。

我国已提出“二氧化碳排放力争于2030年前达到峰值，努力争取2060年前实现碳中和”的发展目标，并要求“碳达峰、碳中和纳入我国生态文明建设整体布局”，制订碳达峰行动计划，“支持有条件的地方和重点行业、重点企业率先达峰”。

多个部门和行业正在研究制定减污降碳相关政策（见表4-1），推进由战略目标转化为指导经济产业发展的具体措施，将对我国包括煤炭行业在内的多个行业产生实质性影响。

表4-1 碳达峰碳中和相关政策措施

文件名称	发布时间	主要内容
国务院《关于落实〈政府工作报告〉重点工作分工的意见》（国发〔2021〕6号）	2021年3月25日	制订2030年前碳排放达峰行动方案。优化产业结构和能源结构
国家发展改革委办公厅《关于进一步加强节能监察工作的通知》（发改办环资〔2021〕422号）	2021年6月2日	建立常态化节能监察机制，突出抓好重点领域、重点单位、重点项目的监督管理，确保完成“十四五”能耗双控目标
中共中央、国务院《关于完整准确全面贯彻新发展理念做好碳达峰碳中和工作的意见》	2021年9月22日	把碳达峰、碳中和纳入经济社会发展全局，加快形成节约资源和保护环境的产业结构、生产方式、生活方式、空间格局，确保如期实现碳达峰、碳中和
国务院《2030年前碳达峰行动方案》	2021年10月26日	有力有序有效做好碳达峰工作，明确各地区、各领域、各行业目标任务，加快实现生产生活方式绿色变革，推动经济社会发展建立在资源高效利用和绿色低碳发展的基础之上，确保如期实现2030年前碳达峰目标

4.5.4 新挑战：环境保护与经济增长“再平衡”

进入减排空间收窄、减排难度加大、减排效果不易显现的“深水区”，污染防治边际效益下降与经济下行相叠加，同时碳达峰碳中和提出了新的要求，生态环境保护与经济发展越来越难平衡。

关键行业领域二氧化硫、氮氧化物、烟尘等常规污染物已大幅度消减，继续消减的空间收窄，减排难度更大。由于生态环境能够消纳的新增污染物排放量大幅度减少，遇到静稳、逆温等不利气象条件，即使回到 5 ~ 10 年前的污染物排放水平，也更容易引发雾霾等严重污染天气，减排效果更不容易显现。同时，传统产业进入平台期、经济进入下行周期，就业、民生等压力加大，不能再“一刀切”地让经济发展为生态环境保护让步。这些要求为环境保护与经济增长“再平衡”提出挑战。

适应新时期经济社会发展和环境保护的新形势、新要求，我国正在推动“三线一单”等相关措施落地实施，见图 4-20。将生态功能重要区域和生态环境敏感脆弱区域划入生态保护红线；按照水环境、大气环境、土壤环境质量不断优化的原则，明确环境质量底线；按照自然资源资产“只能增值、不能贬值”的原则，明确资源利用上线；明确空间布局、污染物排放、环境风险、资源开发利用等方面生态环境准入清单。

图4-20 生态环境保护的“三线一单”措施

4.6 数字经济

4.6.1 发展基础：数字经济生态圈逐步形成

适应全球数字经济发展新趋势，我国加快培育数字要素市场，一批数字技术企业快速成长，数字经济生态圈逐步形成。

随着大数据、人工智能、物联网、云计算等新兴技术的发展，数字要素成为经济发展的新引擎。与数据相关的新业态、新模式迅速崛起，为传统经济注入新动能的同时，也加速推动经济社会越来越“数字化”，数据成为日益重要的生产要素。十九届四中全会提出的《中共中央关于坚持和完善中国特色社会主义制度、推进国家治理体系和治理能力现代化若干重大问题的决定》，首次将数据列为与劳动、资本、土地、知识、技术、管理并列的生产要素。以新一代信息技术为支撑、网络和平台为载体、数字为生产要素、智能化为方向、数字产业化为基础、产业数字化为主体的新兴经济活动称为数字经济。

我国数字经济起点较高，起步也较快，已经形成了百度、阿里巴巴、华为等在内的一批数字技术企业，构建形成了包括数据源层、数据存储平台层、数据分析和挖掘层、数据应用层的数字经济生态圈，见图 4–21。

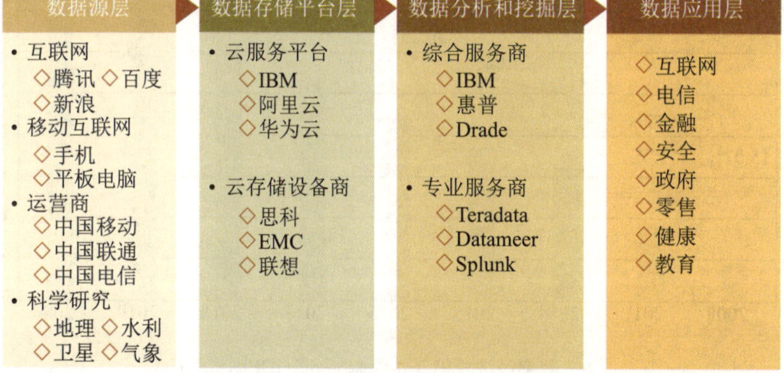

图4-21 数字经济生态圈示意图

数据来源：中国大数据网。

4.6.2 应用效果：巨大潜能正在显现

数字经济在深刻改变了人类社会的生活方式之后，正在加速改变人类社会的生产方式，数字经济在我国 GDP 中占比已达 38.6%，未来还将持续提高，见图 4–22。

充分利用数据要素，可以大幅度优化当前经济社会发展方式。一是数据要素以较低的成本分析和优化劳动、资本、技术等要素的使用行为和特征，提升传统单一要素生产效率；二是通过互联网、移动互联网等信息共享方式，缩小需求侧与供给侧的距离，减少信息不对称，优化劳动、资本、技术、土地等传统要素资源配置效率；三是移动支付替代传统 ATM 机和营业场所，电子商务减少了传统商业基础设施大规模投入，以数据要素代替劳动、土地等要素的投入和功能。

2008 年全球金融危机后，全球数字经济爆发式增长。我国数字经济规模从 2008 年的 4.8 万亿元增长到 2020 年的 39.2 万亿元，增长 8.2 倍；在我国 GDP 中的比重由 15% 提高到 38.6%，提高了 23 个百分点。数字经济发展速度之快、辐射范围之广、影响程度之深前所未有，未来数字经济在我国 GDP 中的比重还将持续上升。

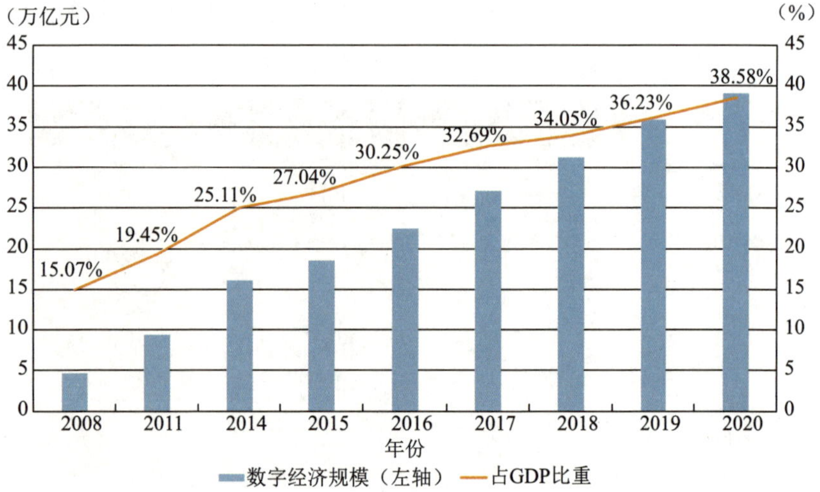

图4-22　我国数字经济发展趋势

数据来源：中国信息通信研究院。

4.6.3 新特征：免费增值模式成为新业态

数字经济推动了产业组织平台化，边际成本趋近于零，颠覆了经济发展的常规理论，免费增值服务模式脱颖而出，经济发展与常规要素脱钩。

数字经济以平台为载体，以交易和账户为中心，交易效率远远超过生产效率，不同于以生产为中心的工业经济体系。建成平台并维持正常运转后，增加账户的边际成本趋近于零，而账户数量成为平台的资源和竞争力，促进免费增值服务模式脱颖而出。占用户总量95%以上的是免费用户，只享受基础服务，几乎不增加平台运行成本，虽不给平台带来直接效益，但带来流量、广告效益等可实现间接效益的资源，见图4-23。收费用户仅占用户总量的不到5%，享受增值服务，但贡献平台效益的90%以上。通常平台已具备增值服务的功能，当一个免费用户升级为收费用户时，平台运行成本增加极为有限。边际成本趋近于零的特征颠覆了以往西方经济学边际成本理论、市场理论、博弈论等的基础假设，推动经济发展与常规的土地、资本、劳动力等要素脱钩，促进国际经济格局重构。

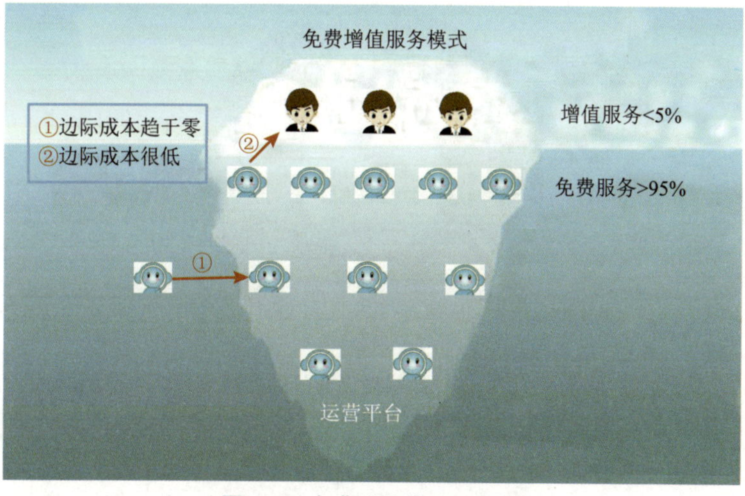

图4-23 免费增值模式示意图

4.6.4 新挑战：构建适于数字经济的体制机制

数字经济要求构建与其特征和发展模式相适应的体制机制，在数据确权、数据整合、数据判识、数据安全、数据定价等方面面临诸多困难和挑战，见图 4–24。

数据确权：数据易复制，还没有通用机制区分原本和副本，也没有通用机制为数据贴上稳固的标签，缺乏有效的数据确权机制，以至于产权难以明晰。

数据整合：数据整合才能创造更大的价值，而整合主体、整合机制、利益分配、隐私保护等因素制约整合程度；同时数据集中也容易引起数据垄断，出现“赢家通吃”现象。

数据判识：数据商品化、资产化对数据真实性要求越来越高，而数据易掺假、易出错，鉴定数据真伪、清洗和筛选数据则成本高昂。

数据安全：传统行业数据接入互联网平台的比例提高，对数据安全性提出更高要求。一旦发生网络战，可能有全局瘫痪、满盘皆输的风险。

数据定价：数据作为新的要素，价格应该是可计量的，但是还没有能准确衡量数据价值并在各交易环节给数据定价的模型和机制。

图4-24 数字经济面临的挑战

5

煤炭行业发展方式变革的动力

——倒逼与拉动并存

新时期高质量发展和碳达峰碳中和等新要求，以及经济发展、人口就业、资本投资、科技创新、环境保护等呈现的经济社会发展新图景，为我国煤炭行业未来发展提供了舞台，也划出了边界。

煤炭消费增速呈总体下降趋势，煤炭行业进入存量发展阶段。与此同时，煤炭资源优势减弱、资金投资风格转变、技术体系落后于整个能源体系、人才吸引力不足、环保压力不断增大、碳达峰碳中和要求日益趋紧等宏观环境的变化，已经不能支撑煤炭行业原有要素驱动体系的持续运行。煤炭行业原来的需求拉动、要素驱动变成了需求和要素倒逼，而经济社会赋予煤炭“平时调峰、战略储备、区域经济发展”等新定位成为煤炭行业发展方式变革的拉动力，见图 5-1。

煤炭行业正在经历原有的发展动力体系逐渐削弱、新动力体系逐渐形成的过程，在这个过程中，要求煤炭行业必须做到优化经济结构、提升产出效率、改善资源环境，不断提高内部资源的配置效率，为行业质量型增长提供新动力，实现从要素驱动到创新驱动的转变。

图5-1　煤炭行业发展方式变革的动力示意图

5.1 需求倒逼

5.1.1 国内：能源消费增速放缓，煤炭与其他能源开始存量竞争

随着经济进入中速平稳增长期、人口增速放缓，我国能源消费增速持续放缓（见图 5-2），从 2000—2009 年的年均增长 9.21%，下降为 2010—2020 年的年均增长 3.64%。同时，生产力水平不断提升和人们对生活品质要求逐步提高，工业生产和人民生活对能源的质量要求也发生了深刻变化，从“用上能”到“用好能”“用节能”“用绿能”的梯级需求，成为新时期能源体系服务经济社会发展的重要方向。“双碳”目标下，推进能源结构优化，加快发展水电、风电、光电等清洁能源，与世界同步进入低碳能源时代，是我国能源发展的重要趋势。在产业政策引导下，光伏、风能等非化石能源快速发展，已成为我国能源供应的重要组成部分。2020 年，煤炭占我国一次能源消费总量的比重为 56.56%，石油占 19.59%，天然气占 8.18%，非化石能源占 15.67%。展望未来，新能源对化石能源，尤其是煤炭的替代效应将加快显现，煤炭与其他能源特别是可再生能源由增量竞争转向存量竞争。

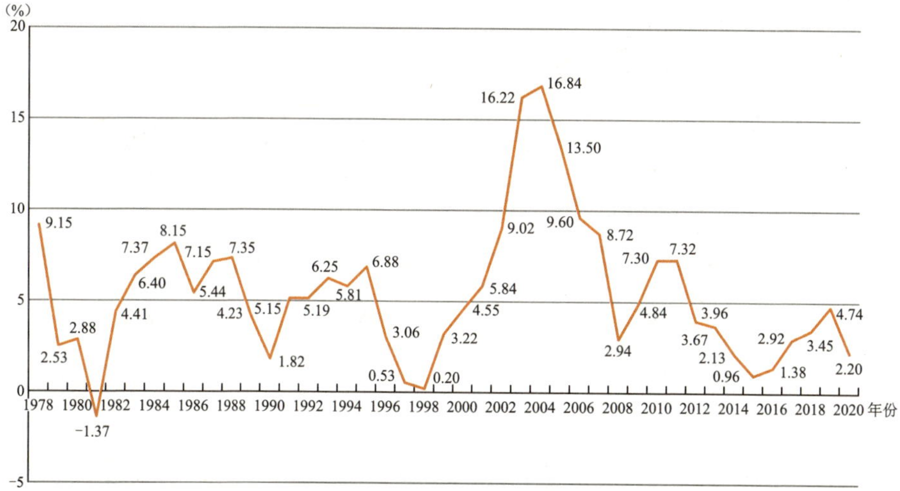

图5-2 1978—2020年我国能源消费增速

数据来源：历年《中国统计年鉴》。

5.1.2 国际：煤炭消费增长趋势减弱，向外拓展空间有限

2020 年，煤炭在世界一次能源消费中所占比重下降至 27.2%，比 2019 年 27.1% 略有回升。同时煤炭需求增速也不断放缓，据国际能源署（IEA）统计，全球煤炭需求增速自 2014 年以来开始下降，低于一次能源消费增速，见图 5-3。预计未来全球煤炭需求的增长将从近 10 年的年均增长 0.7%，进一步降低到年均增长 0.2%。相对于煤炭需求放缓，可再生能源生产和消费迅速增长。据《BP 世界能源统计年鉴》显示，2020 年可再生能源增长创下历史新高，占全球一次能源增长的 40% 以上，高于其他各类燃料。世界一次能源消费结构趋向清洁、低碳和多元化，并且转型速度快于之前的预期。根据中国石油经济技术研究院的预测，清洁能源将主导世界能源需求增长，到 2050 年天然气、非化石能源、石油和煤炭各占四分之一，清洁能源占比将超过 54%。虽然疫情、地缘政治可能带动短期消费大幅增加，但是国际煤炭需求量长期大幅增长的情况将很难再现，煤炭向外拓展的市场空间极为有限。

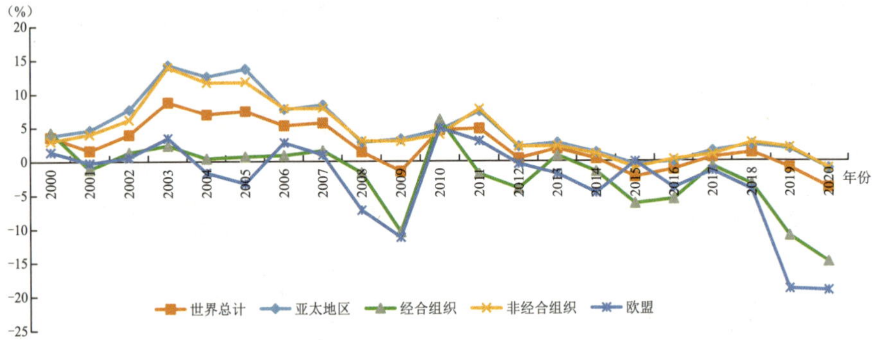

图5-3 2000年以来世界煤炭消费增速情况

数据来源：历年《BP世界能源统计年鉴》。

5.2 要素倒逼

5.2.1 资源：优势减弱

经过多年的高强度开发，浅部经济可采煤炭资源已大幅度减少，相比太阳能、风能等新能源而言，新能源前期开发程度低，目前资源优势逐步显现。

从太阳能来看，我国太阳能总辐射资源丰富，年日照时数在2200小时以上的地区占国土面积的2/3以上，具有良好的开发应用价值。其中，青藏高原最为丰富，年总辐射量超过2000kWh/m^2，见表5-1。从风能来看，我国风能资源也极为丰富，据国家气象局估算，全国风能密度为100W/m^2，风能资源总储量约1.6×10^5MW，特别是东南沿海及附近岛屿、内蒙古和甘肃走廊、东北、西北、华北和青藏高原等部分地区，每年近4000小时风速在3米/秒以上，甚至有些地区年平均风速可达7米/秒以上，具有很大的开发利用价值。据杜祥琬院士团队测算，我国太阳能光伏资源技术可开发量为22亿千瓦，风能资源技术可开发量约为35亿千瓦。截至2020年底，太阳能累计装机达2.53亿千瓦，开发程度为11.5%；风能累计装机达2.81亿千瓦，开发程度仅为8%。未来随着科技的进步和成本的降低，新能源资源开发潜力逐步提高。

表5-1 全国太阳辐射总量等级和区域分布情况

名称	年总量（MJ/m^2）	年总量（kWh/m^2）	年平均辐照度（W/m^2）	占国土面积（%）
最丰富带	≥6300	≥1750	≥200	约22.8
很丰富带	5040～6300	1400～1750	160～200	约44.0
较丰富带	3780～5040	1050～1400	120～160	约29.8
一般带	<3780	<1050	<120	约3.3

数据来源：国家能源局。

5.2.2 资金：新经济虹吸效应明显

新经济对资金吸引力逐渐增强，传统行业吸引力正在减弱。近年来，我国经济增长的新动力正在逐渐由主要依靠资源、劳动、投资的传统动能向主要依靠新技术、新产品、新业态、新模式为代表的“新经济”转变。

当前，第四次工业革命正在全球范围内兴起，人类进入“互联网+”时代。为了顺应“新工业革命”的浪潮，国务院相继出台《关于积极推进“互联网+”行动的指导意见》《关于印发促进大数据发展行动纲要的通知》《关于深化制造业与互联网融合发展的指导意见》等政策文件，夯实了新经济发展的良好内外部环境基础，极大地促进了新经济在我国的发展，新经济对创业投资资金的吸引力逐渐增强。据科技部网站公布的数据显示，2019年中国创业投资项目（从投资项目数看）主要集中在医药保健（8.67%）、科技服务（7.79%）、网络产业（5.77%）、半导体（5.64%）、生物科技（5.59%）等领域，新经济对资金的虹吸效应明显，见表5–2。

表5-2　　2019年中国创业投资项目新经济领域分布情况

领域	占比（%）
医药保健	8.67
科技服务	7.79
网络产业	5.77
半导体	5.64
生物科技	5.59

5.2.3 技术：发展水平滞后于能源体系

我国煤炭智能化开采技术处于起步阶段，据国家煤矿安全监察局统计，目前已建成智能化采煤工作面的煤矿数量，仅占正常生产煤矿数量的 10% 左右，煤炭行业技术水平提升严重滞后于整个能源领域甚至社会发展的平均水平。

从新能源领域来看，一是风电装备研发和制造技术不断提升，已具备大兆瓦风电整机自主研发能力，且形成了完整的风电装备制造产业链；二是低风速风电技术领跑全球，大叶轮、高塔架的应用大大推动了低风速地区风能资源的开发利用；三是光伏效率持续提升，2020 年，光伏组件产量 124.6GW，P 型单晶 PERC 和多晶 PERC 黑硅技术电池平均转换效率分别达到 22.8% 和 20.8%，见图 5-4；四是风能、光能等新能源几乎全部采用无人操作模式，仅需要检修。

从煤炭产业链下游来看，黄骅港、天津港等煤炭储运全部采用自动化模式；煤炭发电、大型煤化工自动化程度远远高于煤炭开发。从社会发展来看，智能手机、智能制造、智能办公、自动驾驶等技术发展速度快，应用越来越广，社会智能化、自动化的水平不断提升，明显快于煤炭开采。

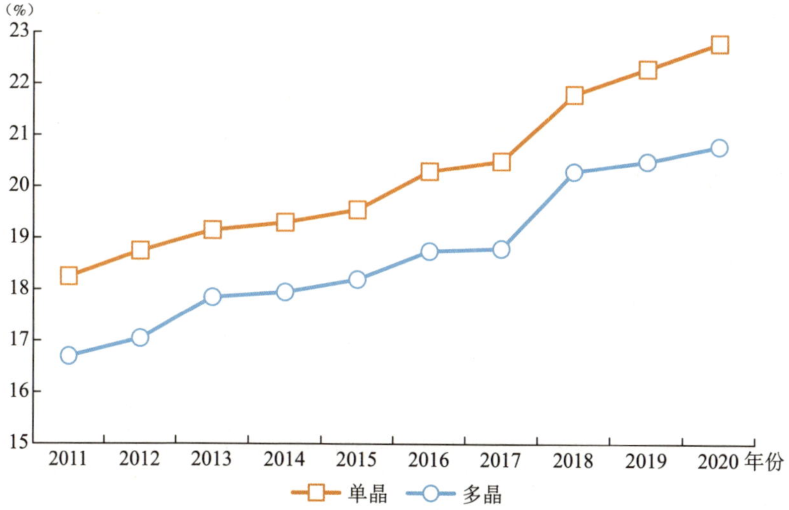

图5-4 我国太阳能电池转换效率变化情况

5.2.4 人力：服务业吸引力持续增强

随着我国经济的不断发展，经济社会正进入转型阶段，服务业等第三产业快速发展，迸发出前所未有的生机和活力，新技术、新产业、新业态层出不穷，已成为国民经济的第一大产业和经济发展的主动力，对人才的吸引力也越来越强。相比而言，煤炭行业是一个高危艰苦的行业，常年在恶劣的环境中辛苦工作，从业人员工作强度高，工资低，津贴、奖金等补贴少，越来越多的人才不愿意选择这种低待遇又艰辛的工作。

根据《中国劳动统计年鉴》数据显示（见图 5–5），采矿业的平均工资从 2012 年的 56946 元增长到 2019 年的 91068 元，增长 60%；电热等供应业平均工资从 58202 元增长到 107733 元，增长 85%；软件和信息技术服务业平均工资从 80510 元增长到 161352 元，增长 100%；全行业平均工资则从 46769 增长到 90501 元，增长 93%。采矿业的人均工资增幅远远低于全行业平均水平。煤炭行业对人才的吸引力在不断减弱。

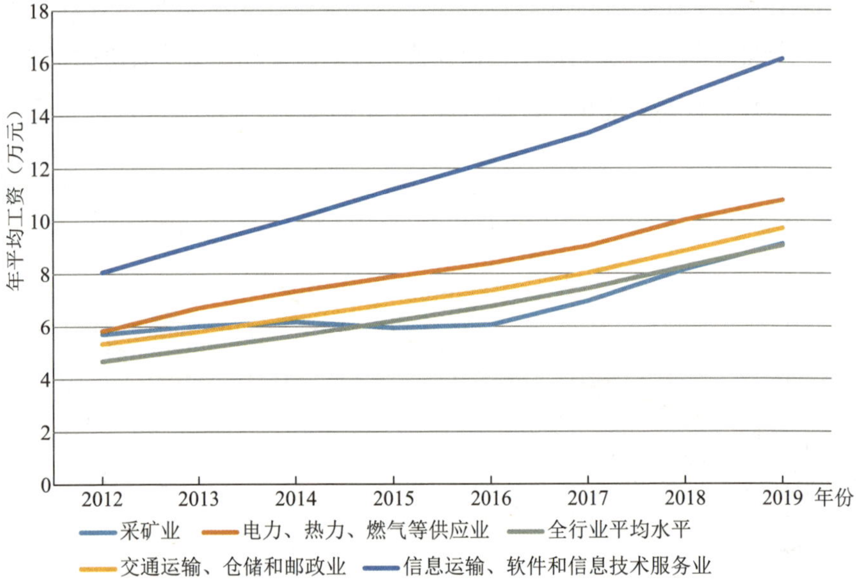

图5-5 采矿业与其他行业平均工资对比

数据来源：历年《中国劳动统计年鉴》。

5.2.5 体制机制：生态环境成为硬约束

生态环境要求煤炭行业必须改变现有粗放发展方式，转型升级，实现清洁、绿色、低碳发展。人民对美好生活的向往，社会公众对环境风险的认知和防范意识的增强，使人民对环境安全、环境质量改善的诉求更加强烈，人民群众对清新空气、清澈水质、清洁环境的需求越来越迫切。传统煤炭开发损害了地下水系、引起了地面塌陷，传统的煤炭利用排放了二氧化硫、烟尘和二氧化碳等，引起了严重的环境问题和气候变化问题，其发展方式不可持续。

在建设美丽中国的新时代，在全面推进能源生产和消费革命的高质量经济发展新阶段，在全面推进实现碳达峰碳中和目标的新时期，生态环境保护成为硬约束，煤炭作为我国未来相当长时期的基础能源，必须进一步提升清洁高效低碳利用和矿区生态环境保护水平（见图 5–6），实现高质量发展，支撑美丽中国建设。

图5-6 煤炭产业绿色生态体系示意图

5.3 新定位拉动

5.3.1 平时调峰

煤炭是现代能源体系的稳定器和调节器，煤炭与可再生能源具有天然的互补性，煤炭为可再生能源平抑波动提供基底，可再生能源为煤炭利用的碳减排提供途径，两者是相互支撑关系。

煤炭的最主要利用方式是发电，可再生能源利用的最主要方式也是发电，燃煤发电与可再生能源发电优化组合，可充分利用燃煤发电的稳定性，为可再生能源平抑波动提供基底，规避可再生能源发电的不稳定性；利用可再生能源的碳中和能力，为燃煤发电提供碳减排途径，在很大程度上将减轻单纯燃煤发电的碳减排压力。

在化石能源向可再生能源转型的漫长过程中，煤炭将更多地承担调峰功能，从而保障社会发展所需能源的经济稳定供给。这就要求煤炭要由数量、规模型的自我发展转向柔性、效益型的耦合发展，不再是自身发展越快越好，规模越大越好，而是适应整个能源体系的需要，需要时快速补上，不需要时低代价降低产量和用量，发挥调峰作用，支撑可再生能源消纳，见图 5–7。

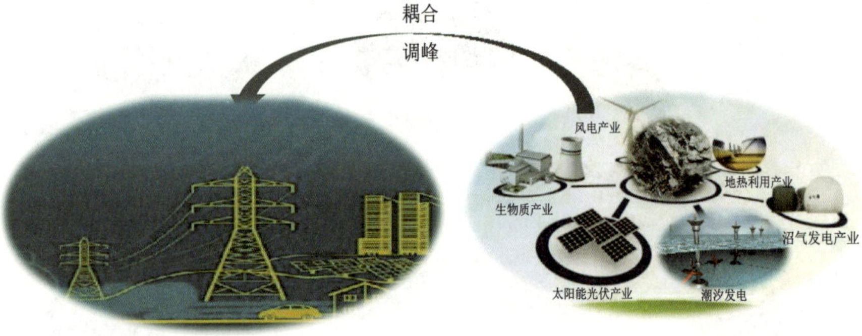

图5-7　煤与新能源耦合调峰示意图

5.3.2 战略储备

随着我国石油对外依存度的不断攀升，煤炭作为保障我国能源安全的战略储备作用越发重要。石油的对外依存度从 2014 年的 59.5% 上升到 2020 年的 73%，见图 5–8。能源过度依赖国外，将产生极大的能源安全风险。国际市场的风吹草动都可能影响我国的能源安全供应，一旦国际市场价格大幅上涨，我国将付出难以承受的成本，势必影响我国的经济安全。此外，跌宕起伏的中美贸易争端，展现了我国作为新兴大国与美国等守成大国之间竞争的激烈性、长期性，美国对国际油气开发和贸易有绝对话语权，我国油气能源安全面临前所未有的风险和挑战。

而作为同类碳基能源，煤炭转化后的产品其物理性质与现有油气产品十分接近，运输储存方式也基本相同，在替代油气资源方面具有不可比拟的天然优势。因此，充分发挥煤炭在平衡能源品种中的作用，将煤炭作为弥补我国油气不足的战略途径，增强煤炭接续油气的能力储备，是我国能源战略储备体系的重要环节。

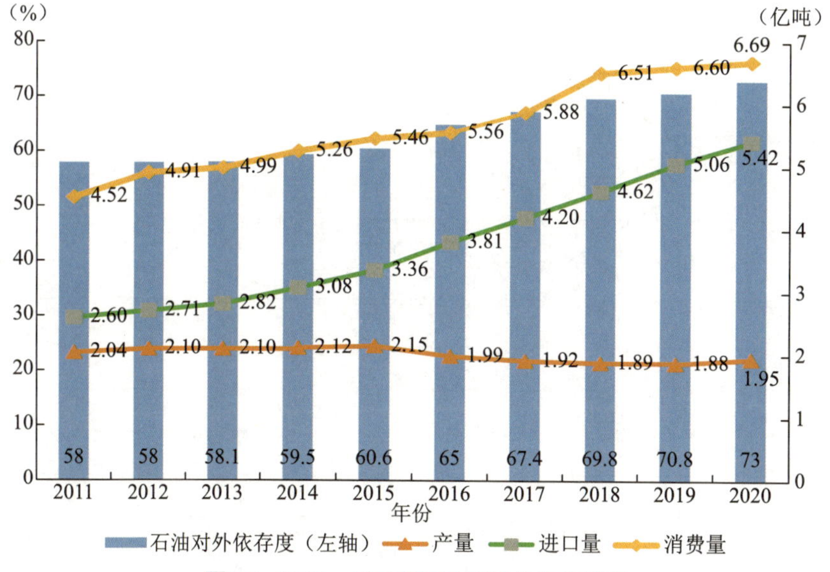

图5-8 2011—2020年石油对外依存度情况

数据来源：国家统计局。

5.3.3 区域经济发展要求

我国经济发展过程中煤炭消费大幅增长，经济与煤炭两者相互依赖、相互促进。纵观近 20 年来经济增长与煤炭消费增长的全过程，不难发现，两者增长速度变化趋势非常接近，波动周期也基本趋同，具有较大的相关特征。根据谢和平院士团队测算，自 1980 年以来，我国煤炭消费与经济增长的相关系数在 0.5 ~ 0.8 之间，说明煤炭在我国经济发展过程中的战略地位不可动摇。

煤炭对区域经济的拉动作用明显，尤其在地处我国西部的晋、陕、蒙、甘、宁、新等煤炭主产区，由于经济欠发达，煤炭肩负着引领地方经济发展的重担，对区域经济的带拉动作用更加突出。以山西省为例，煤炭是山西省的支柱产业，历史最好时期的工业增加值和利润几乎占到全省的“半壁江山”，见图 5-9。2019 年，利润约占全省工业企业的 55.14%；企业个数为 1286 家，占全省工业企业的 26.8%；从 2011 年以来，煤炭企业的利润在 2/3 的年份占到全省工业企业的 50% 以上。

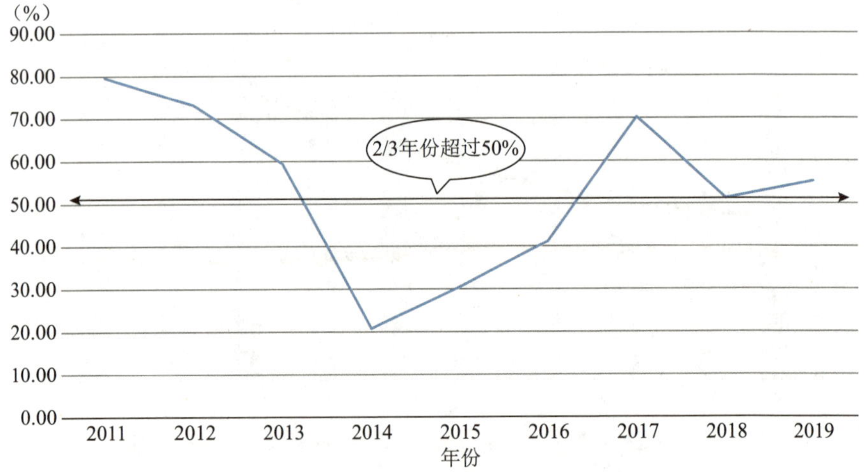

图5-9　山西省煤炭采选业利润占工业企业比重情况

数据来源：《山西省统计年鉴》。

6

煤炭行业发展方式变革的目标与途径

——转向创新驱动的内涵式发展

经过几十年的持续快速发展，煤炭行业实现了规模的快速增加，支撑了经济社会快速发展。进入新时期，煤炭行业发展动力和驱动要素发生了颠覆性变化，预示煤炭行业迎来自新中国成立以来的根本性转折点。需求不再增长甚至下降，没有了增长动力；要素供给不再增长甚至下降，没有了增长支撑；以往需求拉动的要素驱动式增长难以为继，加快煤炭行业发展方式变革较以往任何时候更为迫切。

长期形成的惯性在短期内难以彻底改变，煤炭行业发展方式的变革将是一个长期的、艰难的过程。同时，一旦实现变革又将对未来发展产生持久的影响，短期内一变再变也不利于行业的稳定和发展。因此，制定科学合理的目标和路径对煤炭行业发展方式变革至关重要。

在以往发展方式回顾评价、国际相关经验借鉴、未来经济社会和煤炭行业发展要素变化态势研判的基础上，本章研判煤炭行业未来发展格局，提出煤炭行业发展方式变革“三项理念”的战略思想，过程“四化”、主体“四高”的战略愿景，起步—攻坚—全面提升“三个阶段”的战略目标，自身优化、立体发展、融合发展“三大变革路径”，见图 6–1。

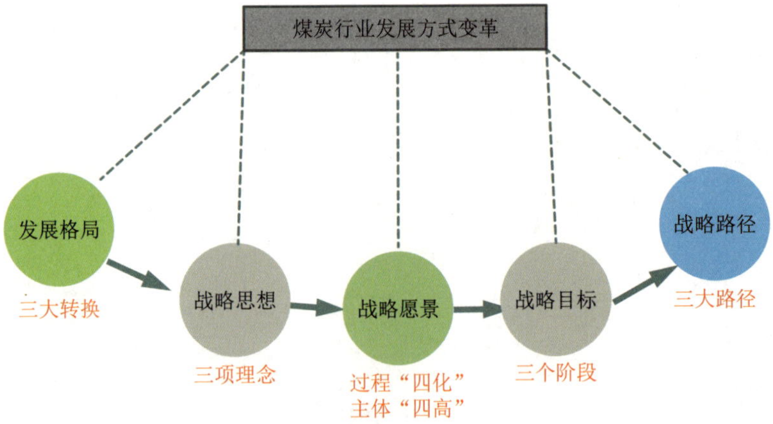

图6-1　煤炭行业发展方式变革战略要素示意图

6.1 发展格局

6.1.1 发展阶段转换：由“中年”到“中老年”

需求和要素倒逼压力强于新定位拉力，煤炭产量长期呈稳中有降趋势，煤炭行业处于由“中年”向“中老年”转换的转折点，将进入生命周期的下半程。

按照行业生命周期理论，可将行业从出现到完全退出社会经济活动所经历的过程分为幼稚期、成长期、成熟期、衰退期四个阶段，见图 6–2。回顾我国煤炭工业的发展历程，1949—1990 年是我国煤炭工业的幼稚期，通过技术引进、增加人力投入等途径，不断夯实发展基础，煤炭生产规模不断扩大，煤炭产量从每年 0.32 亿吨增长到每年 10 亿吨左右；1991—2013 年是我国煤炭工业的成长期，技术快速进步与资本快速流入推动煤炭生产规模快速增加，煤炭产量从每年 10 亿吨快速上升到每年 40 亿吨左右；2014 年以来是我国煤炭工业的成熟期，煤炭产量小幅波动，煤炭企业间竞争加剧，推动生产技术水平、安全水平、管理水平提升速度明显加快。未来煤炭需求稳中有降，生产要素倒逼加紧，而新定位对煤炭产量增长的拉力有限，煤炭行业将进入生命周期的第四阶段——衰退期。

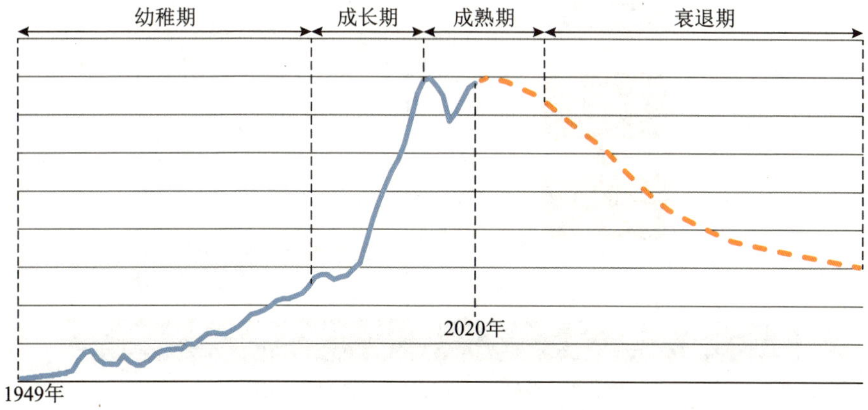

图6-2　煤炭行业所处发展阶段示意图

6.1.2 主攻方向转换：由产量增长到质量优化

过去70年以提升产能和产量为目标，煤炭行业为经济社会发展贡献925亿吨煤炭；预计存续期内累计产量很难再超925亿吨，将以发展质量优化为主攻方向。

按照煤炭产量变化趋势，新中国成立至2013年，煤炭行业基本上处于增量时代；2014年以来，煤炭行业开始进入存量时代，见图6-3。

增量时代：适应不断增长的能源需求，煤炭行业将产量增长作为主攻方向。不同时段针对性解决当时存在的瓶颈性问题，早期加大勘查力度，解决资源不足问题；接着引进先进技术，解决效率过低问题；然后适时出台和优化产业政策，解决资本投入问题。对于煤炭企业来说，这个阶段只要有产量，其他问题都能通过产量来化解。

存量时代：煤炭需求增速放缓，甚至停止增长，煤炭行业不再需要生产更多的煤炭，而是要更符合经济社会发展要求地生产和利用煤炭，煤炭生产仅仅是煤炭行业转型升级的一部分，加工、储运、消费均应高质量发展。

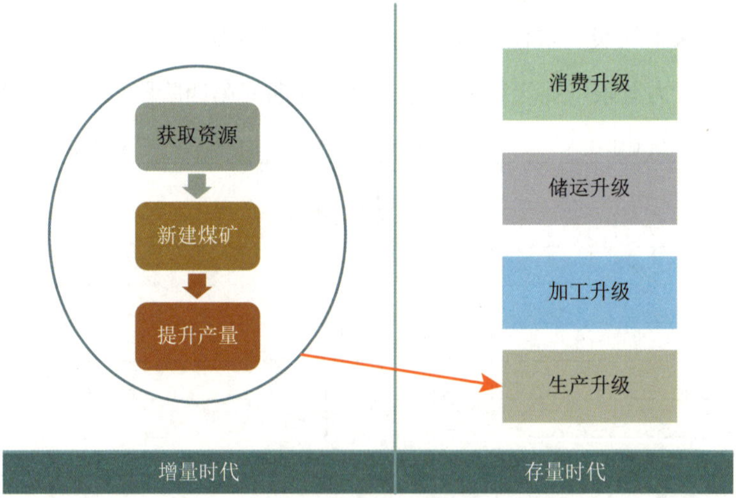

图6-3　煤炭行业主攻方向转换示意图

6.1.3 竞争态势转换：由煤炭行业内竞争到能源行业间竞争

我国煤炭行业生命周期下半程的时间和空间不仅取决于煤炭行业自身发展质量优化的程度和速度，更取决于煤炭与其他能源的综合竞争力（全生命周期成本）比较优势，见图 6-4。

过去面对供不应求的能源需求，主要是煤炭企业间产量多寡和生产成本高低的竞争，掌握了资源、项目、技术就相当于获得了竞争优势。当前新能源已开始与煤炭存量竞争，煤炭行业面对的不再是仅由自身发展决定的市场，将由煤炭行业内竞争转向能源行业间竞争，全生命周期成本成为竞争力的衡量指标。

按照经济规律，在存量竞争的买方市场下，满足同样的用能需求，终端用户必将尽可能选择直接成本低的来源。然而，直接成本并不是能源生产和消费的全部成本。随着人们对环境和生物圈的意识逐步增强，对清洁的空气、干净的饮水、宜居的环境等要求越来越强烈，能源开发利用的环境、社会等外部成本备受重视，并呈现外部成本逐渐内部化的趋势。从全社会来看，生产和消费能源产品本质上是为了满足生产和生活的能源和原料需求，并不是需要能源产品本身，对能源的选择是将能源从资源到最终被完全消耗的全生命周期作为整体来衡量，直接成本附加环境、社会等外部成本后的全生命周期综合成本正在逐步成为能源竞争的核心因素。

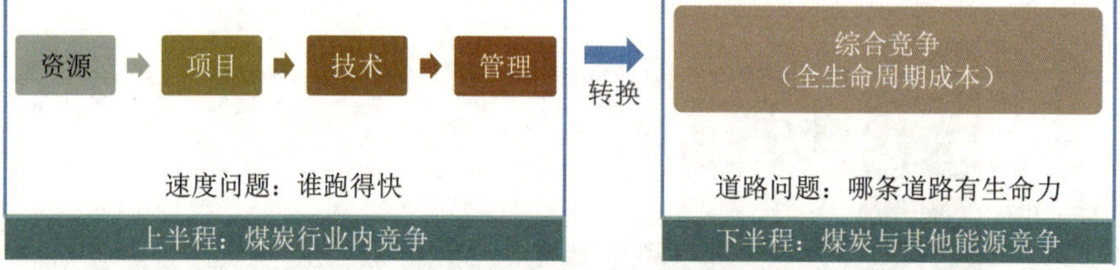

图6-4 煤炭行业竞争态势转换示意图

6.2 战略思想

深入贯彻新发展理念，结合煤炭行业特点和当前所处发展阶段，以创新、协调、融合三项理念引导煤炭行业发展效率变革、质量变革、动力变革，见图6–5。

创新：通过技术创新、模式创新、业态创新，优化要素供给质量和结构，提高关键要素和全要素生产率，促进煤炭行业自身优化，解决煤炭产量基本平稳而生产要素供给下降的问题。推动全要素生产率替代单要素生产率成为煤矿和煤炭生产企业市场竞争力的衡量因素，引导煤炭行业实现效率变革。

协调：与经济社会发展总体要求相协调，与生态环境保护相协调，平衡煤炭、经济、环境关系，解决单一产量目标下的发展质量不高的问题。推动煤炭、经济、环境协同发展替代煤炭产量成为发展质量的衡量因素，引导煤炭行业实现质量变革。

融合：深度融入整个能源体系，融入区域经济社会发展，转换发展轨道，解决能源存量竞争形势下发展动力不足的问题。推动能源调峰和储备、支撑区域经济发展成为煤炭行业发展的新动力，引导煤炭行业实现动力变革。

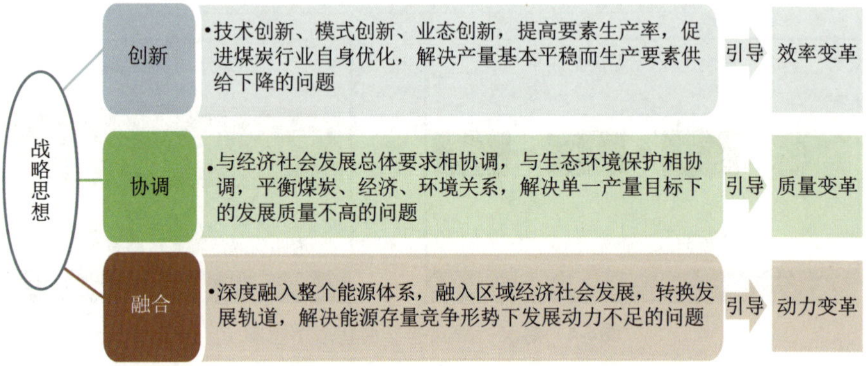

图6-5 煤炭行业发展方式变革战略思想示意图

6.3 战略愿景

以过程“四化”、主体“四高”为愿景，激发煤炭行业发展潜能，凝聚煤炭企业和从业人员发展共识，增强煤炭行业发展方式变革的信心和决心，见图 6-6。

过程“四化”：一是生产智能绿色化，智能技术装备替代人工作业，人员基本不下井，只需在地面远超巡检和应急干预；煤矿建设—运营—退役全过程绿色化，煤炭开采基本不对生态环境产生负面影响。二是供应系列定制化，按照煤炭消费类型和特征，系列化定制化供应煤炭产品，精准对接不同类型用户的用煤要求，大幅度提高煤炭供应效率。三是利用清洁低碳化，二氧化硫、氮氧化物、颗粒物等常规污染物全面实现超低排放，二氧化碳利用与处置商业化运行，煤炭利用逐步向包括二氧化碳在内的近零排放迈进。四是消费多元耦合化，煤炭不仅作为低附加值的燃料，同样作为高附加值的原料和材料，消费方式多元化；煤炭与风能、光能等其他能源高度耦合，相互依托，相互支撑，破解高碳能源的固有瓶颈。

主体“四高”：煤矿成为高技术含量的现代工厂，煤矿区成为高度融于区域的生态矿山，煤炭企业成为高效益的综合能源供应商，煤炭从业人员成为高水平的技能型人才，煤炭行业成为社会尊重和人才向往的高质量发展行业。

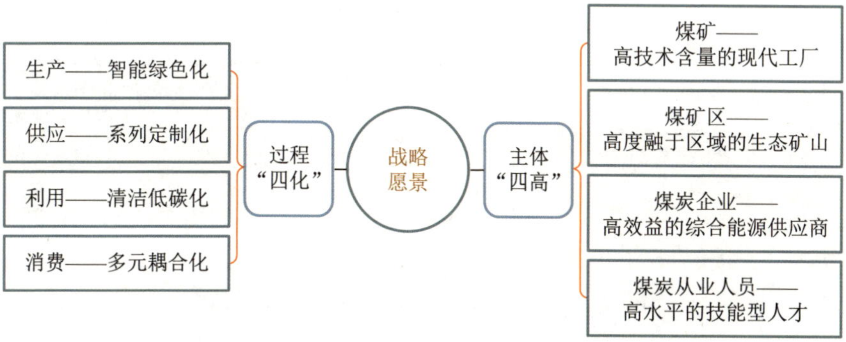

图6-6 煤炭行业发展方式变革战略愿景示意图

6.4 战略目标

以高质量满足经济社会和人民生活对煤炭的需要为宗旨，推动煤炭行业发展效率变革、质量变革、动力变革，实现由需求拉动的要素驱动式增长向创新驱动的内涵式发展的根本性转变，支撑煤炭行业成为实现伟大复兴中国梦的可靠能源保障。具体可以分三步走，见图 6–7。

起步期（2025 年前）：形成可供推广应用的技术体系、商业模式、发展业态。建立符合新时期要求的智能化、绿色化技术体系，初步探索出数字化、平台化等新型商业模式和发展业态；基本实现行业发展与传统要素投入脱钩。

攻坚期（2025—2030 年）：基本实现创新驱动的内涵式发展。先进技术装备和新型商业模式、发展业态带动关键要素生产率快速提高 20% 以上，全要素生产率提高 10% 以上；煤炭行业发展与经济社会发展、生态环境保护基本协调一致。

全面提升期（2035 年前后）：全面实现创新驱动的内涵式发展。创新持续推动煤炭行业要素优化配置，全要素生产率提高 20% 以上。煤炭行业深度融入经济社会发展和整个能源体系，自主优化成为发展动力主要来源。

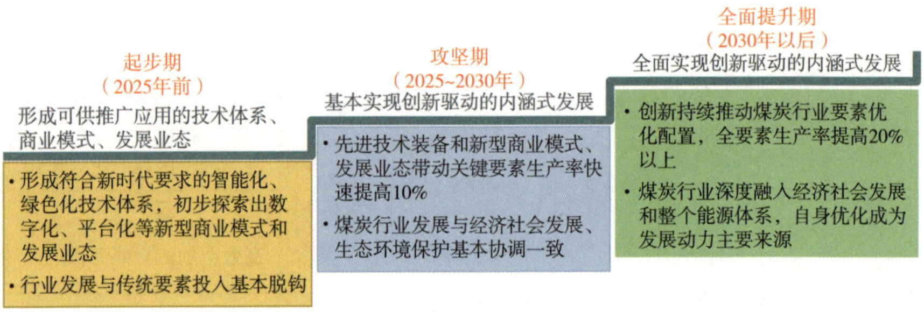

图6-7　煤炭行业发展方式变革战略目标示意图

6.5 战略路径

6.5.1　自身优化路径

通过全过程设计建设、应用新技术新模式等系列措施，提高煤炭开采—加工—储运—利用全过程的安全性、经济性、绿色性，破解资源、资金、人力等常规要素供给下降带来的瓶颈问题。

全过程设计建设。综合考虑煤矿区赋存的所有资源，开展设计—建设—运行—退役全生命周期过程整体规划、设计，矿井建设、运营与煤矿退役后的地下空间综合利用、矿区恢复治理超前对接，一体化实施，提高各项工程利用率，减少重复建设，提升煤炭资源开发的全生命周期综合效益。

应用新技术新模式。适应第四次工业革命的发展趋势，将新一代信息技术、人工智能、工业互联网、大数据、云计算等前沿技术深度融入煤炭开采—加工—储运—利用各个环节，研发应用探采掘支运机器人、救灾机器人、智能选煤设备、超低排放煤粉锅炉系统、无人驾驶运输车等智能化绿色化技术装备，探索新型组织模式，构建适于数字经济的新型业态，提高煤炭开发利用各个环节及整体的全要素生产率，见图 6–8。

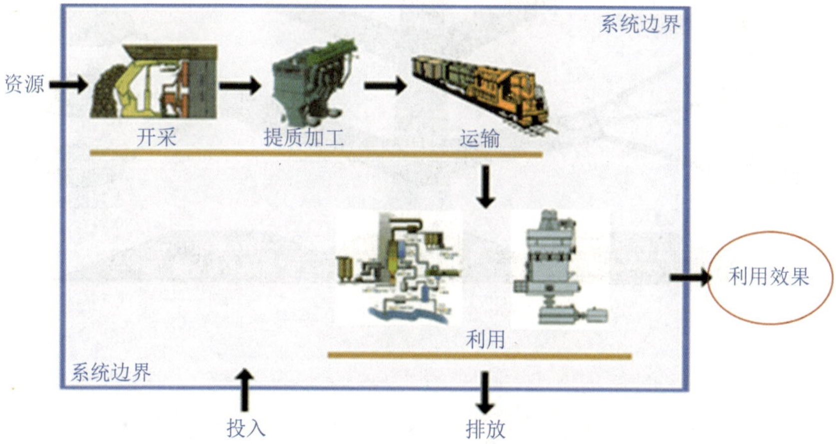

图6-8　煤炭产业链自身优化路径示意图

6.5.2 立体发展路径

通过横纵向延伸，由单一煤炭资源采出拓展为煤炭及共伴生资源综合开发利用，由提供单一的初级产品升级为提供高附加值的多元产品优化组合，见图 6–9。

横向：以煤炭资源开发为主体，充分利用技术、设施、空间等优势，向共生资源和伴生资源开发拓展。煤炭与煤层气、矿井水以及煤炭中稀土元素和镓、锂、铀等金属元素统筹规划，联合开发，由单一煤炭资源开发拓展为煤炭及共伴生资源综合开发，大幅度提高开发效率。

纵向：以煤炭资源开发为基础，向煤炭洗选加工、分级分质利用、燃煤发电、化工转化等下游延伸，由煤炭资源采出拓展为煤炭开发—利用一体化，煤矿区从单一煤炭供给基地转型升级为煤、热、电、气等多元产品优化联供的综合能源和材料基地。

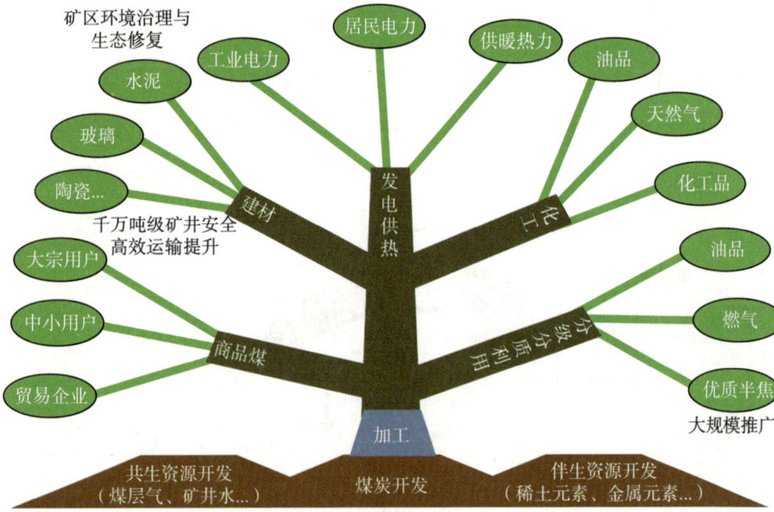

图6-9 立体发展路径示意图

6.5.3 融合发展路径

立足自身特点和所在区位，推进煤炭与新能源深度融合，煤炭开发利用与区域产业体系深度融合，破解煤炭行业单纯供应煤炭产品面临的发展空间收缩问题，见图 6-10。

与新能源深度融合。基于煤炭与新能源的天然互补性，推进煤炭与新能源深度融合，互为支撑，破解各自发展瓶颈。完善和优化燃煤发电参与电网调峰的机制，突破煤炭与新能源深度耦合发电、制氢、化工转化技术，充分利用煤炭的稳定性，为新能源平抑波动提供基底，规避可再生能源开发利用的不稳定性；利用新能源的碳中和能力，为燃煤利用提供碳减排途径，在很大程度上减轻单纯燃煤利用的碳减排压力。特别是推进煤矿区以煤电为核心，与太阳能发电、风电协同发展，实现多种电力能源的协同高效开发利用。

与区域产业体系深度融合。改变传统煤矿区仅考虑煤炭开采和洗选业等核心产业的做法，以区域经济长期可持续发展为宗旨，统筹设计新型主导产业集群，将煤炭开发利用深度融入区域经济发展，将煤炭资源优势变为集群经济优势，从根本上解决煤炭主产区转型困难、发展不平衡不充分等传统发展模式引发的问题。

图6-10 融合发展路径示意图

7

煤炭行业发展方式变革的重点任务

——全产业链突破与立体融合

围绕三大变革路径，提出八项变革重点任务，推进形成全产业链条的协同突破新局面和立体融合发展新格局，推动煤炭行业发展方式变革，促进煤炭行业高质量发展迈上新台阶。

构建智能绿色开发体系，形成煤炭科学开发新模式，提高煤炭供给质量；建立定制化精准供应新体系，针对电力、锅炉、化工、钢铁、散煤等不同用煤方式形成差异化分级供应新模式；形成清洁低碳消费模式，实现包括 CO_2 在内的近零排放，破解生态环境约束；推进企业精致化发展，提升专业化程度，实现企业价值增长；推动全方位国际合作，全球化配置资源，寻求新的发展空间；建立矿区立体化开发格局，融入区域经济，破解转型困难，发展不平衡不充分；创建煤与其他能源耦合发展新模式，通过煤炭与风、光、水、核、生物质等多种新能源耦合协同利用，降低碳排放、提升能源利用水平；重塑煤炭行业新体制，深化煤炭产业组织变革，健全市场、法律体系，通过全产业链突破协同推进煤炭行业发展方式变革，见图 7-1。

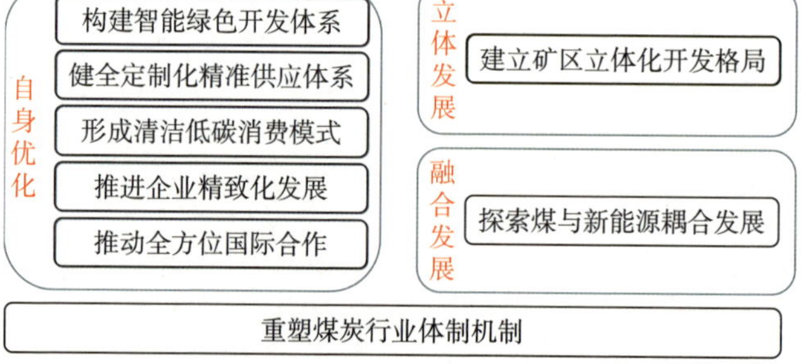

图7-1 煤炭行业发展方式变革的重点任务

7.1 构建智能绿色开发体系

科技创新正在引领传统矿业转型升级，加速向智能、高效、绿色、安全的方向发展。新一代信息技术正在与矿业发展加速融合，智能勘探、智能矿山、矿业物联网等快速兴起，为煤炭智能绿色发展打下坚实基础。

煤矿智能化是我国煤炭工业高质量发展的核心技术支撑，通过推进互联网、大数据、人工智能与煤炭产业的深度融合，实现煤炭智能＋绿色开发，已成为煤炭工业高质量发展的必由之路。为实现《全国安全生产专项整治三年行动计划》提出的到2025年大型煤矿和灾害严重煤矿基本实现智能化，以及2035年各类煤矿基本实现智能化的目标，亟须攻克智能绿色开发关键技术，根据地质环境及生产要求变化自动创建和优化生产流程，智能响应煤炭资源开发和生态环境保护的各种变化和需求，推进资源勘查、矿井生产管理、矿物加工、生态保护等全过程智能绿色运行，实现煤炭资源安全高效开发利用，同时生态环境扰动在可控范围内，见图7–2。

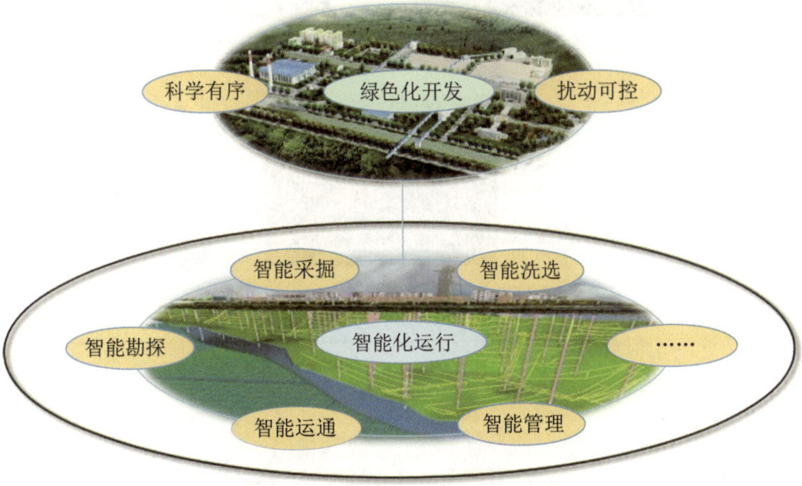

图7-2　煤炭智能绿色开发体系

7.1.1 攻克智能绿色核心关键技术

充分运用第四次工业革命和新技术发展的成果，借助新一代信息技术带来的发展机遇，将煤炭开发技术与之深度融合，开创绿色、安全、高效的煤矿发展新模式。

加强智慧煤矿科技创新的整体规划，突破自主知识产权技术瓶颈，加快新技术的市场投入，推进重点研究中心和实验室建设。凝聚煤炭行业核心科技力量，加强低功耗、高精度、高可靠、集成化、微型化智能传感器的研发，积极开发具有高带宽、低功耗、低延时、大容量、自治愈等特性的无线自组网通信技术与装备，研发基于随掘、随采、随钻的智能探测技术与装备，研发井下巷道智能掘进、支护、超前探测、除尘等一体化成套技术与装备，攻关井下综采设备的精准定位、导航等关键技术等，为建设智能绿色矿山提供技术保障，见图 7–3。

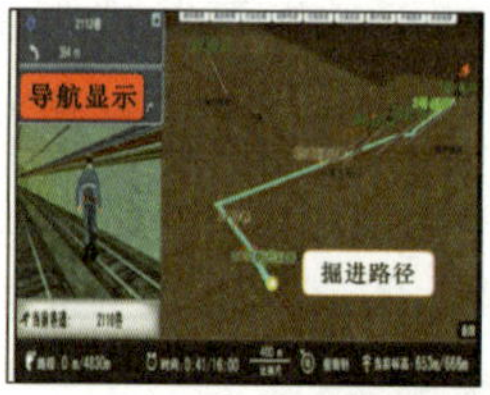

（a）智能定向快速掘进和采准系统

（b）工作面智能开采系统

（c）矿山绿色开发与生态再造系统

图7-3　智能绿色核心关键技术示意图

7.1.2 推进智能绿色装备智能制造

智能制造是基于新一代信息通信技术与先进制造技术深度融合，贯穿于制造活动全环节全周期（设计、生产、管理、服务等），具有自我感知、学习、决策、执行、适应等功能的新型生产方式，其内涵见图 7–4。

智能煤矿装备是煤矿智能化核心，随着我国煤矿开采向大型化、现代化方向发展，对煤机装备的适应性、可靠性和智能性要求越来越高。传统定型产品的制造模式已不再适应煤炭行业的新需求，需要根据煤矿具体生产技术条件，创新研发适应性强、可靠性高的智能化成套产品和全生命周期服务。针对煤机装备产品多品种、小批量特点，完善产品的系列化、标准化和模块化，提升产品零部件的标准化、通用化水平，实现研发设计、工艺、制造等环节的整体协同；加快建设智能制造系统和工艺创新，建设智能制造车间和智能工厂，实现工艺技术数字化，满足智能制造发展要求；建设智能制造信息化系统和基础网络，推动工业云计算、大数据服务平台建设，为煤机智能制造提供网络基础保障。

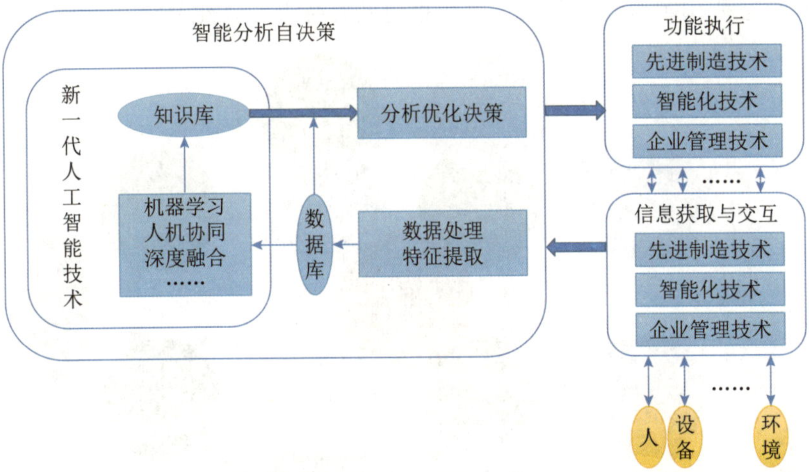

图7-4 智能制造内涵

7.1.3 升级智能绿色全过程标准

煤矿智能绿色化建设是一个多系统、多层次、多领域相互匹配融合的复杂系统工程，建立完整的煤矿智能化绿色化技术标准体系是建设智能绿色煤矿的基础与指南，见图 7-5。

当前在绿色矿山方面，已形成《煤炭行业绿色矿山建设规范》等绿色矿山建设标准；在煤矿智能化方面，陕西、山东、安徽等省份出台了煤矿智能化建设指南或验收办法，国家能源局组织编制了《智能化示范煤矿验收管理办法（试行）》。此外，国家能源集团、山东能源集团等大型煤炭企业和研究机构开展了煤矿智能化相关标准研究，已制定了一些标准。但总体来说，现阶段我国煤炭行业绿色矿山建设的国家、行业标准及考评指标体系尚不完善，煤矿智能化标准建设更是处于探索研究阶段，亟待升级智能绿色全过程标准要求，在已有绿色矿山评价、煤矿智能化两套并行标准体系的基础上，推进智能与绿色标准合二为一，形成矿山全生命周期智能绿色一体化推进体系。在分析矿山智能绿色发展现状基础上，结合当前已出台标准，重点优先制定关键标准并以此为先导逐步完善标准体系。建设智能绿色矿山示范试点项目，逐步推进两套标准一体化升级。

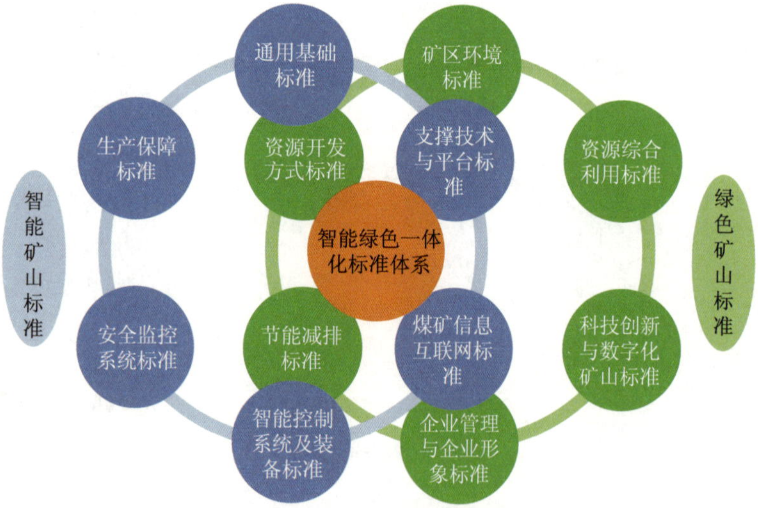

图7-5 智慧绿色一体化标准体系示意图

7.1.4 加大智能绿色矿山建设模式探索

近年来，煤炭企业已在智能绿色矿山建设中取得积极进展，原国土资源部公布的661个绿色矿山试点单位名单中涉及煤炭行业矿山的数量最多，达到229个，占比约35%，见图7-6。已建成约500个智能化采煤工作面，构建了“有人巡视、无人操作”的智能开采工作面新模式。这些成果与模式为煤矿智能绿色发展提供了重要支撑条件。

现阶段我国智能绿色矿山建设水平总体较低，纳入全国绿色矿山名录的1254家矿山，占比不足3%（全国4万多座矿山）；智能化示范矿井只有71处，占比不足2%（全国4700多处煤矿），且以大中型矿山为主，小型及以下矿山装备技术普遍较落后，智能绿色矿山建设任务依然艰巨。

紧密围绕智能绿色发展的总体要求，科学谋划煤炭智能绿色开发建设布局，结合不同地区不同矿井的实际情况，按照先易后难、先局部后整体的思路，有序推动智能绿色矿山建设。系统分析绿色矿山、煤矿智能化改造取得的经验，加大智能绿色矿山建设模式探索，总结形成可供大范围推广应用的系列智能绿色矿山建设模式。

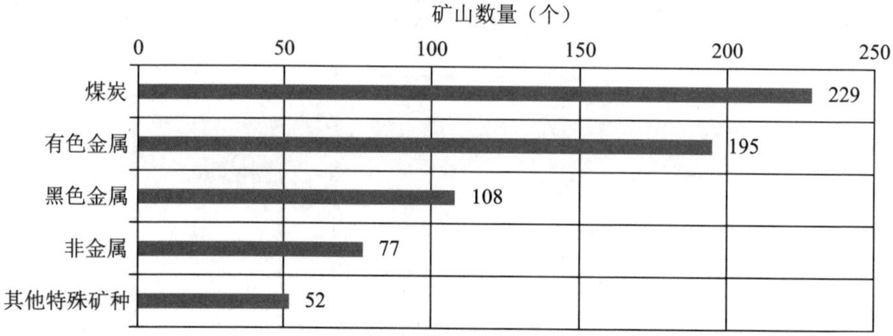

图7-6 国家级绿色矿山试点单位行业分布图

7.2 健全定制化精准供应体系

充分利用现代信息技术，推进煤炭供应与用户需求的精准对接，提升煤炭质量与用煤设备的适配度，支撑煤炭利用效率提升和污染物减排，见图 7–7。

不同用煤方式（如炼焦用煤、高炉喷吹、气化、水泥回转窑、发电煤粉锅炉、链条炉、民用散煤、民用型煤）对煤质的要求存在差异，可依托物联网、大数据等现代信息技术手段，创新煤炭质量精准管理机制，实现针对不同的技术和设备用煤规格提供定制化产品，推进煤炭供给侧与用户侧的精准对接。同时，通过深度提质提升煤炭质量，降低灰分、硫分及氯、汞、砷、氟等有害元素含量，采取产品分级、供应差异化与定制化等手段强化与用煤设备的适配度，进一步提升煤炭燃烧及转化过程的利用效率；通过减少煤耗和降低粉尘及硫、氮氧化物等大气污染物产生量，促进煤炭清洁利用水平提升。

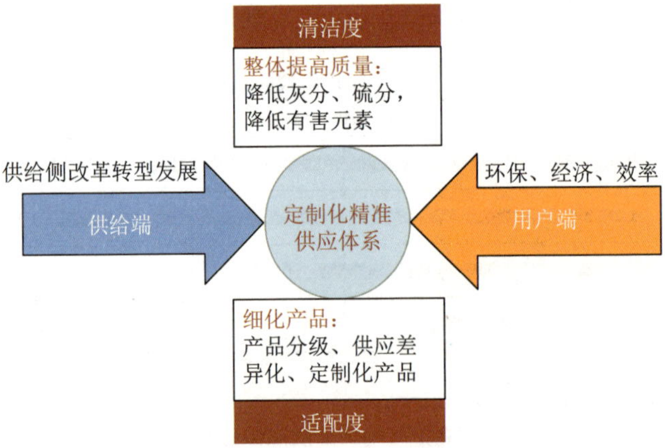

图7-7 健全定制化精准供应体系示意图

7.2.1 稳定化、高性价比供应电力用煤

精准适配电厂锅炉设计，供应质量稳定、高性价比的煤炭产品，满足电厂对挥发分、灰分、水分、硫分等煤质指标及用电成本的要求。

据煤炭科学研究总院《煤炭高效清洁利用方式综合评价研究》课题研究成果：电厂锅炉对煤质指标变化比较敏感，燃用符合或接近设计煤质指标的燃料，机组的安全经济性、燃烧效率和环保性能最好。若煤质指标变化幅度大，则会损坏锅炉设备并影响燃烧和排放。不同煤质的煤炭用于燃煤发电（包括煤粉锅炉和循环流化床锅炉），通过严格的污染物控制措施均可以实现超低排放。一般来说煤质越差，实现超低排放的成本越高，煤种灰分、硫分、挥发分的增加将直接导致燃煤电厂供电煤耗的增加。假定其他煤质指标不变，在达到现有环保标准的情况下，入炉煤灰分、硫分分别每增加 10%、1%，采用煤粉锅炉和循环流化床锅炉发电，供电标准煤耗分别增加约 3.5gce/kWh、2.5gce/kWh；烟煤挥发分每增加 10%，煤粉炉供电煤耗约增加 6gce/kWh，循环流化床炉供电煤耗约增加 3gce/kWh。随着供电煤耗增加，燃煤电厂实现超低排放供电成本随之增加，见图 7-8。

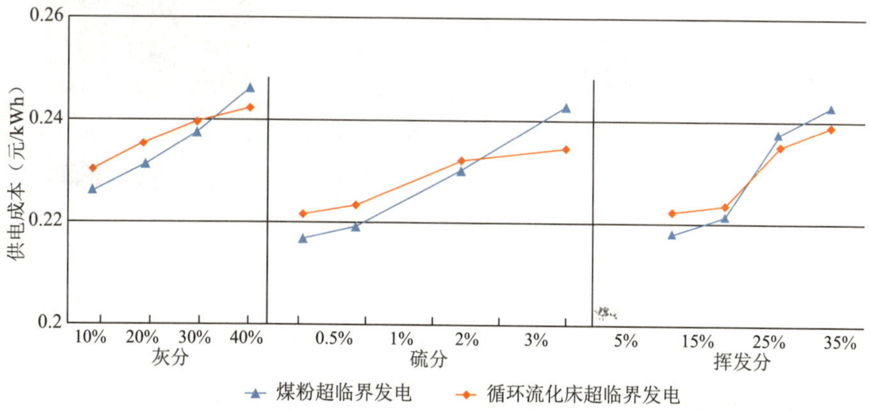

图7-8 高性价比发电用煤要求

7.2.2 专业化、系列化供应锅炉用煤

针对不同类型中小工业锅炉，供应专业化、系列化的商品煤，精准对接工业锅炉用户对用煤质量要求高及差异化使用的要求。

链条炉、室燃炉和循环流化床 / 沸腾炉是我国现有工业锅炉的主要类型。不同锅炉的燃烧方式对燃煤品质和粒度都有一定的要求，从清洁利用角度来看，传统工业锅炉要实现低污染排放，对煤质的要求更为严格，煤质好的燃料污染物排放水平明显低于煤质差的燃料。新型工业锅炉除对煤质有要求外，部分锅炉对燃料形态也有一定要求。高效煤粉工业锅炉和水煤浆锅炉使用清洁优质煤燃料，加之先进的燃烧技术，锅炉燃烧效率均达到 98% 以上，污染物排放接近或优于天然气锅炉排放标准，见图 7–9。

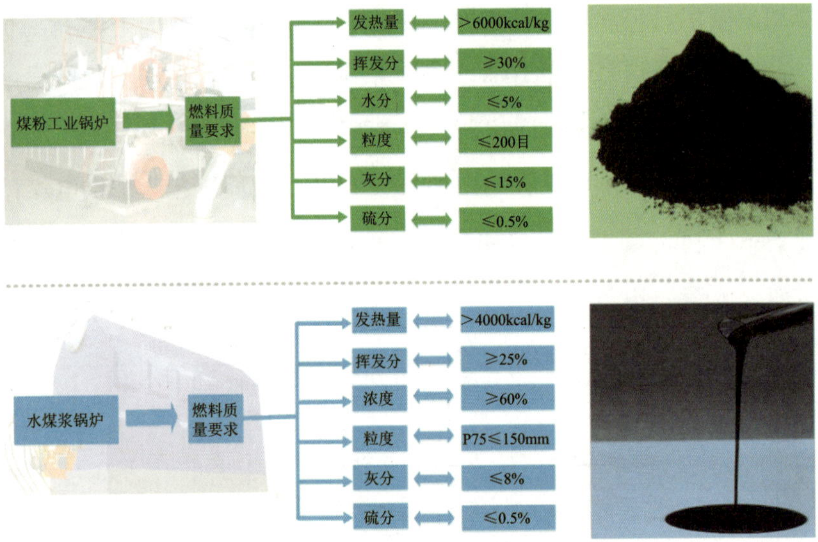

图7-9　专业化、系列化供应锅炉用煤要求

7.2.3 精准化供应煤化工用煤

针对煤炭气化、液化等不同煤化工技术和设备，精准化供应不同细分等级的商品煤产品，以优化成本、能效，支撑新型煤化工项目正常运转。

新型煤化工项目一般投资规模巨大，而煤质的各项指标参数对煤转化过程的能量效率、设备的正常运行等影响重大，因此选用适合的商品煤产品，才能控制成本、能效、保证项目的正常运转，见图7–10。目前国内推广的煤气化技术种类繁多，既有我国自主研发的清华炉、航天炉等炉型，也有从国外引进的鲁气炉、德士古气化技术等，加之我国煤种和煤质复杂，到目前为止还没有能够适应所有煤种和煤质的气化工艺，每种气化工艺都有一定的原料煤适应范围。不同煤质的气化参数和气化效果存在差异，应依据煤质资源及煤质特性选择气化工艺。而液化方面，高阶煤反应活性差，液化效率低。一般来说，褐煤、次烟煤和高挥发烟煤是适宜直接液化的煤种，氢/碳>0.7，挥发分>35%，灰分<10%，活性组分>65%，硫含量高对直接液化有利。

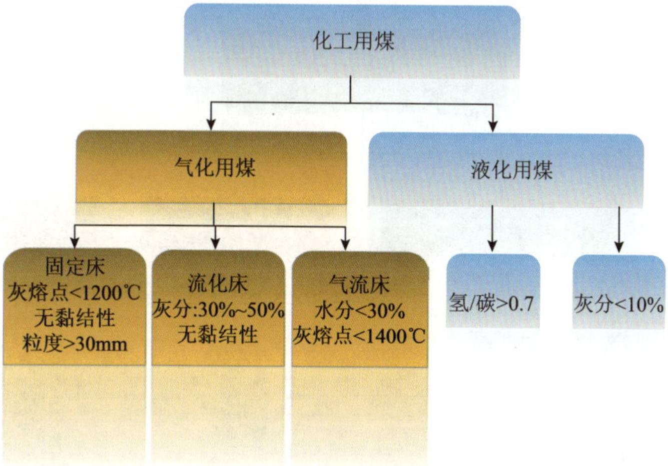

图7-10 化工煤精准供应要求

7.2.4 高端化供应高炉喷吹煤

高端化供应高炉喷吹煤，满足喷吹煤用户对煤质的严格要求和对特定指标的特殊需求，支撑以煤代焦比例提升。

高炉喷吹煤在生铁冶炼环节中具有众多作用，例如，提高高炉风、加大冶炼强度、提高生铁产量等，其中最主要的作用是部分替代冶金焦，降低焦炭消耗量。高炉喷吹对煤质的要求较高（见图 7-11），例如，喷吹煤必须低灰低硫，主要由于喷入高炉的煤粉的灰分转变成炉渣，不仅增加石灰石的消耗，又增加吨煤渣量，使焦比升高，而硫影响生铁和钢的质量，高硫致使钢铁的热脆性增加。同时喷吹煤还需满足高燃烧性、高反应性、高热值和低爆炸性等其他要求。此外，哈氏可磨性指数（HGI）也是高炉喷吹用煤质量评价的重要指标，可磨性不仅决定了粉碎时的耗电量和磨碎设备，更为重要的是，可磨性越差对喷吹管道的磨损越严重，使用优质煤粉，可直接降低喷吹费用和对设备的损耗。

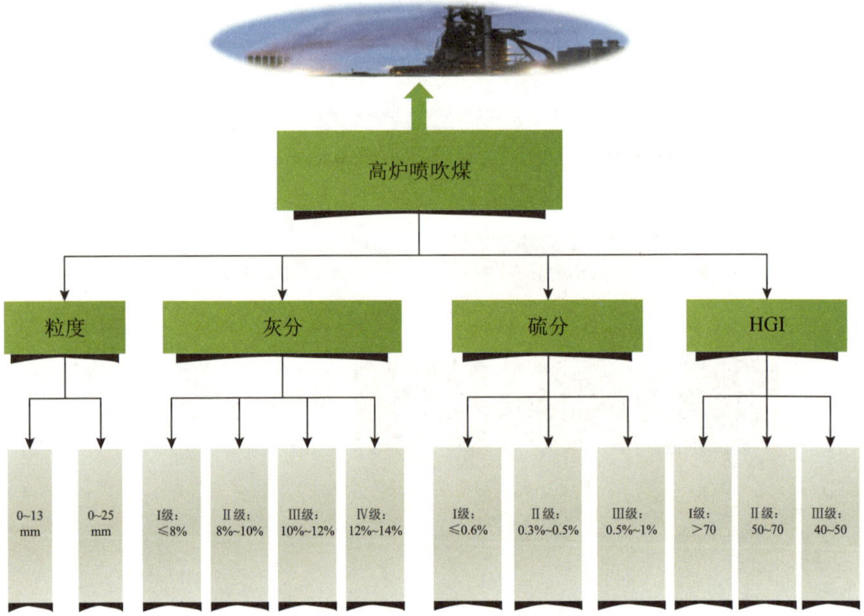

图7-11 高端化供应高炉喷吹煤要求

7.2.5 优质化、便捷化供应散煤

针对分散用煤覆盖面广、单个用户用量较少、污染控制水平低的现状，供应优质化、便携化、灵活化的煤炭产品，可从源头上减少污染物产生量。

2020 年民用散煤消费量约 1.5 亿吨。我国北方冬季供暖面积以年均约 10% 的速度增长，鉴于非城镇地区多为分散供暖且经济发展水平偏低，采用电、气等清洁能源取暖受到的制约因素较多，因此相当长时间内分散用煤在我国北方地区仍将存在。鉴于散煤治理存在数量大、分布广、低空排放、无治理设施的特点，采用污染控制措施治理难度大，因此还需要从源头提高煤质减少污染。相对于工业用煤，民用煤要求更加严格，需要煤中灰分、硫分、挥发分及氯、磷、砷、汞、氟、铅等有害元素等含量更低，见图 7–12。精准便捷供应优质散煤，有利于提升散煤清洁化程度，更好地实现北方取暖“宜煤则煤”。

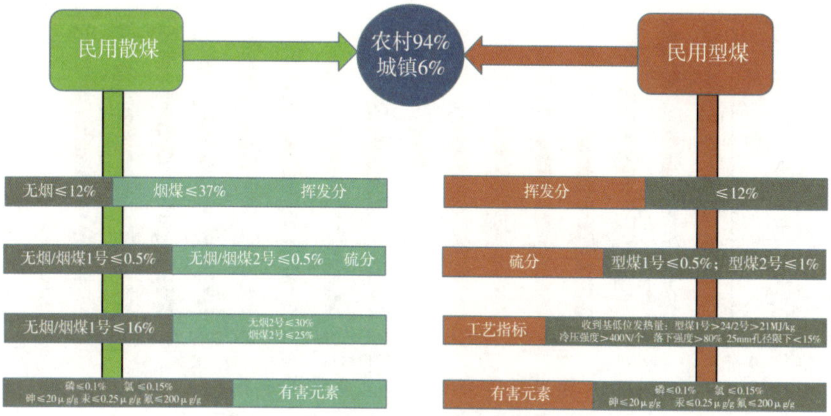

图7-12 优质化、便捷化供应散煤要求

7.3 形成清洁低碳利用模式

推进煤炭消费由燃料向原料转变、由分散利用向集中利用转变，逐步向包括二氧化碳在内的近零排放迈进，形成清洁低碳消费模式。2015—2020年，电力、冶金、建材、炼焦、化工等煤炭消费量由34.28亿吨增至41.70亿吨，占煤炭消费总量的比重也由85.23%上升到89.20%，而分散用煤由5.94亿吨降至4.50亿吨，结构占比由17.8%降至10.80%，见图7-13。发电和化工明显增加，而分散用煤正在逐步压缩。根据有关预测，“十四五”时期煤炭分行业需求量将呈“双增双稳一减”趋势，即电力和化工用煤上升，钢铁和建材用煤基本稳定，分散用煤持续下降。通过集中化煤炭消费，提升整体煤炭利用效率，进一步拓展煤炭的原料化和材料化应用途径，实现污染物的超低排放和碳循环资源化利用水平显著提升。

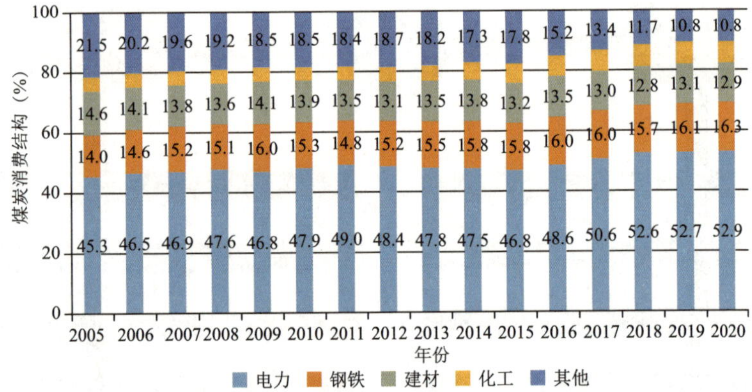

图7-13　煤炭消费结构变化（2015—2019年）

7.3.1 推进全面超低排放

在燃煤发电超低排放改造的基础上，进一步推进煤焦化、现代煤化工、工业窑炉分散燃煤等全面实现常规污染物超低排放，见图 7–14。

尽管我国的燃煤发电规模逐步扩大、发电技术水平不断进步，污染排放控制水平逐渐提高，但随着煤电装机规模继续增加，电煤消费量持续增长，燃煤发电仍是我国污染物排放大户，因此需不断提高技术水平减少燃煤电厂的排放，通过发展超（超）临界发电技术及配套的高效袋式除尘、低低温电除尘以及先进脱硫等技术，实现燃煤电厂高效发电和超洁净排放。煤炭分散燃烧仍将存在，分散燃烧也应接近天然气燃烧的排放水平。针对中小锅炉、工业窑炉、民用煤等分散用煤，采用集中供热、“煤改气”和“煤改电”进行替代，制定严格的燃煤工业锅炉准入政策、严格的污染物排放和能效标准。对于煤焦化等传统煤化工和煤制油、煤制烯烃等现代煤化工领域，全面降低煤炭转化过程中的常规污染物、重金属等排放，开发更高效率的除尘、脱硫、脱氮和脱汞等污染物排放控制技术。

图7-14 推进全面超低排放的路径

7.3.2 拓展高端原料化利用

推进更高水平的煤炭清洁转化，形成特种油品、高端煤基含氧化合物等多品种的原料化消费新模式。

现代煤化工系统的复杂性决定了其高额的投资，因此提升产品高端化、多元化，生产石油炼制难以获得或者高成本获得的原料产品，将是提升煤清洁转化经济性的重要途径，见图 7–15。利用煤直接液化油品具有环烷基含量高、低凝点、高密度、低黏度指数等特点，拓展研究煤直接液化油品的特殊用途，如军民用航空飞机、航天火箭以及特种装甲车辆油品，与石油化工油品形成满足不同层级需求的协同作用。利用煤间接制油可生产无硫、低烯烃、低芳烃超清洁油品的特点，为国家清洁油品及油品升级提供优质调和组分，生产出高品质蒸汽裂解用石脑油产品和高品质石蜡、溶剂油、α–烯烃、高档润滑油等高附加值产品。在现有工艺技术基础上，进一步丰富煤基含氧化合物产品种类，通过乙二醇路线进一步制备高端聚酯、乙醇酸、聚乙醇酸、乙二醇醚、乙二胺 / 乙醇胺、乙醛酸、吲哚产品，通过乙烯 – 合成气制备甲基丙烯酸甲酯（MMA），通过正丁醛催化一步转化丁酸丁酯等，大幅提升产品高附加值，有利于提升经济效益。

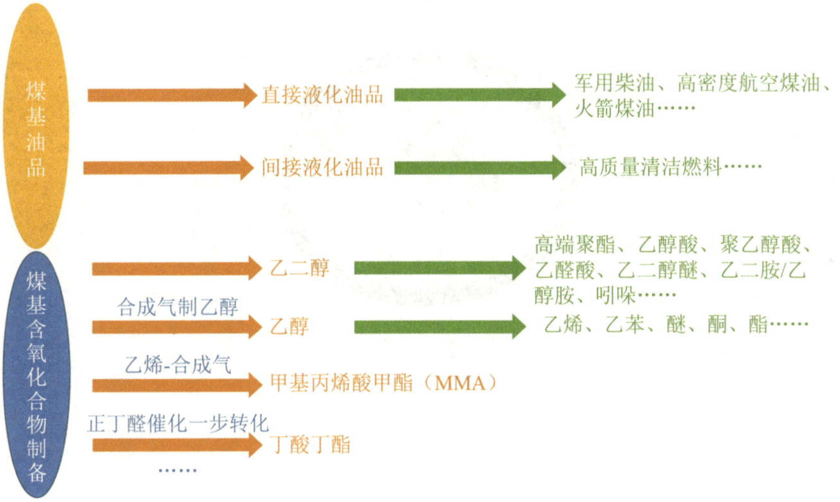

图7-15　煤炭的高端原料化利用途径

7.3.3 探索新型材料化利用

加大煤炭物理性质、化学性质研究，充分发挥碳源等优势，探索在石墨烯、碳基固体氧化物燃料电池等前沿领域形成大规模材料化应用，见图 7-16。

煤以芳环、脂环、杂环为基本结构单元，含碳量高，可以生产石墨烯等先进碳素材料，也可制备碳基固体氧化物燃料电池（SOFC），使煤得到清洁高效利用。目前煤制碳基固体氧化物燃料电池（SOFC）一次电转化效率为 50% ~ 60%，仍亟待解决系统运行温度高、稳定性、可靠性不足等技术问题。煤制碳基材料方面，除大规模制备活性炭外，石墨烯等先进材料目前仍处于实验室研发阶段。进一步研发燃料电池关键储能材料的规模化制备、高性能 SOFC 电池单元等技术，开发新型电池关键材料，形成器件设计、组装、检测和集成示范能力。研究煤制石墨烯定向开发和应用的精准制备技术，推进石墨烯实现大规模产业化应用。通过提升煤制碳基材料水平，进一步提升煤炭消费领域的自主创新能力，抢占能源科技发展制高点。

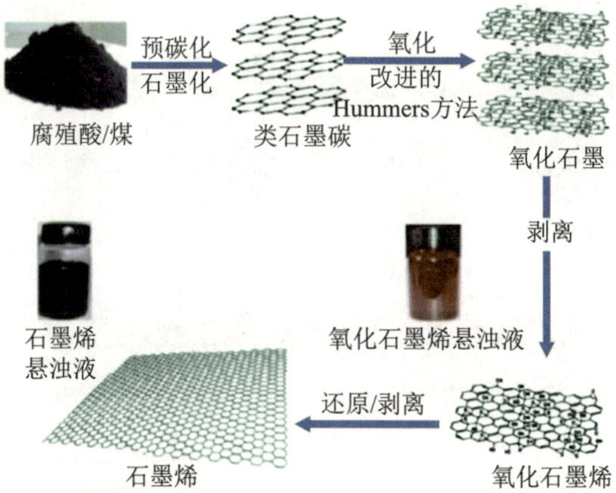

图7-16 煤基碳材料制备示意图

7.3.4 推进碳捕集、利用与封存商业化示范

充分利用现代煤化工高浓度、高压二氧化碳排放的特征，推进驱油、化工等二氧化碳捕集、利用与封存商业化示范，探寻低成本碳处理途径。

碳减排是煤炭清洁利用未来的重要发展方向。作为一项有望实现化石能源大规模低碳利用的新兴技术，碳捕集、利用与封存（CCUS）将成为未来我国减少二氧化碳排放和保障能源安全的重要战略技术选择。CCUS产业化应用将实现煤化工和煤电等传统产业的低碳化，提高其可持续发展能力，并延伸产业链，促进二氧化碳捕集大型装备与新材料、新型封存勘测和监测设备等产业的发展，见图7-17。

适应碳达峰碳中和新要求，不断提升二氧化碳大规模低能耗捕集、资源化利用与可靠封存技术水平，突破大容量富氧燃烧、燃烧后二氧化碳捕集、二氧化碳驱油/气/水、二氧化碳封存、监测预警等关键技术。同时着力研究和解决技术的成本问题，提高全流程CCUS示范项目的经济性。

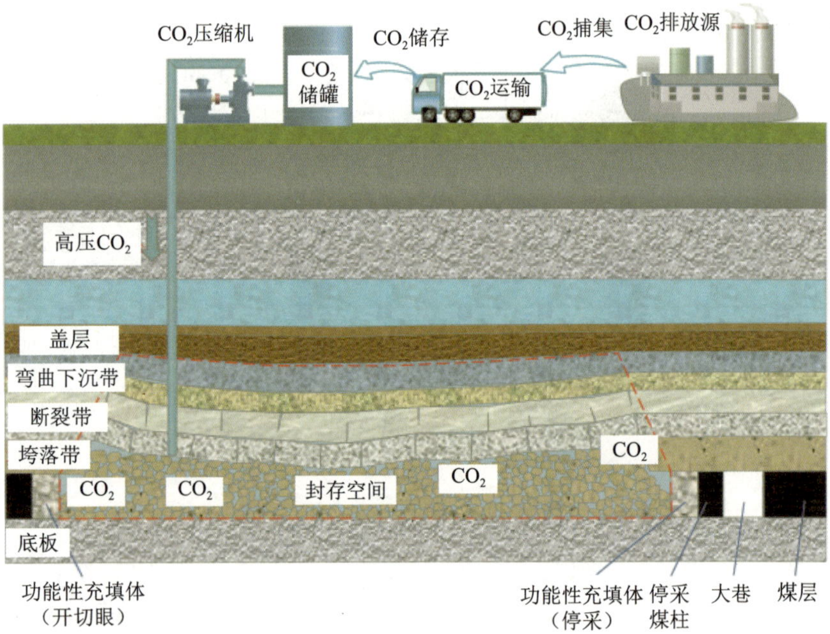

图7-17 CCUS商业化示范图

7.4 推进企业精致化发展

进入煤炭产量峰值期，以产量驱动企业发展的模式不可持续。按照社会分工细化的要求，推进煤炭企业由大而杂的小型社会向专业化公司转变，实现精致化发展。

新时代人民对美好生活的向往，社会公众对环境风险认知和防范意识的增强，使人民对环境安全、环境质量改善的诉求更加强烈，既需要煤炭企业提供强大物质原动力，又对煤炭企业发展提出了要求更严、标准更高的约束，煤炭企业面临的问题也由之前的“快速发展，满足人民群众用上煤炭”转变为“高质量发展，满足人民群众对美好生活的需要”。煤炭企业由规模增长向价值增长转变，即由过去偏重“量”的扩张，转为重视“质”的发展。规模增长主要靠外延兼并与扩张，而价值增长靠专业化发展，用技术创新、装备更新、产品转化升级以及生产方式的改进，实现企业价值增长，见图 7–18。

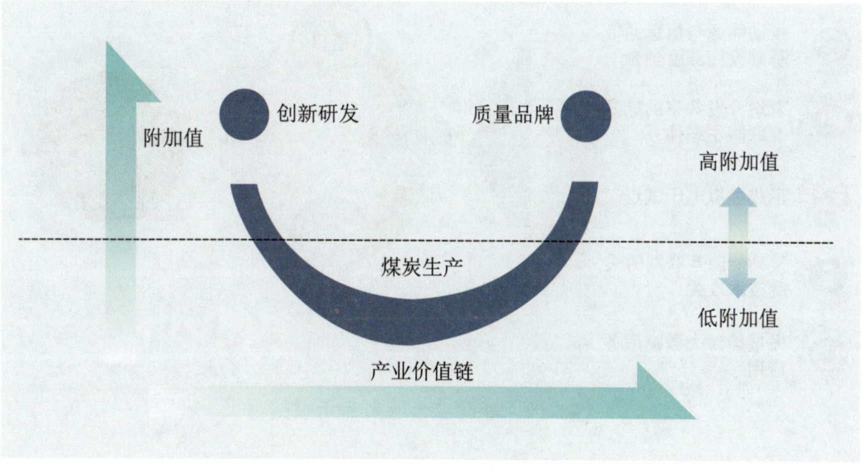

图7-18　煤炭产业价值链微笑曲线示意图

7.4.1 由煤炭生产商向能源综合服务商转变

以满足日趋多样化的能源服务需求为目标，由单一主营业务（销售煤炭）向能源行业全产业链服务延伸发展，提供多能源品种、多环节、多客户类型、多种形式的能源服务，见图 7–19。

随着全球能源变革不断深化，能源行业上游、中游、下游产业一体化综合能源服务趋势不断融合、涌现、形成，助推了传统能源企业从生产型向服务型转变。综合能源服务是指通过新一代信息技术与能源生产消费技术深度融合，为能源用户提供综合能源产品或提供产、供、销、用一体化相关服务，满足全社会日趋多样化的能源服务需求。综合能源服务能够更好地满足用户需求、拓展业务盈利空间、增强创新发展动能，煤炭生产企业向综合能源服务商转型，不仅是推动我国能源革命、促进煤炭行业高质量发展、建设现代能源经济体系的要求，也是顺应能源新技术、新模式和新业态兴起的需要。

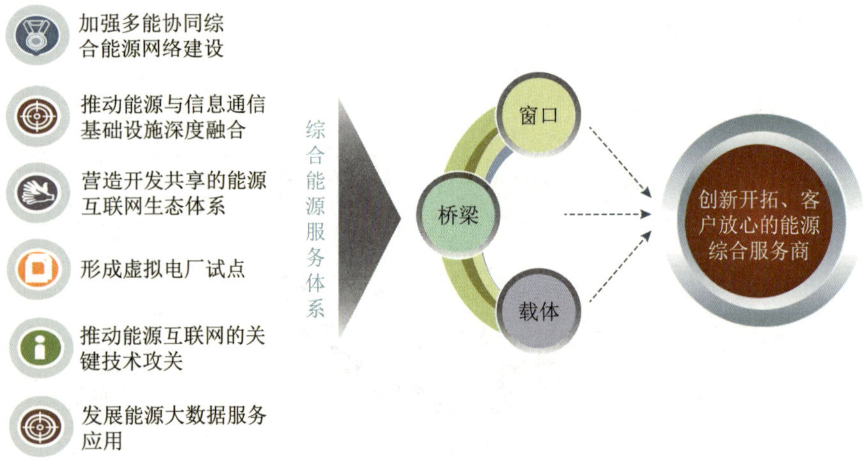

图7-19 能源综合服务商示意图

7.4.2 由产业运营向资本运作转变

以产业运营为基础，实施资产资本化、资本股份化，提升资本运作水平，加快煤炭行业资本流通，提高煤炭企业经营效益和持续发展能力，见图 7–20。

煤炭企业实现自身扩张发展有两种方式：一是运用自有资本的积累实施扩大再生产，这个过程投资回收周期较长，且投资量较大；二是进行资本运作，在不需要长时间和大投入的情况下，通过产业资本与金融资本的融合，增加企业的收益和资本积累速度，并且能最大限度地利用社会资源，产生跨行业的协同效应。因此，资本运作是煤炭企业实现低成本快速发展的重要途径和手段。煤炭企业的资本运作，需要通过产业运营建立人才、技术、资金、品牌等优势，以产业运营为基础，从而实现产业与资本的双向增值，获取产业运营与资本运作的协同效应，增强竞争优势，创造协同价值。

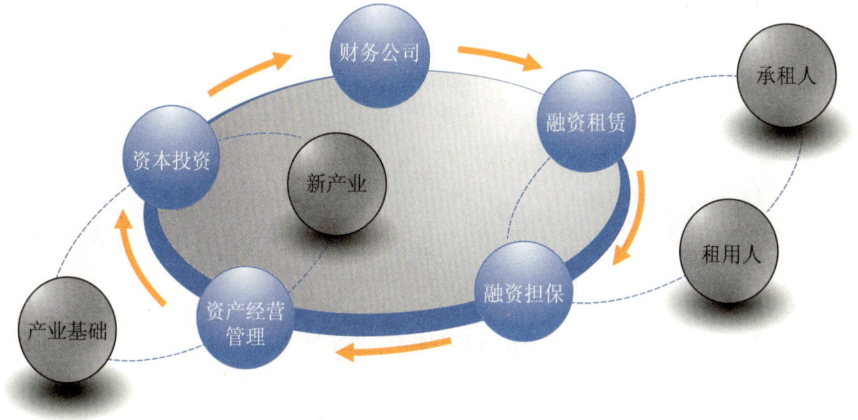

图7-20 企业产业运营与资本运作协同示意图

7.4.3 由社会型向专业化转变

重构煤炭企业生产运行方式，让“专业人干专业事”。专业化的生产方式可让煤炭企业专注于高效低成本生产高质量的煤炭产品，除了保障煤炭生产的必需功能外，不建设其他功能，大大提高了企业的竞争力。

目前，我国大多数煤炭企业更像是小型社会，功能齐全，但专业化程度不够。随着社会化分工越来越深入，煤炭企业也将按照社会细化分工的总体要求，以集中管理、区域化服务为原则，遵循专业化、市场化、社会化的思路，形成类似油服公司的勘探、掘进、采煤、机电、洗选、矿区服务等专业化煤田服务公司，项目营运完全采用专业化分工的生产组织方式，重构煤炭企业生产运行方式，提高煤炭企业整体的生产运行效率、人员组织效率、管理运作效率，从而强化企业竞争力，见图 7–21。

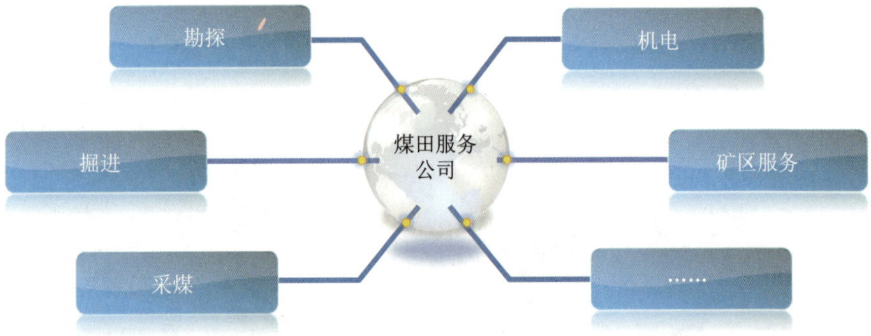

图7-21　煤田服务公司示意图

7.5 推动全方位国际合作

在立足国内发展的基础上，跟踪关注国际煤炭行业发展态势，适时向具有煤炭产业发展空间的国家拓展，发掘寻求新的发展空间，全球化配置资源，降低成本，形成新的核心竞争力。

在改革开放的推动下，我国经济逐步融入世界经济中，成为世界经济发展的重要角色。经济全球化成为推动煤炭行业“走出去”的重要动力。煤炭行业通过积极参与国际煤炭资源开发，在更高的平台上，以产品品质和价格为焦点，展开煤炭资源开发水平的较量，同时在市场上直接体验和学习国内外先进企业的实力水平和竞争艺术，在竞争和合作中充分认识自身的差距、问题和弱点，从而学习和借鉴对方的有效方式方法，加快和深化改革，优化自身体制模式和运营流程，切实提升行业竞争能力，为更宽广的国际全方位大合作奠定基础。我国与“一带一路”国家在煤炭领域的合作政策见表 7-1。

表7-1　我国与“一带一路”沿线国家煤炭领域合作政策

时间	合作国家	政策文件
2009年	俄罗斯	《中俄关于煤炭领域合作谅解备忘录》
2012年	俄罗斯	《中俄煤炭领域合作路线图》
2014年	俄罗斯	《联合开发远东阿穆尔州煤田合作协议》
2014年	蒙古国	蒙古国国家大呼拉尔（蒙古国国家议会）决定在中国临近的两端南线铁路将采用中国标轨
2014年	哈萨克斯坦	《煤炭清洁能源综合利用项目合作协议》
2016年	俄罗斯、蒙古国	《建设中蒙俄经济走廊规划纲要》
2021年	俄罗斯	《中俄能源合作投资指南（俄罗斯部分）》

7.5.1 与发达国家联合技术研发

统筹国内国际两种创新资源，搭建国际创新合作平台，与德国、日本、澳大利亚等国家在煤炭利用、土地复垦、关闭矿井再利用以及碳捕集领域开展技术合作。

发达国家煤炭工业已进入消费平台期或煤炭退出阶段。发达国家煤炭开采历史悠久，其煤炭开采伴随着工业化进程的各个阶段。目前，发达国家均已进入后工业化社会成熟期，煤炭工业的发展也由成熟阶段进入减量化阶段，煤炭在这类国家中并不作为主要的能源资源。但经过多年的煤炭利用技术发展，德国、日本、澳大利亚、美国等积累了先进的煤炭开采、煤炭转化、地下空间开发利用，以及碳捕集和利用技术，是我国煤炭行业可以广泛交流和借鉴的。可通过构建国际产学研合作机制，集聚前沿领域的科技创新资源，搭建联合创新实验室，开展协同研究，共同推动煤炭前沿技术的创新和发展。美国燃煤电厂烟气碳捕集典型项目见图 7–22。

图7-22 美国燃煤电厂烟气碳捕集佩特拉诺瓦项目全貌

7.5.2 参与新兴国家煤炭产能建设

关注“一带一路”相关国家和地区能源需求增长趋势，适时采取煤炭资源获取、先进技术服务、煤矿建设工程承包、煤机装备出口等模式因地制宜“走出去”。

新兴国家正处在工业化和城市化建设的进程中，煤炭消费量仍将保持增长。然而，新兴国家在资源条件、煤炭工业发展水平、经济发展水平等方面具有不同的特征和发展趋势，需要我国煤炭行业结合自身在开采、利用方面积累的技术优势、人才优势及经验优势，因地制宜地提出与不同国家开展国际合作的实施路径。对于经济快速增长、煤炭资源丰富、煤炭是国家主体能源但煤炭开发利用技术水平较低的中低等收入国家，应以煤炭资源勘探开发、工程承包、技术服务、装备出口等方式开展合作；对于经济发展潜力大、煤炭资源贫乏、较为依赖煤炭的中等或中低等收入国家，开展从煤炭开发到利用的全产业链合作，以优质资源的投资和进口贸易、先进开发利用技术服务等方式开展合作。“一带一路”主要目标投资国家煤炭投资环境综合指数见图 7–23。

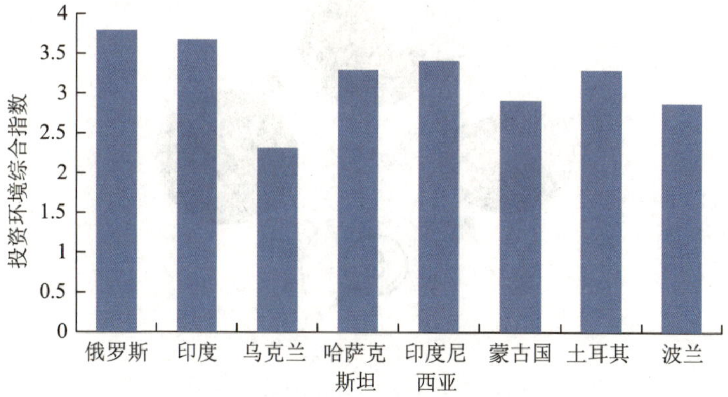

图7-23 “一带一路”主要目标投资国家煤炭投资环境综合指数

7.5.3 构建国际煤炭行业战略联盟

通过多种形式与主要产煤国当地公司建立战略联盟，迅速获得优质资本和人力资源，以技术和运营经验优势服务当地，互利共赢，开拓国际市场，见图 7–24。

战略联盟是进入新兴市场的首选方式，能够帮助本国企业迅速在国外开展业务，是企业低成本克服新市场进入壁垒的有效途径。与此同时，跨国战略联盟还可以由合作各方共同承担一系列因各种风险引起的利益损失，从而降低国际化经营的风险。部分新兴国家煤炭资源市场缺少资金、技术和专业化人才，一些当地公司一旦拥有优质矿床，就会积极寻求与资金雄厚以及具有技术能力的专业煤炭生产运营公司合作。我国煤炭企业可以通过建立契约联盟、股权联盟等多种形式与国外公司建立战略合作伙伴关系，快速获取国外优质资产、销售渠道、当地的劳动力资源，同时以技术和运营优势服务当地，实现优势互补、风险共担、互利共赢。

图7-24 构建国际战略联盟示意图

7.6 建立矿区立体化开发格局

开展多种资源协同化开采科技攻关，推进煤炭与共伴生矿产、地热、动力能量等资源从地质勘探、开发到利用全生命周期的协同化开发。逐级实现矿区由微观的资源开发、资源利用到宏观区域经济一体化的系统化、协调化、立体化开发格局，见图 7–25。

在煤矿区资源开发方面，构建资源综合勘查、系统规划、一体化建设和运营的煤炭与共伴生资源联合开发新模式，提高多种矿产资源综合回收率，增加开发效益，促进煤炭与共伴生资源协同开发；在煤矿区资源利用方面，结合煤炭及共伴生资源的协同开发，按照基地化、规模化、一体化的发展要求，推进煤炭开发利用一体化，煤炭在煤矿区就近转化为电力、热力、新材料、化工品，变煤炭产品直接外售为煤炭深加工产品输出，促进煤炭资源开发利用的一体化；在煤矿区与区域经济一体化发展方面，立足煤矿区区位和自身资源特点，统筹设计新型主导产业集群，推进煤炭开发利用与区域经济一体化发展，将资源优势变为集群经济优势，从根本上解决煤炭主产区转型困难、发展不平衡不充分等传统煤炭产业的发展难题。

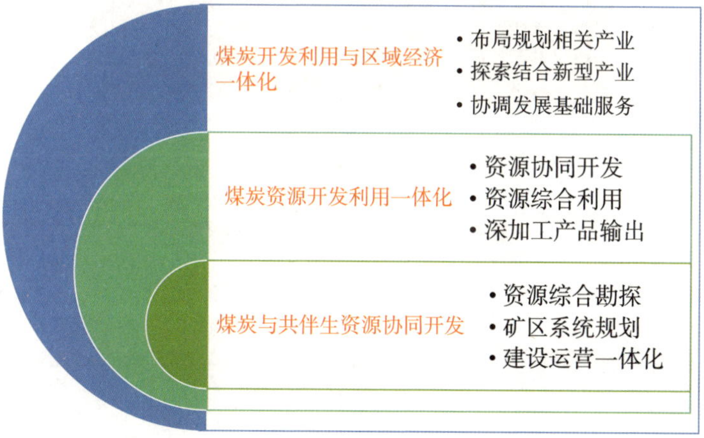

图7-25 矿区立体化开发格局示意图

7.6.1 煤炭与共伴生资源协同开发

构建资源综合勘查、系统规划、建设和运营一体化的煤炭与共伴生资源联合开发新模式，提高多种矿产资源综合回收率，摊薄单一资源开采投入，增加开发效益，见图 7-26。

创新资源综合勘查方式，创建作业主体整合的资源综合勘查开发新模式，重点突破资源综合勘查与评价技术及装备；系统规划资源重叠区域开发布局与技术，兼顾矿区设计创新矿区资源技术经济评价方式，统筹总体资源合理布局生产系统与采掘接替，协调煤炭与不同共伴生资源共采，重点研究采动条件下含瓦斯煤岩体破断结构演化规律及时空分布特征、煤系稀散金属元素成矿作用与成矿规律、煤系固—流矿床采动诱导效应及其多场耦合响应等新理论。重点突破不同开采条件下的深井高效节能降温与地热利用，采前深部岩体中的能源气体开采新技术与装备；创新混合制股份公司或股权合作的联合共营，投资与建设相结合，矿区设计与建设施工相结合，项目建设与项目经营相结合，合作发挥专业特长，实现核心产业链的协同发展。

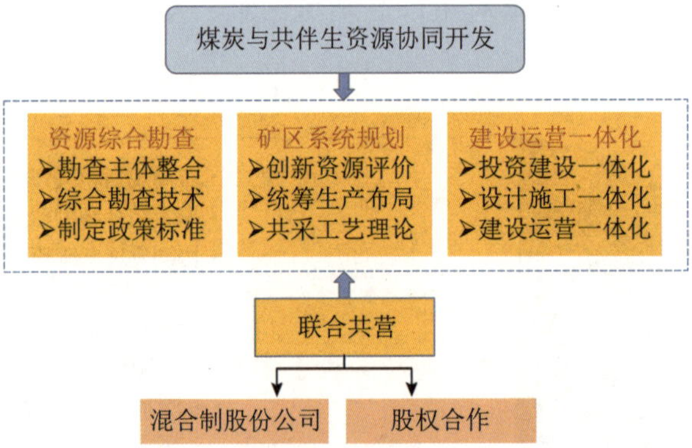

图7-26 煤炭与共伴生资源协同开发新模式

7.6.2 煤炭资源开发利用一体化

按照基地化、规模化、一体化的发展要求，推进煤炭开发利用一体化，煤炭在煤矿区就近转化为电力、热力、新材料、化工品，变煤炭产品直接外售为煤炭深加工产品输出。

结合资源禀赋情况，合理规划布局煤炭开发利用一体化产业。通过自主建设、合并整合等模式建立资源适配的发电基地、化工基地、建材加工基地等，构建高度融合的煤—电—化工—建材等一体化产业链，形成产业集群优势。同时在一体化模式的基础上，按照循环利用的理念，进一步延伸产业链，构建循环经济模式以解决产业链条短、产品附加值低、环境污染严重等传统问题。以煤炭产业为基础，通过洗选加工将煤进行初级提质，所获洗精煤外销，洗中 / 末煤用于发电或进入煤炭转化系统制备高附加值化工产品，洗选及发电所产生的固废资源（矸石、粉煤灰、高岭土等）进入建材制备单元，实现废弃资源循环利用，消除固废污染，形成上一个单元的“废料”是下一个单元的“原料”的梯级减量利用模式，构建网络化、立体化循环经济产业框架，大幅削减资源能源消耗率和废弃物最终排放量，见图 7-27。

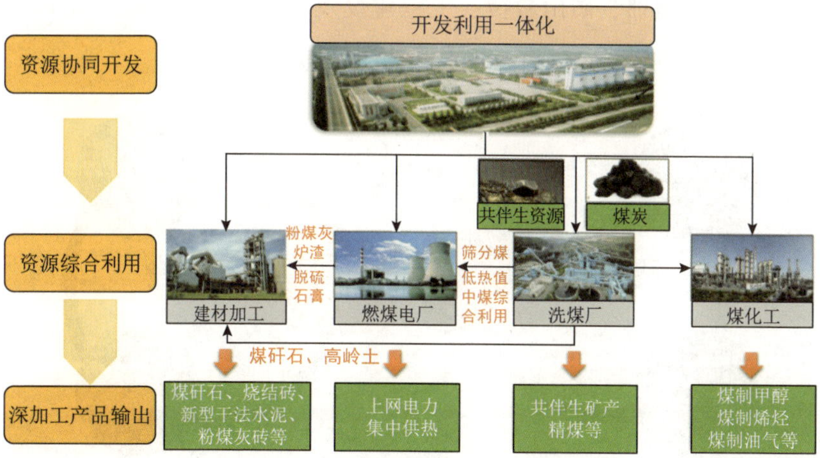

图7-27 煤炭开发利用一体化

7.6.3 煤炭开发利用与区域经济一体化

立足煤矿区区位和自身资源特点，统筹设计新型主导产业集群，推进煤炭开发利用与区域经济一体化发展，将资源优势变为集群经济优势，从根本上解决煤炭主产区转型困难、发展不平衡不充分等传统煤炭产业的发展难题。

在产业布局方面，区域总体规划选择与煤炭开发利用相关的产业群进行组合发展，如机械制造、化工、电力、建材加工等，形成与煤炭资源开发利用相关的产业集群，提前规划设计产业布局、产业关联及产业结构，形成一批竞争能力强、集群效应显著的核心企业，支撑区域经济发展；超前谋划煤矿区相关产业转型升级，根据区域资源和经济特点适度探索新能源、新材料、工业互联网、大数据、人工智能、5G 等产业的发展，统筹设计强化新兴主导产业集群发展，结合区域产业集群优势形成支撑未来区域经济发展的多个支点，保障地方经济可持续发展。

在区域经济协调一体化发展方面，根据煤矿区发展的生命周期，流动配置及高效聚集支撑煤矿区发展的自然资源、劳动力、资本及科学技术等区域经济要素，提高及保证煤矿区对区域经济发展的驱动力，适当开拓发展教育培训、矿山救援、工程建设及电力供应等区域性基础设施服务，协调煤矿区生产部门与非生产部门发展，见图 7–28。

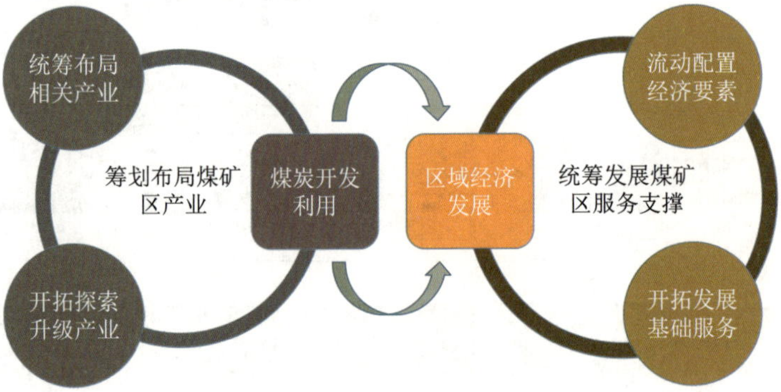

图7-28 煤炭开发利用与区域经济一体化

7.7 探索煤炭与其他能源耦合发展

探索通过化学转化、电力、热力等多种方式，实现煤炭与太阳能、风能、水能、生物能、核能等新能源深度耦合发展。

风能、水能、太阳能等可再生能源通过发电制氢将不稳定能量转化为稳定能量，并提供煤转化过程的用氢需求，替代原有煤制氢路线，削减碳排放，形成转化利用耦合；太阳能还可与燃煤形成耦合发电以提升能源互补性；核能既可通过制氢耦合煤化工，同时可实现核能余热气化及核—煤热耦合以降低能耗；生物质可与燃煤形成耦合发电路径，并与煤形成共转化（如共热解、共气化、共液化），协同提升利用效率。通过煤炭与新能源耦合利用，有利于煤炭利用实现碳减排、新能源利用规模提升，不仅是从过程工程耦合角度提升能源利用质量的新举措，更为煤炭清洁高效利用开辟了新路径，见图 7–29。

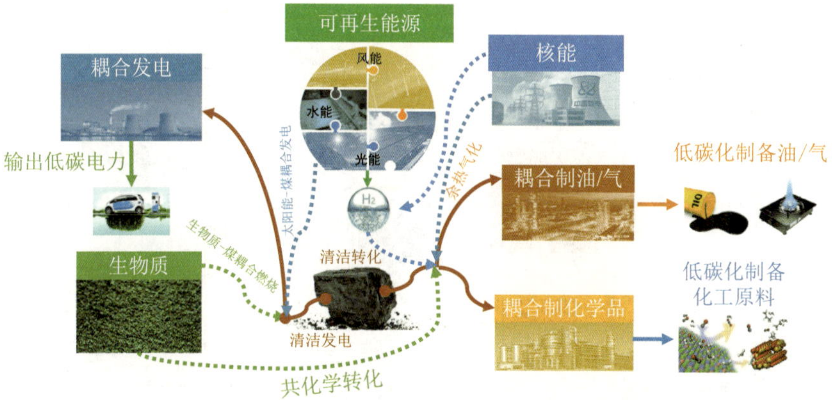

图7-29 煤炭与其他新能源耦合利用体系示意图

7.7.1 煤炭与风能/水能耦合利用

探索风能、水能等可再生能源制氢耦合煤清洁转化新路径，通过氢能从产业链上整合可再生能源与煤转化，与煤化工的二氧化碳捕集与封存（CCS）集成形成综合转化技术体系。

从产业链角度，整合可再生能源制氢能与煤转化，替代煤化工原有制氢路线，还可与煤化工的CCS集成，将煤化工捕集的二氧化碳与氢反应制备甲醇等，形成煤化工综合转化技术。风能/水能—煤炭耦合系统中各种能源能取长补短，通过富余的风电或水电制得的氢气，大规模低成本就近供给煤化工消纳，克服了传统储能体系中氢气低成本大规模储存和远距离输送困难的局限，拓展了风电、水电利用途径和规模。风能—煤炭耦合利用系统见图7-30，通过风电系统、电能分配系统、氢储能系统，形成制氢单元，而后通过气体分配系统、煤转化制甲醇系统完成煤炭低碳转化利用，从产业链上整合风电和煤化工，达到低碳消费煤炭、大规模消纳可再生能源的双重作用。

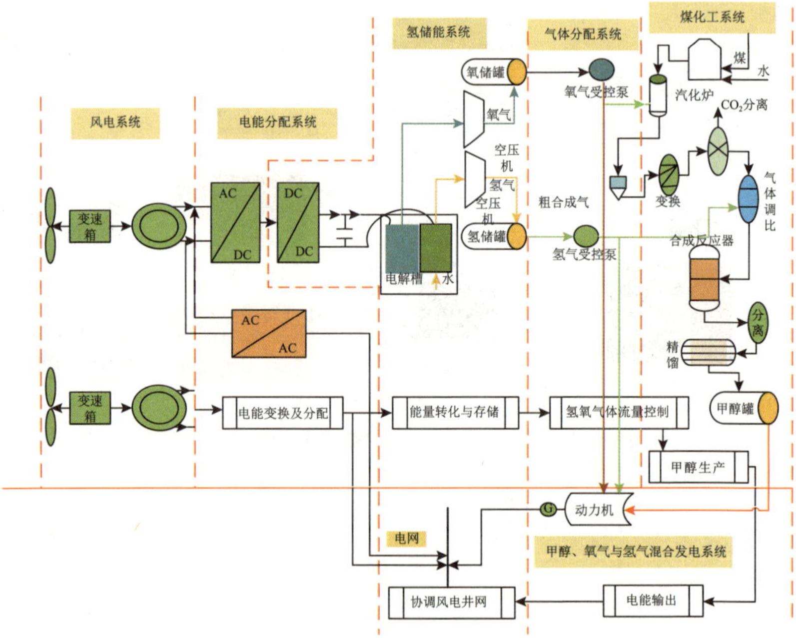

图7-30 煤炭与风能耦合利用示意图

7.7.2 煤炭与太阳能耦合利用

探索聚光型太阳能发电与燃煤发电深度耦合，在保障太阳能发电效率的前提下尽量降低煤耗率、汽轮机热耗率、汽耗率，提升太阳能与燃煤互补效果。

采用聚光型太阳能发电（CSP）与燃煤发电进行耦合，太阳能作为辅助，在保障太阳能发电效率的前提下尽量降低煤耗率、汽轮机热耗率、汽耗率。技术方式分为两种，即槽式太阳能—燃煤发电耦合系统和塔式太阳能—燃煤发电耦合系统，塔式太阳能—燃煤发电耦合系统在热源部分耦合优势明显，熔融盐工质工作温度可达575℃，空气循环更是可达900℃，耦合潜力相比槽式更大。经过多年发展，在系统集成、耦合技术等方面，国内太阳能光热与燃煤耦合发电均有较大进展，正在制定太阳能光热与燃煤耦合发电方面的国家标准，已有企业正在开展10MW太阳能与燃煤互补发电示范工程，见图7-31。目前该技术在太阳能光热与燃煤耦合运行条件下机组动态响应规律、煤与太阳能光热耦合发电的关键技术和系统集成技术、获得太阳能光热的高比例耦合原理及设计方法等方面尚不成熟，总体上技术距离工业化仍存在差距。

图7-31　槽式太阳能—燃煤发电耦合系统

7.7.3 煤炭与生物能耦合利用

完善煤炭与生物能的耦合发电和热转化利用路径，通过现役煤电机组的高效发电系统尽力消纳田间露天直燃秸秆，降低存量煤电耗煤量，提升可再生能源发电量。

燃煤生物质耦合发电以直接耦合燃烧及气化耦合燃烧为代表，通过现役煤电机组的高效发电系统和环保集中治理平台，尽力消纳田间露天直燃秸秆，规模化协同处理污泥，实现燃料灵活性，降低存量煤电耗煤量，提升可再生能源发电量，见图 7-32。煤炭与生物质耦合发电关键技术瓶颈主要有：生物质属性缺陷（能量密度低、含水量高）导致的烟气体积大、影响现有燃煤锅炉热交换系统正常运行问题，生物质燃料稳定性，生物质灰的熔点低导致的结渣，生物质氯化物易形成的高温腐蚀（交换器温度 >400℃），生物质燃烧生成的碱诱发燃煤电厂脱硝催化剂失活等。煤炭与生物质耦合制备化学品是充分利用两种能源结构优势、实现协调耦合作用的重要途径，通过耦合共热解、气化、液化等多种途径，进一步消纳可再生能源，同时提升煤炭转化效率。这一技术目前多处于基础研究阶段，对煤与生物质的协同反应机理认识仍存在较大争议，研发仍需一定周期，尚未形成大规模工业化示范项目。

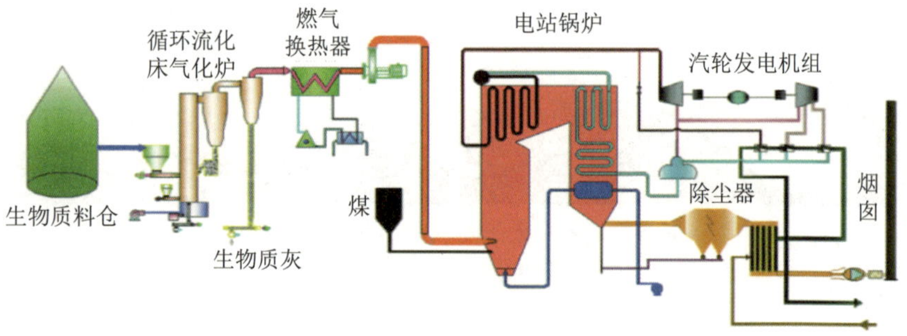

图7-32 生物质气化—煤粉混烧耦合发电系统示意图

7.7.4 煤炭与核能耦合利用

针对煤炭在化工利用过程中富碳缺氢的特点，通过核能所制氢耦合煤气化工艺生产燃料和化学品，实现煤化工过程的碳氢平衡，大幅提升能效，显著降低碳排放。

核能发电在技术成熟性、经济性、可持续性等方面具有较大优势，同时相较于水电、光电、风电具有无间歇性、受自然条件约束少等优点，可持续稳定进行氢制备。一些研究提出了核能与煤炭资源耦合的低碳复合能源系统模型，采用高温气冷堆换热系统加热预热的原水，加热后的原水进入固体氧化物电解槽发生电解反应生成氢气和氧气，氧气进入煤气化炉与粉煤发生气化反应生成粗煤气，粗煤气再经过粗煤气净化装置净化成为净粗煤气，再在脱硫净化装置中进行脱硫净化处理，将氢气和经过脱硫净化处理的净粗煤气在混合器中混合成为混合净化气，将混合净化气输入化学品合成塔进行反应，见图 7-33。

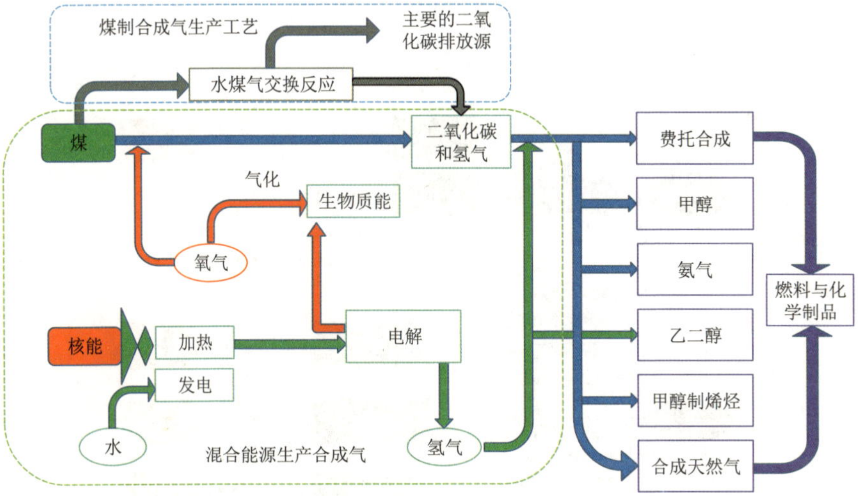

图7-33 核能—煤炭耦合利用系统示意图

7.7.5 煤炭与石油耦合利用

以现代煤化工为载体，推进煤炭与油气化工深度耦合，以相对丰富的煤炭资源弥补油气资源不足，减少油气对外依存度，支撑我国能源安全。

煤炭与石油耦合可通过煤转化制甲醇并入石油炼化工艺制备油品及烯烃和芳烃等化学品。煤炭转化工艺过程的甲醇、合成气等均为C1分子，而石油炼化产品如石脑油等均为多碳分子，二者耦合可大幅提高原子利用率及能量效率，同时弥补石油化工生产路线的结构性缺陷，实现煤炭—石油的化石能源内部协调耦合，见图7-34。

此外，煤炭与石油还可进行煤油共炼，通过发生热解、氢传递、加氢和逆反应等化学过程，将煤与重油反应转化成小分子油品和气体。煤油共炼结合了煤直接液化和重油加工两项技术，降低了煤直接液化的操作难度，同时高效加工了重油和渣油。此类工艺在重油供氢性选择、反应兼容性、溶剂油的组成（重油比例）等方面仍存在共性的技术问题亟待进一步解决。

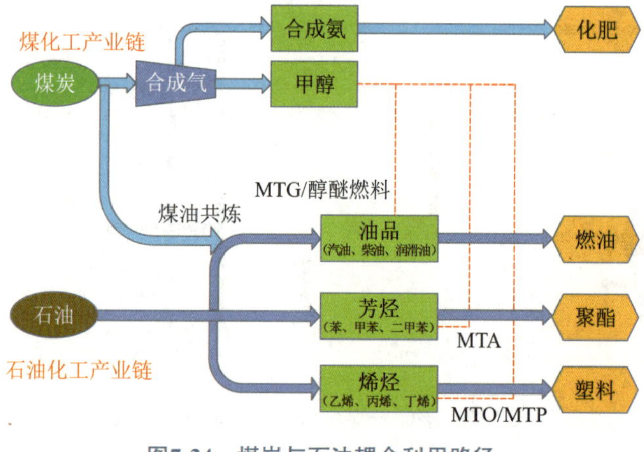

图7-34 煤炭与石油耦合利用路径

7.8 重塑煤炭行业体制机制

适应新阶段的发展新要求，不仅需要煤炭行业自身努力，也需要有与煤炭行业发展新阶段新要求相适应的体制机制。

“十三五”以来，煤炭生产和消费步入平台期，煤炭供应结构趋于平衡和稳定，煤炭生产和消费主体相对固定，煤炭清洁高效利用进入新的高度。近年来我国煤矿数量变化见图 7–35。煤炭消费由此前的高速增长，到中高速增长，到基本不增长，同时国际能源贸易变数不断增加、国内可再生能源比例逐步提高等能源发展新形势，要求煤炭更好地发挥基础能源作用，倒逼煤炭行业自身发展方式进行深刻变革，需要理顺鼓励先进与淘汰落后的关系、正常供应与应急保障的关系、上游生产与下游利用的关系、行政管理与市场竞争的关系，形成与煤炭行业发展新阶段新要求相适应的体制机制。

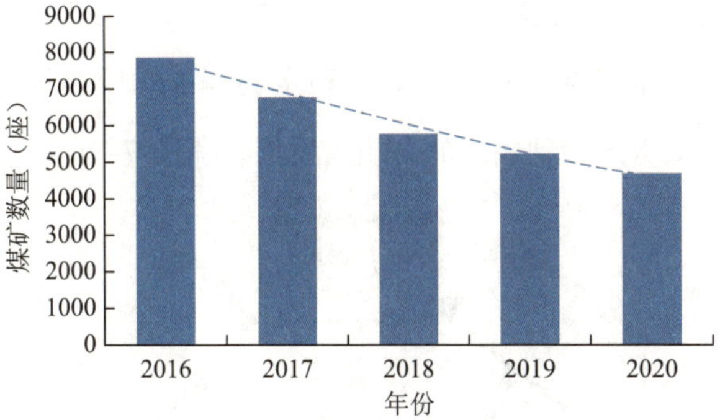

图7-35 我国煤矿数量变化趋势

7.8.1 制定长期适用的煤矿建设和运营标准

随着技术迭代速度放缓、行业进入发展质量优化期和发展模式定型期，应当制定长期适用的煤矿建设和运营标准。

近20年来，我国煤矿建设和运营的标准及政策变化过快，给煤炭企业造成了很大困扰，也导致了严重的资金和资源浪费。以淘汰落后煤矿的标准为例，先是年产9万吨、15万吨以下，接着是年产30万吨以下，2017年以来一些地方要求所有煤矿都提高到年产60万吨以上，一些煤矿长期陷于规模提升过程中，未投产即被淘汰。

随着我国煤炭生产技术由跟跑逐步转向并跑甚至领跑，技术迭代速度将大幅度放缓。“十四五”时期进入发展质量优化期和发展模式定型期，具备条件而且应当制定长期适用的煤矿建设和运营标准。面向2035年技术进步和经济社会发展趋势，以至少未来15年都适用的要求，订立安全生产、健康防护、环境保护等强制性条款和自动化、智能化等推荐性条款。强制性条款在建设和运营的任何时点都必须达到，推荐性条件鼓励有能力的企业达到更高水平。以稳定的标准和政策环境，推动煤炭行业实现“一张蓝图绘到底”的高质量发展，见图7-36。

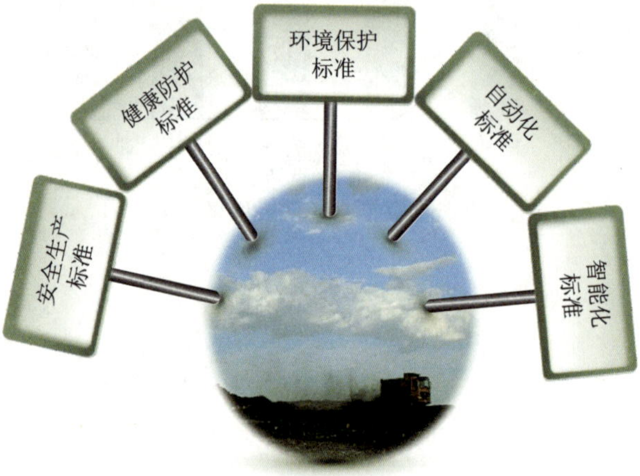

图7-36 煤矿建设和运营标准体系示意图

7.8.2 健全具有国际影响力的煤炭市场体系

作为全球最大的煤炭生产和消费国，我国应构建与之相适应的国内和国际煤炭市场体系，并且在全球煤炭市场和价格体系中有一定的话语权和影响力。

煤炭是我国市场化程度最高的化石能源品种，全国有煤炭企业约4000家，产业集中度不高，而煤炭下游的铁路、电力部门高度集中，易与煤炭行业形成不公平竞争。我国尚未形成有效的全国煤炭市场体系，未能引导煤炭生产企业与下游利用企业形成长期稳定的竞争与合作关系，以致时常有煤炭企业呼吁政府部门出手保护煤炭价格，也时常有电力企业呼吁政府部门协调适当价格下的增量供应。

当前，应加快构建以全国煤炭交易中心为主体，以区域煤炭市场为补充，包含现货交易、期货交易和场外交易的多层次、全方位的市场体系，见图7-37，并积极参与国际煤炭交易体系建设，不断提高我国在全球煤炭市场和价格体系中的话语权和影响力。煤炭生产企业、消费企业、贸易加工企业都应纳入交易体系，使煤炭产业链上的所有企业都遵循市场规则，形成公开、公正、公平的市场机制。同时，完善煤炭期货运行机制，引导煤炭企业、上下游相关企业积极参与煤炭期货市场，活跃煤炭期货市场，引导长期价格稳定。

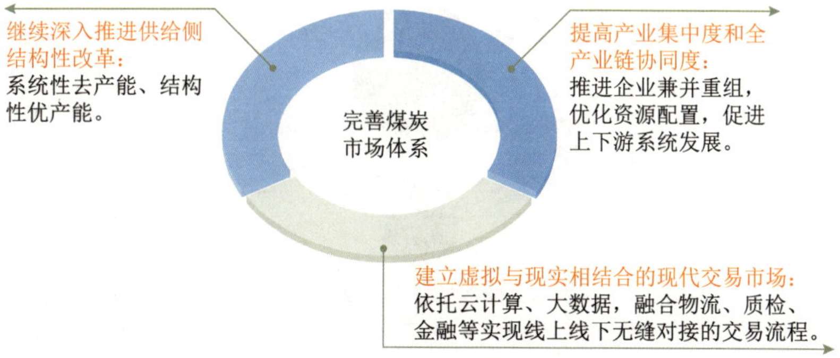

图7-37 完善煤炭市场体系示意图

7.8.3 构建可有效反映煤炭价值的价格机制

上游煤炭生产和下游煤炭利用分属不同行业，行业利益不尽一致，煤价过度偏离不符合经济社会稳定发展的要求，应按照市场化的要求，建立可有效反映煤炭价值的价格机制。

煤炭价格的市场化步伐不断加快，市场化程度不断提高，但价格形成机制仍然不尽合理，煤炭价格还不能完全反映生产成本、对环境的影响程度和市场供需关系，见图7-38。采深不断增加、人力成本不断上涨，带动煤炭直接生产成本逐步上升，但还未体现到煤炭价格上。以热值为主要指标的计价方式，虽然考虑了灰分、硫分、微量有害元素的不利影响，但是考虑程度还不够，尚未形成优质煤优价市场和用户使用洗选后优质煤的有效机制。2014年以来，煤炭资源税从价计征，一些税费还未清理到位，煤炭企业税负仍在36%以上，远高于其他行业。

随着土地恢复、生态环境治理等外部因素逐步内部化，需要进一步完善煤炭完全成本核算机制，制定科学合理的煤炭成本确认和摊销制度，同时通过顶层税费制度设计，合理确定煤炭税费总体负担水平，使煤炭成本核算更加规范化、合理化、完整化。

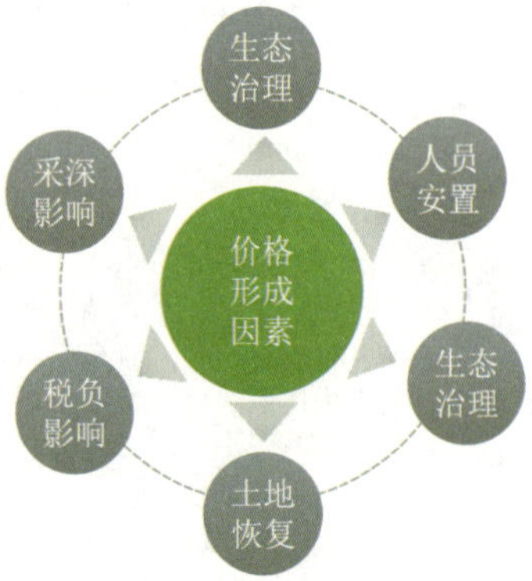

图7-38 煤炭价格影响因素示意图

7.8.4 建立煤炭调峰和战略储备的长效机制

正常的煤炭供应是市场行为，煤炭企业承担相应的责任和风险，而煤炭应急保障是煤炭企业承担其他能源或者整个能源体系的责任，需要建立煤炭调峰与战略储备的长效机制，见图7-39。

当前总规模2亿吨左右的煤炭储备能力，不足以应对局部地区、部分时段供应紧张问题，探索建立“资源—产能—产品”三级合理配比的煤炭储备长效机制是大势所趋。而当前缺乏有效的市场化运作手段和与之配套的政策支持，煤炭储备难以实现良性的自身循环，无法达到“淡储旺出”、适度盈利、保障规模、区域协调的目标。

煤炭应当有应急保障的能力，但应急保障的成本并不该由煤炭企业来承担，体制机制上需要明确正常供应与应急保障的界限和责任主体，确保有足够的应急保障能力并处于可用状态。建议给予煤炭供求调节产能、燃煤发电负荷灵活调节能力相应的投资、财税等扶持政策，提高企业参与调峰和战略储备的积极性。同时，也需要突破当前以行政区划为基础、各能源品种互相独立的能源体系，构建以共性区域为单元，煤、油、气、水、风、光等一体化跨时段的国家能源大协同战略格局，提高整个能源体系的调剂能力和稳定性。

火电机组灵活改造调峰　抽水蓄能电站调峰　LNG储气罐等储气设施调峰

图7-39 煤电、水电、气电调峰示意图

7.8.5 形成多部门协调统一的管理监督体制

分散的条块式管理引起管理监督缺位与越位时有发生，理顺现有体制机制，形成多部门协同统一的管理监督体制，提升行业管理效率和效能。

政府部门对煤炭行业的管理和监督分散在多个不同的部门，见图 7–40。每当遇到极端天气和突发事件，能源行业管理部门要求煤炭企业保供应、保民生，应急管理部门安全生产督查，生态环境部门执法检查，煤炭企业疲于应对，时有因督查和检查引起的局部煤炭供应紧张现象。

按照治理体系与治理能力现代化的要求，形成多部门分工明确、协调统一的管理监督体制，尽可能减少对煤炭企业的微观管理事务和具体审批事项，最大限度减少对煤炭企业生产经营活动的直接干预，并充分利用在线监控、卫星遥感、大数据分析等科技手段，以非现场核查代替现场检查、督查，切实提高执法效能，大幅减少对煤炭企业正常经营的干扰。

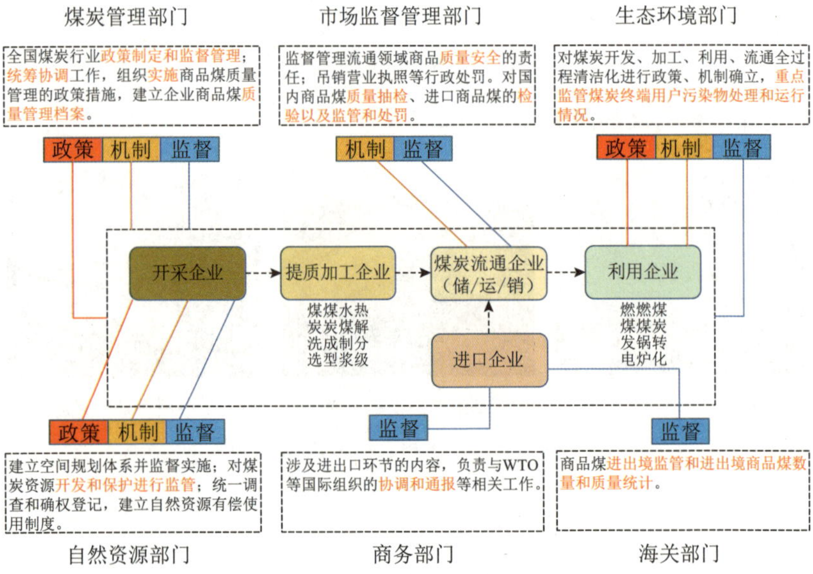

图7-40 当前煤炭管理部门职责划分示意图

8

煤炭行业科技创新战略

——打造智能绿色矿山科技创新新生态

智能化、绿色化是我国煤炭行业应当实现的两个目标，当前由两个不同的部委在分别推进，形成了各自的运行体系，而着力点都在煤矿或煤矿区。借鉴澳大利亚等国家煤炭开发经验，将智能化、绿色化两套体系融为一体，按照“过程的智能化、结果的绿色化”协同推进，是优化资源配置、提高推进效率的有效途径。针对智能化、绿色化的新要求，多个科研机构、煤炭企业开展系统开发、技术攻关、装备研制、标准制定，正在形成多个难以互相兼容的智能矿山构架体系。虽然多条路径同时推进可以激发创新的积极性，但资源分散在一定程度上也将影响创新速度，同时造成资源浪费，因此集合优势科技资源、推进协同创新是必然要求。

在研判煤炭行业科技创新将进入常规技术装备产能优化期、智能绿色需求集中爆发期、前沿领域探索期、煤炭科技力量凝聚期“四期并存”格局的基础上，围绕智能化、绿色化融合发展的新方向，本章提出了煤炭行业打造智能绿色矿山科技创新新生态的发展目标，以及打造智能绿色矿山系统软件、加快前沿引领领域原始创新、制定智能绿色矿山标准、探索生产服务新型模式、搭建智能绿色矿山公共平台五大实施路径，见图 8–1。

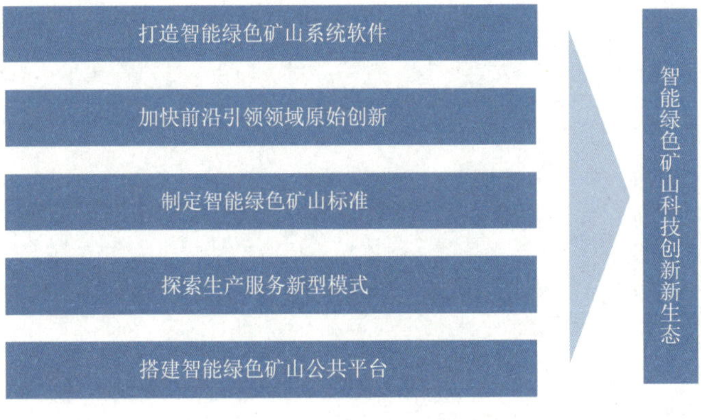

图8-1　智能绿色矿山科技创新战略实施路径

8.1 形势研判

8.1.1 常规技术装备产能优化期

我国现有煤机企业 5000 多家，均以常规技术装备为主要产品，导致了严重的市场同质化竞争，随着煤炭产业结构的持续优化，煤矿数量正在大量减少，造成了煤炭装备市场的过度竞争和萎缩。伴随新建煤矿减少和煤机耐用性的提升，煤机装备需求大幅下降，需要化解常规煤机过剩产能，见图 8-2。

我国是煤炭装备使用大国，也是煤炭装备制造大国。2020 年，全年累计生产采煤机 621 台、掘进机 1213 台、刮板输送机 1609 台、液压支架 66908 架。我国已经成为世界上规模最大的采煤机、液压支架、刮板输送机的生产国和使用国。自新中国成立初期到 2020 年底，我国累计生产采煤机 1.94 万台，掘进机 2.1 万台，液压支架 97.3 万架，刮板输送机 19.05 万台。我国大型煤炭企业采煤机械化程度达到 98.9%，推动我国煤炭工业的快速发展。

从需求端来看，我国煤炭产能进入峰值期，《全国安全生产专项整治三年行动计划》提出，到 2022 年煤矿数量减少至 4000 处左右。新建煤矿减少，煤机装备新增需求明显下降。同时，材料性能优化等带动煤机耐用性提升，维修和更换周期拉长，进一步减少存量需求。

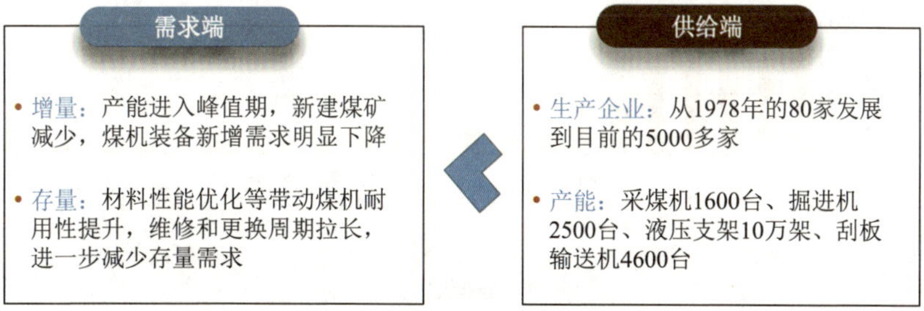

图8-2　我国煤机供需关系变化

8.1.2 智能绿色需求集中爆发期

国家部委和山西、山东、河南、陕西等重点产煤地区均明确提出智能绿色化发展目标，激发智能煤机、生态修复等产品及服务需求快速增长。

国家发展改革委等八部委于2020年2月25日发布《关于加快煤矿智能化发展的指导意见》。河南省发布了《河南省煤矿智能化建设实施方案》，明确了矿井智能化改造、全面实现机械化生产的具体时间节点。山西省发布了《关于山西省智能煤矿和智能综采工作面建设试点的通知》，要求各试点企业尽早建成智能煤矿和智能综采工作面。安徽省发展改革委、能源局等九家单位联合印发《关于加快煤矿智能化发展的实施意见》，推动智能化技术与煤炭产业融合发展。煤矿智能化建设进入有政府参与顶层设计的新阶段，形成了国家和地方多层面整体推进的新格局，将提前集中激发智能煤机、先进控制等产品及服务需求。在绿色矿山方面，相关部门印发了《关于加快建设绿色矿山的实施意见》《煤炭行业绿色矿山建设规范》等行业标准，内蒙古、河南、陕西、广西、江西等省份陆续出台省级绿色矿山建设规范和方案，推进绿色矿山建设逐步走向规范化。国家先后分多个批次开展绿色矿山试点建设，建成一批全国绿色矿山。目前绿色矿山分布见图8-3。

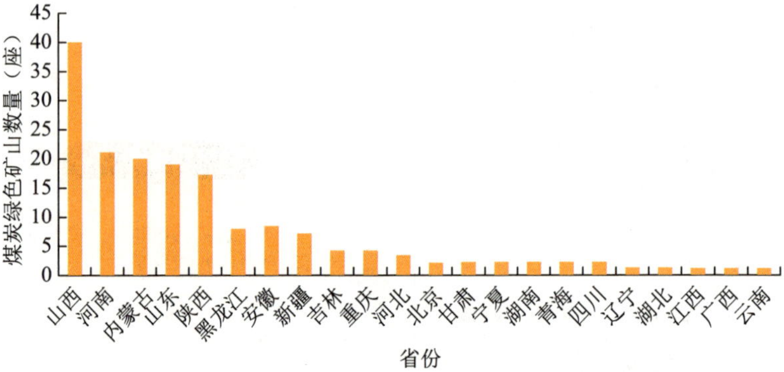

图8-3 绿色矿山分布图

8.1.3 前沿领域探索期

结合社会经济和现代高新技术发展趋势，井下原位流态化开采、废弃矿井再利用等将是新发展方向，相关技术探索正在逐步展开，有望引领煤炭行业未来发展。

（1）煤炭资源流态化开发。深部条件极度复杂，必须颠覆固态搬运的传统方式，探索井下无人智能化采选充及热电气转化的流态化开采新方式，开辟新的采矿工业模式，实现“地上无煤、井下无人”的煤炭智能化清洁生产模式。目前，在煤炭资源流态化开采方面已构建了深部原位流态化开采的颠覆性理论体系，建立了深部煤炭资源智能化、无人化、流态化开采的关键技术体系，开展了深部原态化开采的地质保障、精准探测与导航、智能化洗选等技术研究。

（2）废弃矿井再利用。据统计，已关闭矿井中仍赋存煤炭资源量约420亿吨、非常规天然气近5000亿立方米，且地下空间、矿井水、地热与旅游开发等资源也非常丰富。据有关研究成果预测，到2030年，我国废弃矿井数量将达到1.5万处，地下空间约为90亿立方米。围绕废弃矿井再利用，已开展了基于安全智能精准控制的地下空间储物环境保障机理、构建废弃矿井可再生能源开发与微电网输能模式、构建基于生态修复与环境支持的废弃矿井旅游开发模式等相关研究。见图8-4。

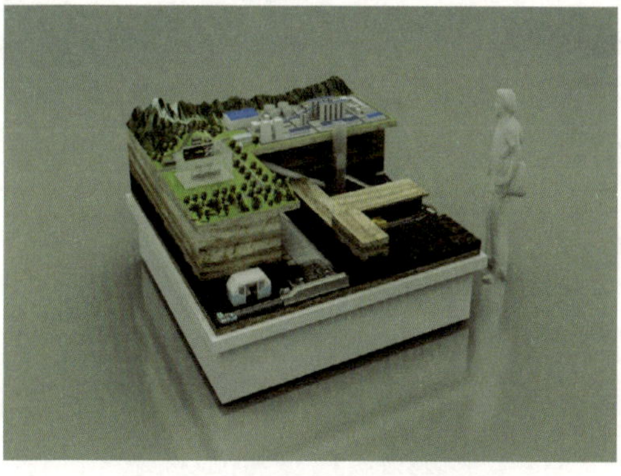

图8-4 废弃矿井再利用示意图

8.1.4 煤炭科技力量凝聚期

煤矿是一个复杂的巨系统，智慧矿山建设不是通过一家单位就能完成的，煤矿智能化涉及地质保障、煤炭开采、巷道掘进、主辅运输、生产经营等整个流程，单一研发机构难以独立实现智能绿色化煤矿系统的全部功能，煤矿本身也不具备深度集成能力；单一模块改造的瓶颈和弊端逐步显现，要求形成产学研用深度联盟，凝聚煤炭生产全过程科技力量，分工协作，整体推进，实现各环节智能化，共同加快智慧矿山建设。建设煤矿智能化工作面的协同控制系统见图 8-5。

智能化煤矿必须实现开拓、采掘（剥）、运输、通风、洗选、安全保障、经营管理等全过程的智能化运行，各个环节缺一不可。智能化煤矿要重点建设煤矿智慧中心及综合管理等十大智能系统，煤矿十大主要智能系统分别由若干个相关煤矿智能化子系统组成，数以百计的煤矿智能化子系统协同运行，构建起煤矿智能化巨系统。“煤炭智能化技术创新联盟”“5G智慧矿山联盟”的成立更是聚集了煤炭企业、高等院校、科研机构等多方力量。面向未来，煤炭科技的发展必须联合各方力量构建合作平台，凝聚煤炭生产全过程科技力量，共同加快智慧矿山建设，推动 5G、人工智能、工业互联网、大数据、云计算等前沿技术深度融合到智慧矿山建设中。

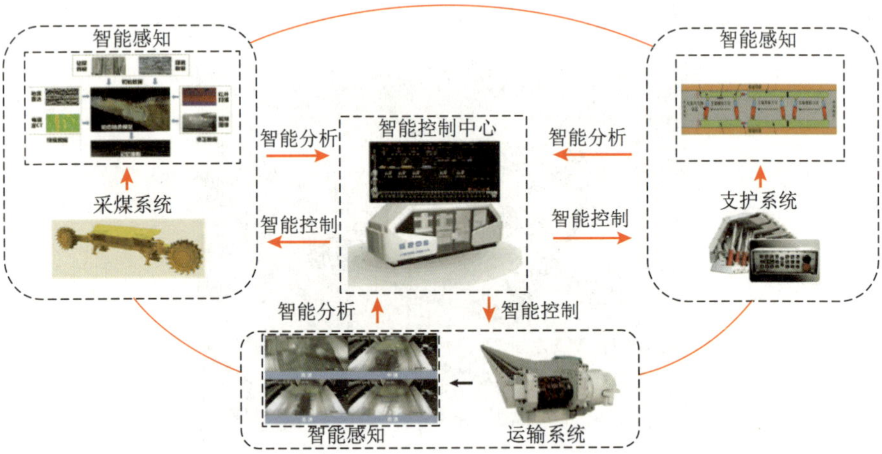

图8-5 建设智能化工作面协同控制系统示意图

8.2 努力目标

适应智能化绿色化融合发展、构建数字经济生态圈等新形势新要求，集合煤炭行业科技资源、人才资源、资金投入等，打造智能绿色矿山科技创新新生态（见图 8-6），引领矿山科技发展，推动行业技术进步，共创绿色未来。

智能绿色：把握生产要素变动趋势，化解过剩的常规技术装备研发和制造能力，整合优势资源，坚定布局智能绿色新方向，实现“智能 + 绿色”全过程一体化。

矿山：在做强做优煤矿、煤矿山的基础上，充分借鉴煤炭领域技术创新成果，向非煤矿山逐步拓展，推动科技创新成果价值最大化。

科技：面向未来 20 ~ 30 年科技制高点，逐步加大深部开采、煤与可再生能源耦合开发利用等领域的基础原理、理论、方法等原始创新，引领矿山科技发展方向。

创新：以市场为导向，开展应用创新、集成创新、模式创新，专业化与普适性相结合推动产品和服务标准化、系列化，构建智能绿色矿山构架体系和软件系统。

新生态：以系统软件和标准的绝对优势，吸引和倒逼上下游企业形成“研发—生产—服务”自主联盟，打造矿业的新生态。

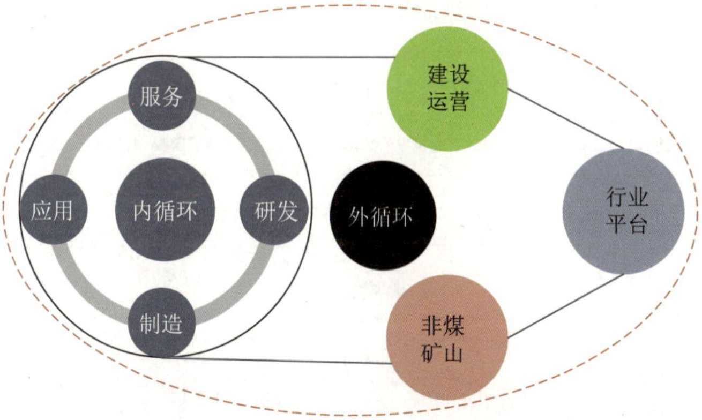

图8-6 煤炭科技创新生态圈示意图

8.3 实施路径

8.3.1 打造智能绿色矿山系统软件

紧紧把握软件“卡脖子”的新形势，依托已有监控监测软件和研发基础，打造智能绿色矿山系统软件并持续更新，吸引和倒逼相关技术装备深度集成，扩大集成的绝对优势。

为应对手持和穿戴设备软件“卡脖子”问题，华为研发了“面向未来”的操作系统——鸿蒙系统，这是一款基于微内核的面向全场景的分布式操作系统，实现模块化解耦，应对不同设备可弹性部署，形成生态链的闭合联系、多端部署，实现跨终端生态共享。2021 年 9 月，华为推出鸿蒙矿山操作系统，实现鸿蒙系统首次在工业领域落地。

智能绿色矿山系统软件应具备鸿蒙系统的类似功能，可针对不同使用场景构建自主感知—自动分析—协同运行的智能绿色生产管理系统。系统依托矿山地面控制中心的信息化平台，辅助地理信息系统及三维展示，进一步开发用于矿井生产、智慧生活、矿区生态的智慧矿山基础操作系统、生产系统、安全监控系统、智能保障系统、智能决策分析系统、智能经营管理系统、智慧矿山综合门户、智能移动 App 等支持服务，实现矿山的数据集成、能力集成和应用集成，见图 8-7。

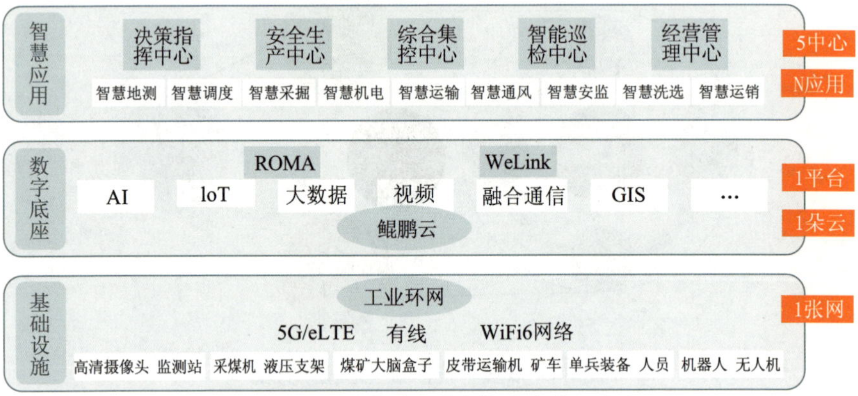

图8-7 华为智能矿山联合解决方案示意图

8.3.2 加快前沿引领领域原始创新

瞄准世界科技前沿，围绕深地资源流态化开采、地下空间开发利用等面向未来的方向，开展前瞻性基础研究、引领性原创成果研发，牢牢把握住科技的先发优势。

采取全新视角看待和讨论正在塑造世界的新兴技术，瞄准世界科技前沿，通过煤矿智能化技术创新联盟聚合煤矿、设计院、研究院、高校、装备供应商等形成产业联盟，开展前瞻性基础研究、引领性原创成果研发，围绕深地资源流态化开采、地下空间开发利用等面向未来的方向，在地质和地下空间承载力基础理论、极复杂条件下通信—定位—导航理论（见图 8-8）、井下高精度超前智能探测机理、深部原位岩体力学理论、深部致密岩层三维“体破裂”理论等方面超前部署研究，开展井下原位流态化开采、废弃矿井利用、矿井设计建设与地下空间一体化利用颠覆性技术创新，牢牢把握住科技的先发优势，逐步实现煤矿由传统自动化向智能化的稳步迈进。

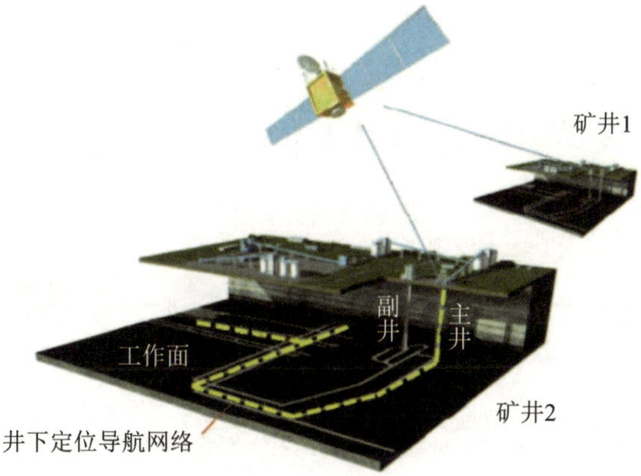

图8-8 地下开采导航模型示意图

8.3.3 制定智能绿色矿山标准

在已有绿色矿山评价、煤矿智能化分级分类等结果标准基础上，充分发挥行业标准化技术委员会的优势，牵头制修订智能绿色矿山标准，将科技先发优势转化为市场竞争优势。

总体规划、标准先行。智能绿色矿山标准的发展对矿山建设至关重要。当前，智慧矿山已逐步进入研究建设阶段，但煤矿智能化标准建设仍处于初级阶段，缺乏顶层设计，造成交叉规定、规范不明确及重复建设等问题，应在统筹规划、需求牵引、立足实际、开放合作的原则下，在已有绿色矿山评价、煤矿智能化分级分类等结果标准基础上，牵头组织行业内具备相关能力的单位制修订智能绿色矿山标准。智能绿色矿山标准主要包括总体类标准、设计规划类标准、基础设施与平台类标准、系统类标准、智能装备与传感器类标准、评价及管理类标准、安全与保障类标准等，见图 8-9。从关键标准入手，逐步完善标准体系，既要具备前瞻性、科学性，还要符合实际、能解决实际问题。

开展试点示范，加强标准宣贯。通过智慧矿山示范试点项目体现标准化的价值，检验标准的完备性，提高标准体系的接受程度。发挥、推广标准化优势，扩大影响力，将科技先发优势转化为市场竞争优势，为产业发展保驾护航。

图8-9　智能绿色矿山标准示意图

8.3.4 探索生产服务新型模式

开展专业化科技服务新模式试点示范，探索由提供煤机产品向提供生产性服务、整体解决方案、建设运营总承包转变，将创新效益外溢转化为内部增值。

煤炭生产由社会型向专业服务转变，将推动煤矿科技服务外包，煤矿不再直接购买技术装备，而是购买技术装备服务，技术装备服务将成长为新的增长点。开展专业化科技服务新模式试点示范，探索建立符合新业态要求的新型商业模式，引领国内外技术装备服务发展。

从主要提供煤机产品向提供产品与服务转变、向提供整体解决方案转变、向提供系统集成总承包转变，见图 8–10。一是向“产品 + 服务”的商业模式方向突破，构建煤机装备服务系统，开展煤机设备远程运行监测、健康诊断、预知维护等全生命周期服务，提升煤机装备智能化服务水平。二是创新安全工程全过程服务模式，积极向安全工程市场延伸，从技术服务及装备供应商向“技术 + 装备 + 工程”一体化解决方案供应商转变，将创新效益外溢转化为内部增值。

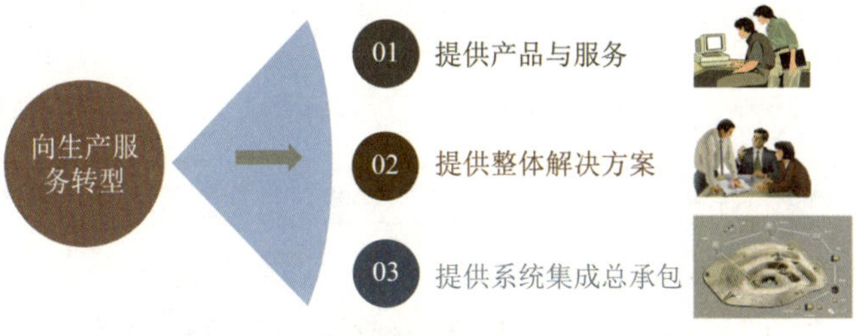

图8-10 探索生产服务新型模式示意图

8.3.5 搭建智能绿色矿山公共平台

适应数字化、平台化发展趋势，按照煤炭行业治理体系和治理能力现代化的要求，构建和运营智能绿色矿山公共平台，为煤炭企业、政府部门、普通公众等提供免费增值服务。

集成应用时空一张图、工业物联网、云计算、大数据、人工智能、移动互联、虚拟化、网络通信等技术，开发智能绿色矿山公共平台，为煤炭企业提供免费的基础服务＋收费的增值服务，具备监测监控、运营指导、信息上报等功能；针对政府部门，践行公益类科技型央企定位，提供免费服务、行业指导和信息统计等功能；对普通公众则是以宣传、引导为主，提供免费的基础服务。

公共平台对所有数据的精准实时采集、高可靠网络化传输、规范化集成融合、可视化展现和实时动态分析，实现生产过程自动化、安全监控数字化、数据应用模型化、生产管理可视化、过程管控智能化，并对人—机—环的隐患、故障和危险源提前预知、预防和应急联动处置，使整个矿山具有自学习、分析和决策能力，为矿山企业提供万物互联、平台融合、智慧驱动的一体化解决方案，见图 8-11。

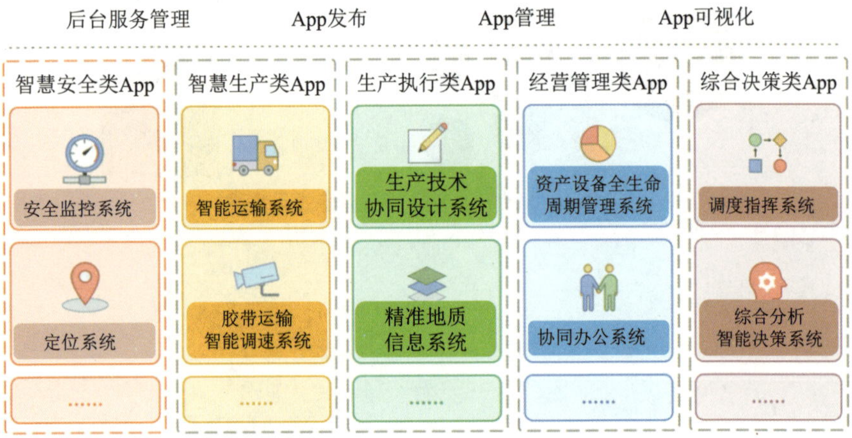

图8-11　智能绿色矿山公共平台示意图

9

煤炭行业碳中和应对策略

——构建煤炭行业特色碳中和技术体系

煤炭开发利用过程碳排放是我国碳排放的主要来源，约占全国碳排放总量的 70% ~ 80%，是我国碳减排的关键所在。“双碳”目标下，煤炭开发过程的低碳清洁化是必然要求。据测算，2020 年煤炭开发过程碳排放占煤炭开发利用碳排放比重仅为 8% 左右，但仍有超过 5 亿吨二氧化碳当量。

随着煤矿智能化绿色化开采模式逐步应用，井下运输系统和煤炭洗选系统的智能化改造、节能提效等在一定程度上减少了碳排放，但难以实现大规模碳减排，亟须充分发挥煤炭行业科技优势，推进技术创新、模式创新，探索低碳型煤炭开发颠覆性工艺技术，采用风光电替代煤炭开采端生产用能，推动煤矿区煤与新能源耦合利用，提早布局碳利用、碳固化、碳封存，构建煤炭行业碳中和特色技术体系，建设零碳 / 负碳煤矿区，支撑碳中和目标实现，见图 9–1。

图9-1　煤矿区碳中和特色技术体系构架示意图

9.1 形势研判

9.1.1 煤炭开发碳排放占比相对较低

在构建煤炭开发利用碳排放清单的基础上，对我国煤炭开发过程碳排放量进行估算，分析煤炭开发过程不同环节的碳排放特征，为研究煤炭开发过程碳中和技术途径提供基础。

煤炭开发过程生产用能碳排放主要包括煤炭、电力及油气消费碳排放。煤炭利用环节碳排放主要包括电力用煤、钢铁用煤、化工用煤及散煤利用的碳排放。对2020年煤炭开发利用过程碳排放测算，结果显示（见图9-2），2020年煤炭开发过程碳排放约5.9亿吨，占比8.0%，而煤炭利用过程碳排放约68.6亿吨，占比92.0%。其中电力用煤碳排放37.8亿吨，占比50.7%；钢铁用煤碳排放11.6亿吨，占比15.6%；建材用煤碳排放8.8亿吨，占比11.8%；化工用煤碳排放5.3亿吨，占比7.0%；散煤利用碳排放5.1亿吨，占比6.9%。虽然煤炭开发在煤炭开发利用全过程碳排放中占比相对低，但仍相当于我国温室气体排放量的4%～5%。

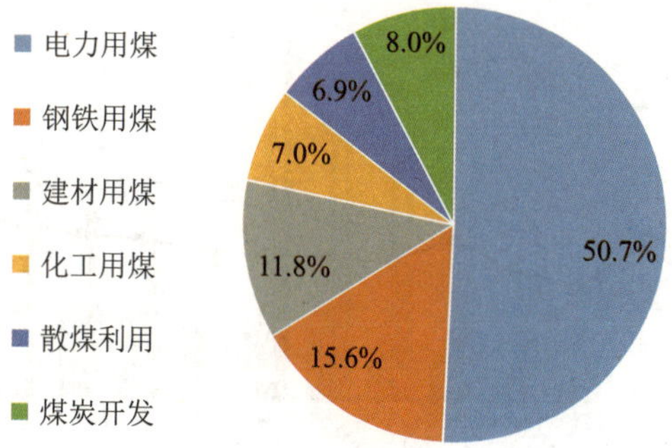

图9-2 煤炭开发利用碳排放构成

9.1.2 煤炭开发瓦斯抽采利用备受关注

近年来，我国加大了对地面煤层气和井下煤层气（煤矿瓦斯）的抽采利用力度，煤层气开发规模和利用率总体保持上升趋势，相比地面煤层气，煤矿瓦斯抽采利用率较低。

我国煤层气抽采总量由 2005 年的 23.3 亿立方米快速增加到 2020 年的 205 亿立方米，对应的利用量由 2005 年的 7.4 亿立方米快速增加到 2020 年的 128.8 亿立方米，利用率则由 2005 年的 31.6% 增加到 2020 年的 62.6%，见图 9–3。

井下瓦斯抽采量呈现先快速增加而后趋于稳定的趋势，由 2005 年的 23.0 亿立方米快速增加到 2015 年的 136.0 亿立方米，而后趋于稳定，2020 年抽采量为 128.0 亿立方米，而对应的利用量由 2005 年的 7.4 亿立方米快速增加到 2020 年的 57.3 亿立方米。井下瓦斯利用率在 2006—2011 年处于波动状态，自 2012 年开始平稳快速增加，由 2012 年的 33.1% 增加到 2020 年的 44.8%。仍有大量瓦斯排放到空气中，因其温室效应是二氧化碳的 20 倍以上，所以备受行业内外关注。

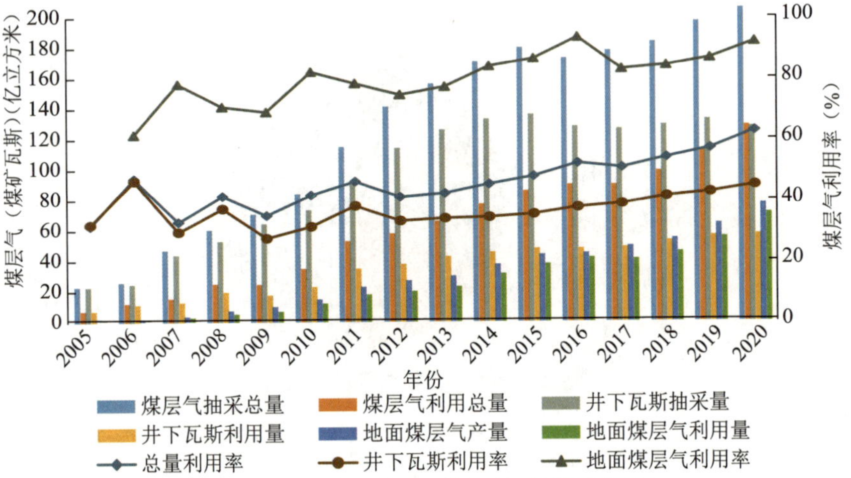

图9-3 煤层气（煤矿瓦斯）抽采量及利用率

9.1.3 煤炭开发生产用能碳排放结构持续优化

依据《中国煤炭生产企业温室气体排放核算方法与报告指南（试行）》，煤矿生产用能主要包括煤炭、电力及油气消耗。煤矿生产用能规模与煤炭生产规模有直接关系。

我国煤炭开发过程生产用能碳排放由2010年的2.64亿吨，先增加到2011年的2.79亿吨，随后逐渐降低到2016年的2.25亿吨，而后逐渐增加到2020年的2.57亿吨，见图9-4。煤炭消耗碳排放由2010年的1.80亿吨，先快速降低到2016年的1.32亿吨，年均降低4.9%，而后缓慢增加到2020年的1.40亿吨，年均增加1.5%。煤炭消耗碳排放占生产用能碳排放的比例由2010年68.2%降低到2020年的54.7%，年均降低1.4个百分点。而电力消耗碳排放由2010年的0.63亿吨，增加到2020年的0.98亿吨，年均增速4.8%，使得电力消耗碳排放占生产用能碳排放的比例由2010年的23.8%增加到2020年的38.1%，年均增加1.4个百分点。油气消耗碳排放由2010年的8.0%增加到2015年的9.1%，随后波动下降到2020年的7.3%。生产用能电力占比提高，煤炭开发生产用能碳排放结构持续优化。

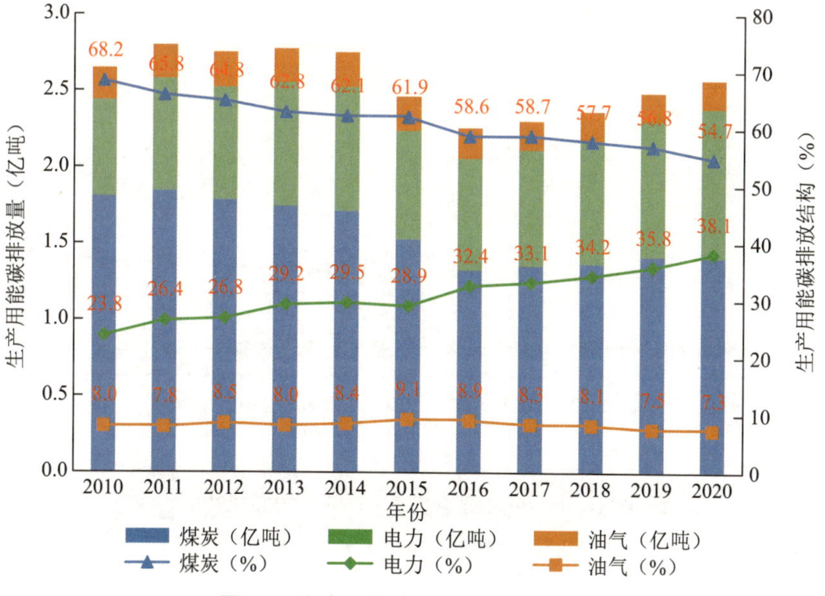

图9-4 生产用能碳排放量及排放结构

9.1.4 煤炭开发碳排放强度逐年下降

随着煤炭开发瓦斯抽采利用率提高、生产用能结构持续优化及生产效率提高，煤炭开发碳排放强度逐年下降，近 10 年下降了 1/3 左右，见图 9–5。

近年来，我国煤炭开发过程碳排放强度呈现逐年降低的趋势，先由 2010 年的 226.7kgCO_2/t，快速降低到 2016 年的 169.6kgCO_2/t，年均降速 4.7%，此后缓慢降低到 2020 年的 151.1kgCO_2/t，年均降速 2.9%。煤矿瓦斯（碳排放）强度呈现逐渐降低的趋势，由 2010 年的 123.7kgCO_2/t，逐渐降低到 2020 年的 67.6kgCO_2/t，年均降速为 5.8%。生产用能碳排放强度由 2010 年 81.5kgCO_2/t，先快速降低到 2015 年的 66.5kgCO_2/t，年均降速 4.0%，而后缓慢降低到 2020 年的 65.4kgCO_2/t，年均降速 0.3%。矿后活动碳排放强度呈现逐渐降低的趋势，由 2010 年的 21.5kgCO_2/t，逐渐降低到 2020 年的 18.0kgCO_2/t，年均降速为 1.7%。

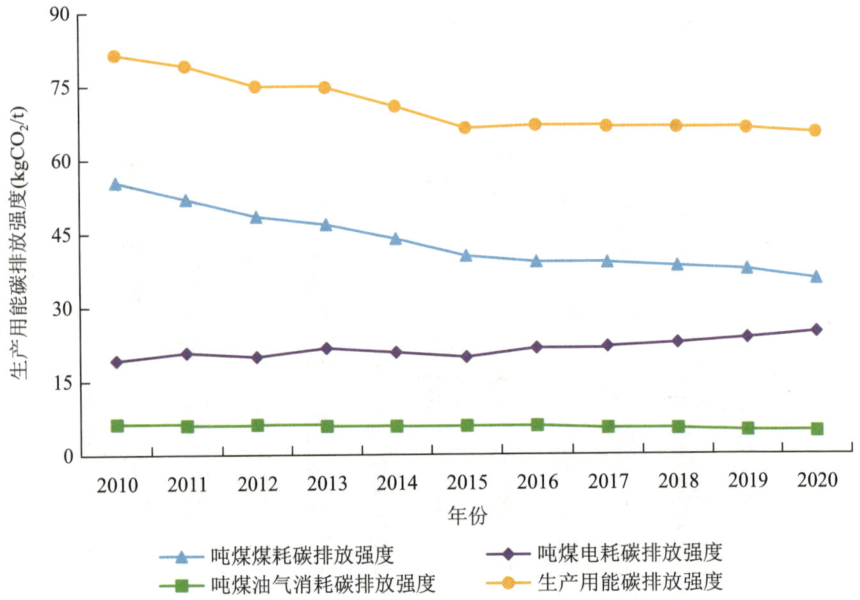

图9-5 煤炭开发碳排放强度变化趋势

9.2 努力目标

基于我国的国情和能源发展情况，煤炭开发利用仍将长期存在，即使到2060年实现碳中和，仍然需要煤炭发挥兜底保障作用。传统的煤炭开发利用方式，不可避免地会产生碳排放，若要实现用煤而不排放碳，只有依靠科技创新。

凝聚行业内外优势科技力量，面向未来，开展重大基础理论、前沿引领技术、关键核心技术、重大颠覆性技术研究，突破以煤为基础的清洁能源生产与利用技术、以煤为基础的高端材料制造技术、以矿山为基础的煤系资源开发和国土空间利用的协同开发利用技术、以碳“零排放”为基础的CCS/CCUS技术和煤基多能互补能源系统技术，构建煤炭行业特色碳中和技术体系，见图9–6。通过技术创新，充分发挥煤矿区丰富的土地、风、光等资源优势，推进煤炭与新能源耦合发展，实现少碳或低碳排放；充分发挥煤矿区碳汇优势，实现零碳或负碳排放；充分发挥煤矿地下空间优势，推进碳固化、碳封存，实现煤矿区碳动态平衡；建成零碳/负碳清洁能源基地，支撑碳中和目标实现。

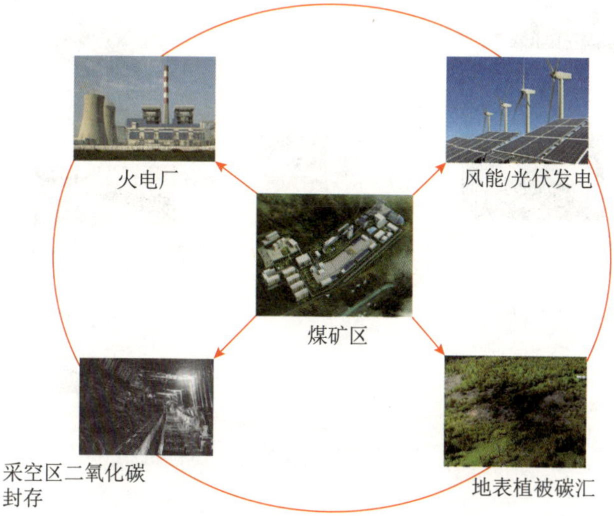

图9-6 零碳/负碳清洁能源煤矿区示意图

9.3 技术路径

9.3.1 大力推广应用煤炭开发节能提效技术

煤炭开发过程机械设备运行等消耗的煤、油、气及电力、热力等是煤炭开发过程碳排放主要来源。因此，大力推广应用节能提效技术，提高煤炭开发过程中能源利用效率，减少能源用量，是降低碳排放的优先途径。

推广基于节能降碳的煤炭开采优化设计技术，在确保安全的条件下，严格按生产规模优化配置装备和能力，减少“大马拉小车”的能力浪费和能源消耗；研发应用智能变频永磁驱动等技术，提高掘进机、采煤机等大型矿用设备能源利用效率，减少能源用量；加快研发应用煤矿智能化和矿山物联网技术，攻克自适应割煤、煤岩识别、超前支护自动化、智能放煤、装备智能定位及路径规划等技术难题，减少不必要的功率损失和能源消耗（见图 9–7）；全面应用余热、余压、节水、节材等综合利用技术，以能源和材料再利用间接减少能源消耗等。

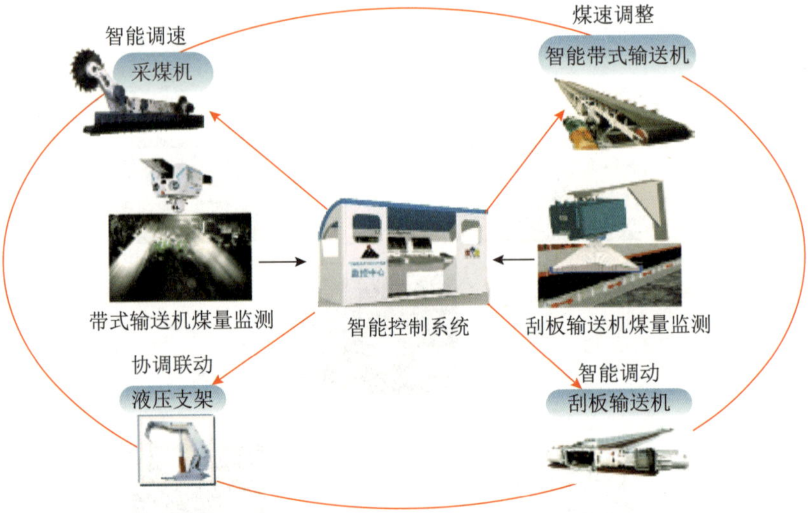

图9-7 基于煤流识别的协调运行机制

9.3.2 持续攻关煤层气抽采利用技术

近年来，虽然煤层气（煤矿瓦斯）抽采利用率不断提高，但抽采煤层气直接排空的比例依然在50%左右，因此，持续加强煤层气抽采利用技术的研发和应用，进一步提高煤层气抽采率和利用率，是降低煤炭开发过程碳排放量的必由之路。

在国家科技重大专项“大型油气田及煤层气”支持的系列技术攻关引领下，集聚优势科技资源，加强协同，持续攻关低渗煤层抽采关键工艺技术，提高低渗煤层的煤层气渗出效率，解决煤炭生产过程中抽掘采在时间和空间上的匹配问题，推进煤矿区煤层气应抽尽抽；突破低浓度煤层气提纯和利用关键工艺技术，提高甲烷利用率和利用量，推进煤矿区煤层气应用尽用，实现甲烷零排放；攻克废弃（关闭）矿井煤层气资源评价和抽采技术，推进关闭矿井甲烷高效抽采利用，减少甲烷通过煤矿巷道和地层裂缝向大气中逸散；加强大气级、场地级和设备级甲烷排放监测、统计、校验、模拟等基础技术研究，为煤矿甲烷排放监督和管理提供基础手段。煤层气抽采管网布置见图9-8。

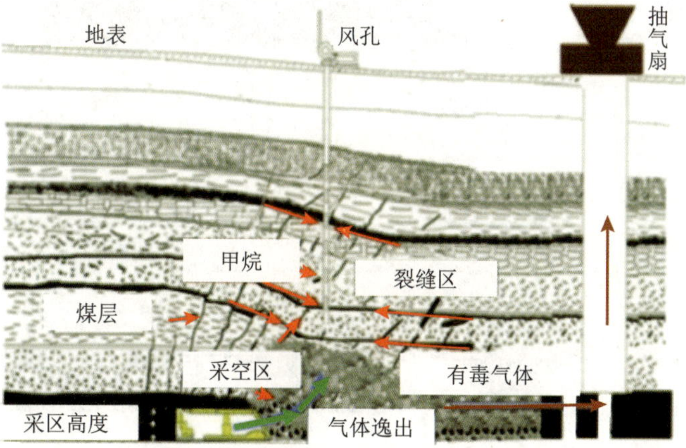

图9-8 煤层气抽采管网布置示意图

9.3.3 加快探索煤炭开发颠覆性工艺技术

当前的煤炭开采工艺和方法，从原理上不可避免地会消耗能源和引起甲烷排空，必须加大探索颠覆性开采方法和技术，从原理上减少煤炭开采过程中的能源消耗和煤层气排空，支撑煤炭开采节能降耗和低碳化。

加快探索煤炭深部原位流态化开采理论和技术，攻克煤炭资源流态化开采工艺、煤炭资源原位物理流态化工艺和技术、煤炭资源原位气化工艺和技术、煤炭资源原位液化工艺和技术等，推进煤炭资源以液体、气体及电能的方式从地下输出，实现煤炭资源的清洁低碳高效开发利用；突破煤与煤层气物理流态化同采方法和技术，通过井巷工程共用、复用，降低单一煤炭或煤层气开采的能源消耗，推进低碳、低生态损害的煤与煤层气协同开采，见图 9-9。

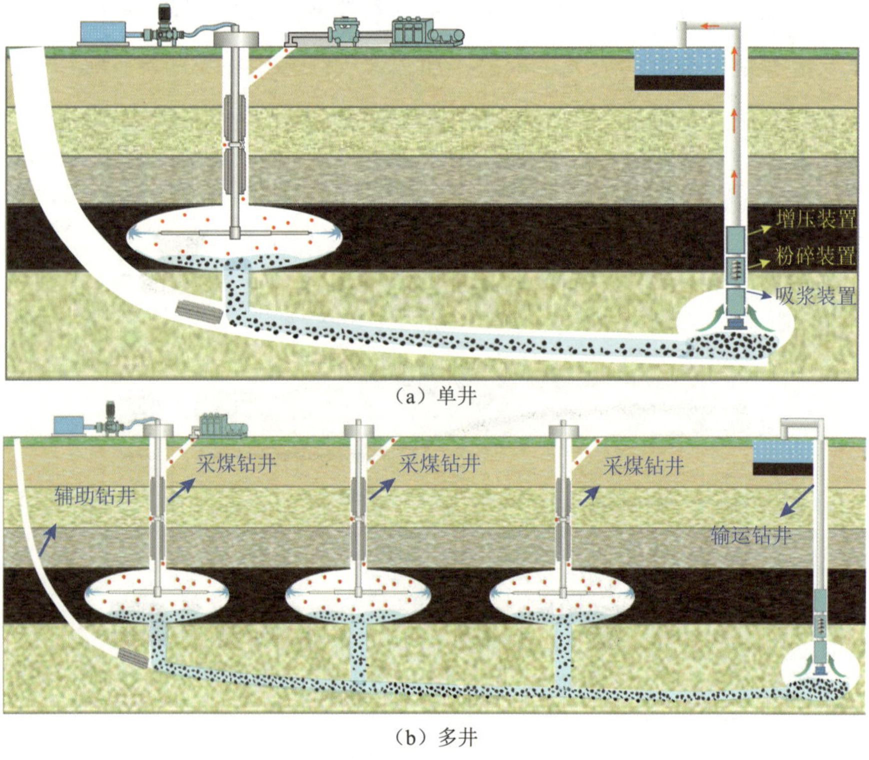

图9-9 煤与煤层气物理流态化同采模式示意图

9.3.4 有序研发和示范煤矿区煤炭与新能源耦合利用技术

煤矿区除煤炭资源外，还有大量的土地、风、光等资源，具有发展可再生能源的先天优势，推进煤矿区煤与新能源耦合利用，是降低单位产品碳排放强度的重要途径。

研发和示范煤矿地下水库电力调峰技术、煤矿区煤与太阳能光热耦合发电技术、煤矿区煤与风能耦合发电技术、煤矿区煤与地热能耦合发电/供热技术、煤矿区风能/太阳能制氢与煤清洁转化耦合技术等，见图 9-10，支撑新能源发展，同时减少单一以煤为原料生产产品的能源单耗和碳排放。与此同时，进一步推进煤炭开发过程使用煤与新能源耦合发电的电力、氢能，减少燃煤、燃油，降低碳排放。

图9-10 煤矿区清洁能源基地示意图

9.3.5 加快推进煤矿区碳处置与封存技术攻关

煤炭利用过程产生的二氧化碳量大，难以实现全部利用，基于煤矿区的地下空间优势，应提早布局探索煤矿区碳处置与封存技术，为无法利用的二氧化碳提供最终的处置方案。

探索煤矿深部原位二氧化碳与甲烷制氢新原理和技术，将二氧化碳与甲烷转化为无碳的氢能；攻克二氧化碳矿化发电新理论与技术，在煤矿区实现二氧化碳能源化再利用和固碳；突破高效二氧化碳电化学捕集新原理新技术，实现煤矿区煤炭利用低成本高效碳捕集；攻克规模化二氧化碳电化学捕集系统及核心关键装备，推进二氧化碳电化学捕集工业化示范；加大研发零碳排放的直接煤燃料电池发电技术系统（见图9-11），变革煤炭发电方式；研究采空区二氧化碳封存原理与控制技术、煤炭开采与采空区二氧化碳充填协同方法，推进在适宜的煤矿区进行大规模二氧化碳封存。

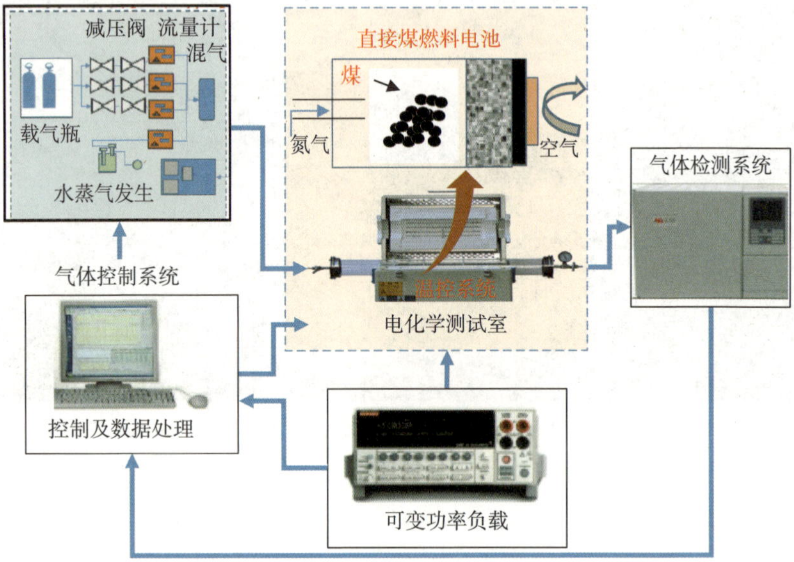

图9-11 零碳排放的直接煤燃料电池发电技术系统

10

专栏

专栏一　再论我国煤炭的作用和地位

摘要： 对煤炭作用和地位认识不到位引发的能源供给问题，给经济发展和人民生活水平提高带来了严峻的风险。面对我国能源供给稳定性和可靠性要求进一步提高的新形势新要求，本文试图阐明经济发展与煤炭消费的关系、煤炭开发利用与生态环境保护（碳达峰碳中和）的关系、煤炭与可再生能源发展的关系，对未来我国煤炭的作用和地位再认识、再思考、再研判，为相关研究和政策制定提供参考。分析认为，虽然当前经济社会发展对煤炭的依赖有所减弱，但依然离不开煤炭的支撑，需要的是科学产能的煤炭和清洁低碳利用的煤炭；煤炭是可以安全绿色开发和清洁低碳利用的，煤炭生产消费与生态文明建设不是绝对的水和火的关系；煤炭与可再生能源具有天然的互补性，在化石能源向非化石能源过渡的能源转型漫长进程中，二者是相互支撑关系。随着产量和消费量进入平台期，我国煤炭行业正在推进颠覆性的自我革命，提升发展质量，逐步破解生态环境强约束，煤炭的基础能源作用将逐步增强，煤炭仍将是我国新时代构建清洁低碳、安全高效能源体系的稳定器和压舱石，是实现伟大复兴中国梦的可靠能源保障。

2021 年下半年以来，针对电力供应紧张情况，党中央、国务院多次强调保障煤炭稳定供应，国家发展改革委、国家能源局专门发文做好煤炭增产保供，再次充分展示了煤炭在我国能源体系中的重要性。然而，2016年以来，伴随国家化解煤炭过剩产能的要求，一些地方和一些行业片面过度强调煤炭开发利用对生态环境的影响，推行“一刀切”的“去煤化”政策，以致煤炭开发利用的技术经济性、市场空间和存续年限被低估。与此同时，大力度的补贴一定程度上掩盖了可再生能源开发利用的波动性和真实成本，我国可再生能源快速发展，以致可再生能源替代煤炭等传统化石能源的作用被夸大。对煤炭作用和地位认识不到位引发的能源供给问题，给经济发展和人民生活水平提高带来了严峻的风险。2016年以来，我国煤炭“去产能”与“保供应”并存，还出现了短期内煤炭供应恐慌和6个月内煤炭价格上涨接近100%的现象。

“十四五”时期是我国“两个一百年”奋斗目标的历史交汇期，也是全面开启社会主义现代化强国建设新征程的重要机遇期，是经济迈向高质量发展的第一个完整五年，面临的国际和国内形势复杂严峻，对能源供应稳定性和可靠性的要求更高。本文试图阐明经济发展与煤炭消费的关系、煤炭开发利用与生态环境保护的关系、煤炭与可再生能源发展的关系，对未来我国煤炭的作用和地位再认识、再思考、再研判，为制定能源尤其是煤炭战略规划提供参考，促进煤炭更好地为我国实现“两个一百年”奋斗目标和中华民族伟大复兴的中国梦提供安全可靠的能源保障。

1. 经济社会发展仍将带动强烈的煤炭需求

自新中国成立以来，煤炭肩负主体能源的使命和担当，以越来越多的产量支撑了我国经济社会快速发展。进入新时代，虽然经济社会发展对能源的依赖有所减弱，但仍将带动强烈的能源需求。复杂多变的国际形势，要求我国能源供应必须自主可控。煤炭是我国储量最丰富、开发利用最经济的化石能源。未来经济社会发展仍然需要依靠煤炭，只是需要的是科学产能的煤炭和清洁利用的煤炭。

1.1 社会主义现代化建设仍需能源支撑

改革开放以来，伴随我国经济持续快速增长，我国能源消费快速增加。我国国内生产总值（GDP）由1978年的3678.7亿元增加到2020年的1015986亿元，增长276.2倍；能源消费由1978年的5.7亿tce增加到2020年的49.8亿tce，增长8.7倍。除了1978年、1981年以及2003—2005年等异常年份外，我国能源消费弹性系数一直维持在0.5左右，充分显示了我国经济增长与能源消费唇齿相依的关系。主要发达国家的历史经验也表明，在完成工业化前，其能源消费弹性系数均维持在较高水平。

2020年我国GDP首超100万亿元，人均GDP连续两年超过1万美元。然而，我国有经济比较发达的东南沿海地区，也有经济欠发达的中西部地区，总体上仍处于社会主义初级阶段，尚在工业化进程中，人民生活水平还有待提升。当前我国经济增速虽有放缓，但是仍在快速发展，经济发展和人民生活水平提高仍将带动强烈的能源需求。我国能源消费虽然达到历史高位，但仍然处于能源需求最旺盛的阶段，能源需求没有达到峰值，也没有出现需求下降的趋势，仍将持续增长。只是随着进入工业化后期和后工业化时期，能源需求的重心将由以第二产业为主的生产用能逐步转向以第三产业为主的生活用能。

1.2 能源安全稳定供应仍将依靠煤炭

随着国内能源需求快速增长，我国能源进口快速增加。1993年成为石油净进口国以来，我国石油对外依存度逐年攀升。2020年进口石油超过5亿吨，石油对外依存度超过73%。自2015年以来，我国天然气进口年均增幅超过100亿立方米，2020年天然气进口量超过1416.7亿立方米，天然气对外依存度快速上升到43%以上。2009年我国成为煤炭净进口国，近年进口量维持在2亿~3亿吨，2020年进口量再次超过3亿吨。随着能源进口量增加，我国能源消费自给率从2010年的86.4%下降到2020年的83.0%，能源消费对外依存度从2010年的13.6%增长到2020年的17.0%，而且还有持续增长的趋势。

能源过度依赖国外，将产生极大的能源安全风险。国际市场的风吹草动都可能影响我国的能源安全供应。一旦国际市场价格大幅上涨，我国将付出难以承受的成本，势必影响我国的经济安全。即使作为世界头号军事强国的美国也将能源自主供应作为重要战略，2019年9月实现了当月石油净出口，2020年实现全年石油净出口。在中美贸易争端跌宕起伏的复杂国际形势下，自主供应是我国能源发展的基本要求。如果我国的能源安全得不到保证，必将成为我国经济社会发展的短板。

我国能源消费总量中有85%仍然来自化石能源。煤炭是我国资源最丰富的化石能源。截至2019年底，煤炭查明资源储量17188.24亿吨，占我国化石能源资源储量的99.12%；资源潜力38800亿吨，占我国化石能源资源潜力的91.42%，见表1。如果科学开发利用，可以开发相当长的时间。

表1 我国化石能源资源储量和资源潜力

品种	查明资源储量	查明资源储量占比（%）	资源潜力	资源潜力占比（%）
煤炭	17188.24亿吨	99.12	38800亿吨	91.42
石油	35.55亿吨	0.21	1257亿吨	5.38
天然气	59674.16亿立方米	0.25	900000亿立方米	3.20

数据来源：《中国矿产资源报告2020》，中华人民共和国自然资源部。

煤炭具备适应我国能源需求变化的开发能力。自新中国成立以来，为满足经济社会发展需要，我国煤炭生产规模快速增长。到2015年，我国煤炭产能达到57亿吨左右。经过2016—2020年的化解过剩产能，我国煤炭产能仍在41亿吨左右。一旦社会经济发展需要，可在1～2年甚至更短时间内大量恢复产能。

煤炭开发利用具有成本比较优势。按照我国能源终端价格长期趋势，同等热值的煤炭、石油、天然气比价为 1 : 7 : 3，煤炭是最经济的能源资源，且价格主要取决于国内市场，自主可控。进入产量平台期后，我国煤炭开发将改变过去有资源就开发的无选择开发模式，向资源条件好的区域集中，煤炭开发成本有望进一步下降。

无论是从我国能源资源禀赋，还是从经济发展所处阶段、能源供应自给性要求来看，未来我国经济社会发展仍将依靠储量丰富、开发能力可调节、具有成本优势的煤炭资源。

1.3 未来需要科学产能和清洁利用的煤炭

新中国成立以来，我国煤炭产量由 3600 万吨增加到近 40 亿吨；特别是改革开放以来，我国煤炭产量由 1978 年的 6.18 亿吨增加到 2020 年的 39.1 亿吨（2013 年达到 39.7 亿吨），年均增长 4.7%；煤炭消费量由 5.7 亿吨增加到 40.1 亿吨（2013 年达到 42.3 亿吨），年均增长 5.0%。几十年来，煤炭一直贡献了我国能源产量的 70% 左右、能源消费量的 60% 以上，有力地支撑了我国经济社会快速发展。进入新时代，我国推动经济发展质量变革、效率变革、动力变革，经济由高速增长阶段转向中高速增长的高质量发展阶段，煤炭消费弹性系数从 2000—2013 年的平均 0.76 下降到 2014—2016 年的平均 –0.19，2017 年、2018 年分别回升到 0.03、0.16。2020 年，煤炭在能源产量和消费量中的比重首次分别下降到 70% 和 60% 以下。虽然经济发展对煤炭的依赖程度有所下降，但是煤炭仍然是我国经济社会发展不可或缺的，我国当前面临的问题不是要不要发展煤炭，而是要发展什么样的煤炭、如何发展煤炭。

过去几十年，煤炭大规模低效开发和不洁净利用，引起了严重的生态环境问题，一些地区地质灾害、污染物排放已接近或超出了生态环境承载能力。生态环境能够消纳的新增污染物排放量大幅度减少，以至于遇到静稳、逆温等不利气象条件时，即使回到 5 ~ 10 年前的污染物排放水平，也更容易引发雾霾等严重污染天气。特别是党的十九大以来，我国进一步强化生态文明和健康中国建设目标，生态环境保护和人身健康越来越成为强约束，传统的煤炭开发利用方式与当前高质量发展要求严重不符。当前是我国能源转型的关键时期，也是煤炭行业发展的战略机遇期，我国煤炭发展需要以保障我国经济社会发展的能源需求为导向，以满足安全生产要求、满足生态环境保护（碳达峰碳中和）要求为目标，发展科学产能的煤炭，发展清洁低碳利用的煤炭，实现煤炭开发利用与生态环境保护、人身健康保障的协调统一。

2. 煤炭生产消费与生态文明建设并不对立

煤炭、经济、生态环境协同是我国经济社会发展面临的核心命题。煤炭支撑经济发展，经济为生态环境保护提供基础，煤炭科学产能建设和消费升级也是我国生态环境保护的重要内容，煤炭生产消费与生态文明建设不是水与火的对立关系，而是互相促进的协调统一关系。

2.1 生态文明建设离不开煤炭的支撑

煤炭作为一种长期依赖的能源，是我国人民生活的物质来源，经济发展的生产要素，有力地支撑了经济社会平稳快速发展。而作为国民生存的承载空间，生态环境的好坏直接影响国民健康，同时，国民作为经济发展的主体，又直接关系到经济的增长。

党的十八大以来，党中央把生态文明建设摆在了更加突出的位置，更加强调尊重和保护环境。2021 年初，将碳达峰碳中和目标纳入经济社会发展和生态文明建设整体布局。同时，也明确了生态文明是同农业文明、工业文明一样的文明，不是回归贫穷落后，而是主张在改造自然的过程中，发展物质生产力，不断提高人们的物质生活水平。生态文明建设必须与经济社会发展水平相适应，不能超越经济社会发展水平，也必须考虑我国的国情。当前我国还处于社会主义初级阶段，尚未完成工业化，我国不能向发达国家的环境保护看齐，只能承担与我国经济社会发展水平相适应的环境保护义务。超越经济社会发展水平的生态环境保护，脱离我国国情的过快退出煤炭消费，必将成为经济社会发展的障碍，只会严重破坏生产力，大大提高经济社会发展的成本，迟滞经济社会发展的步伐。

我国只有煤炭资源相对比较丰富，不可能像西方发达国家那样，以天然气和石油为主要能源。因此，能否可持续、稳定、及时、足量和经济地获取所需要的煤炭，直接关乎我国经济社会是否能够持续高质量发展，关乎生态文明建设是否能顺利实施。煤炭是生态文明建设的重要物质基础，没有煤炭的支撑，很难实现经济可持续发展，生态文明建设也就成了空中楼阁。煤炭与生态文明建设绝不是水与火的对立关系，而应相互促进，实现协调统一。

煤炭—经济—生态环境协调，关键在于处理好和运用好煤炭、经济、生态环境系统之间的相互协调又相互矛盾冲突的内在联系，引导煤炭、经济、生态环境三者之间实现协同，达到煤炭供需稳定，经济增长持续和生态文明建设有序推进。

2.2 科学产能推进煤炭安全绿色开发

新时代构建清洁低碳、安全高效的能源体系，要求煤炭在保护环境的条件下实现安全高效开采，即安全绿色开发，不仅不破坏生态环境，还要能改造生态脆弱区的现有环境；不因事故停工停产，不应造成人员伤亡和局部供应紧张；以尽可能少的人员和资金投入，满足经济社会发展需求，具有能源品种间的成本比较优势和国际价格竞争力。为了推进煤炭安全绿色开发，自 2010 年以来，谢和平院士团队提出并倡导实现煤炭科学产能。煤炭科学产能是在资源、安全、技术、环境等约束条件下，以安全、高效、生态环境友好的方式将煤炭资源采出的生产能力，以最大限度保护人身健康和安全，保护生态环境，提高资源采出率，实现煤炭行业可持续发展。

根据煤炭科学产能课题组的调研，我国煤炭科学产能比例及得分逐年提高。2016 年全国科学产能平均得分 65.79，产能 20.55 亿吨，占比达 60.26%；2017 年全国科学产能平均得分 67.02，产能 21.88 亿吨，占比达 62.16%；2018 年全国科学产能平均得分 67.93，产能 23.41 亿吨，占比达 64.31%。

在化解煤炭过剩产能、推行煤炭科学产能等一系列措施的共同作用下，煤炭生产的安全高效程度和环境友好性持续提高。近五年原煤生产工效提高超过20%、百万吨死亡率降低超过30%，矿区土地复垦率提高10个百分点以上，对我国能源安全的支撑能力进一步提升。

2.3 消费升级推进煤炭清洁低碳利用

我国能源安全新战略提出“控制能源消费总量”，重点是控制煤炭消费总量和石油消费增量。控制煤炭消费总量的目的是控制煤炭消费引起的污染物排放。抓住这一重点，煤炭行业大力推进煤炭消费升级。

从源头上，积极引导用煤质量升级。用煤质量与用煤设备匹配是节能和减排的基础。2015 年，发布实施《商品煤质量管理暂行办法》，首次对商品煤进行了严格界定，将煤炭产品和原煤、自用煤等区分开来、区别对待。此后，陆续出台商品煤质量系列标准，引导终端用煤质量提高。煤炭企业变革粗放的煤炭产品管理思想和管理模式，推行精细化定制化的商品煤供应方式，制定了企业产品系列标准，真正将煤炭作为一种商品开展全过程质量管理、精准化营销。

从存量上，抓住燃煤发电、燃煤工业锅炉等传统利用方向清洁化，提高现有利用方式的效率、降低污染物排放。在神华国华台山电厂、舟山电厂、华能玉环电厂、浙江能源嘉兴电厂等一批煤炭清洁发电示范工程取得成功后，具备条件的燃煤电厂全面推行超低排放改造。到 2020 年底，全国 86% 燃煤电厂实现超低排放，烟尘、二氧化硫、氮氧化物等污染物排放优于燃气机组排放标准，建立了全球最清洁的煤电体系。全国燃煤电厂平均除尘效率达到 99.9% 以上，单位发电量二氧化硫排放量达到 0.20g，优于美国、欧盟水平，单位发电量烟尘排放量降至 0.04g，处于世界先进水平。同时，量大面广的中小燃煤锅炉，清洁化发展加速。高效煤粉锅炉、高效水煤浆锅炉等先进锅炉技术，已可实现超低排放，占到我国燃煤工业锅炉总量的近 10%。

从增量上，抓住国家战略需求和长远发展方向，开展新型利用方向探索，发展化工转化，推进煤炭由燃料向原料转变。煤炭是高碳能源，利用过程不可避免地会排放二氧化碳，而提高效率、减少用量本身就是碳减排，而且比捕集、封存的减排量更大、更具经济性。发展煤炭化工转化，只要产品不作为燃料，同样可以起到 30% ~ 40% 的固碳作用。近年来，以煤气化为龙头，以煤制化工原料为重点，以煤制替代燃料为辅助，开展现代煤化工升级示范，神华宁煤年产 400 万吨煤间接液化、曹妃甸年产 1000 万吨低阶煤分质利用等一批项目建成投产，实现平稳运行。截至 2020 年，我国已建成现代煤化工示范及产业化推广项目 50 余个，煤制油产能达到每年 823 万吨，煤制天然气产能达到每年 51.05 亿立方米，煤（甲醇）制烯烃产能达到每年 1672 万吨，煤（合成气）制乙二醇产能达到每年 597 万吨，以煤为原料满足油气需求超过 3000 万吨，有效提高了石油替代应急保障能力，增强我国能源自主保障能力。

通过消费升级，我国煤炭消费量保持基本稳定，而污染物排放量大幅度下降，煤炭由传统的高污染能源向清洁能源转变，有力地支撑了我国经济社会发展。

3. 能源革命过程中煤炭与可再生能源互为支撑

在化石能源向可再生能源转型的漫长过程中，保障经济社会发展所需能源的经济稳定供给是能源革命的底线。煤炭为可再生能源平抑波动提供基底，可再生能源为煤炭利用的碳减排提供途径，两者是相互支撑关系。

3.1 能源革命必须保障能源的经济稳定供给

为解决传统能源开发利用方式带来的资源环境不可持续问题，我国大力推进能源革命。能源革命的一方面是传统化石能源的清洁化，另一方面是可再生能源替代传统化石能源。鉴于传统化石能源利用过程碳排放的固有特性，可再生能源替代传统化石能源被认为是超越传统化石能源清洁化的能源革命终极目标。纵观人类历史进程中的历次能源更替，能源革命不是突变的，而是渐进式的，可再生能源对传统化石能源的替代是一个长期的过程。不同国家所处的经济发展阶段不同，对用能成本的承受能力不同，能源更替的起始点和速度也会不同。我国以煤为主的能源国情，决定了我国能源革命的核心标志是实现由煤炭向可再生能源的缓慢过渡。

然而，能源作为工业的血脉和人们生活的基础保障，必须时刻保障经济稳定供给，既避免严重过剩，又避免短期供应紧缺。在煤炭向可再生能源缓慢过渡的能源革命进程中，必须以满足经济社会发展的合理能源需求为底线，且应不大幅度提高用能的成本，不降低社会总体运转效率和效益。当前，可再生能源波动性尚不能有效规避，开发利用成本还比较高，只有煤炭与可再生能源相互支撑、协调发展，我国的能源革命才能健康、有序、高效推进。

3.2 煤炭与可再生能源具有天然的互补性

煤炭是易存放、易储备、易流通的固体能源，我国建立了完善的生产、流通、利用体系，不仅为我国能源体系提供了能源量（热量），也为我国能源体系提供了能源供应和调节能力。同时，煤炭也是高碳能源，随着利用效率提升，煤炭消费自身碳减排潜力越来越小，碳排放成为制约煤炭发展的瓶颈。可再生能源不带来碳排放，但是受气候、天气、光照等人为不可控的自然条件影响，呈年际、季节性、日间波动，供给能力不确定性大，提供的主要是能源量，能源供应和调节能力有限。在大规模低成本碳减排、大规模低成本储能未获得突破的背景下，单独依靠自身，煤炭难以突破碳排放的瓶颈，可再生能源很难以高比例接入现有能源体系。

事实上，煤炭与可再生能源具有天然的互补性。煤炭的最主要利用方式是发电，可再生能源利用的最主要方式也是发电，燃煤发电与可再生能源发电优化组合，可充分利用燃煤发电的稳定性，为可再生能源平抑波动提供基底，规避可再生能源发电的不稳定性；利用可再生能源的碳中和能力，为燃煤发电提供碳减排途径，可在很大程度上减轻单纯燃煤发电的碳减排压力。尤其是在煤矿区，除了丰富的煤炭资源外，还有大量的风、光等其他资源。大力发展太阳能、风能、蓄水能，以煤电为核心，与太阳能发电、风力发电和水力发电协同发展，可实现多种电力能源的协同高效开发利用。煤矿可转变为清洁能源生产基地，煤炭企业可转变为清洁能源供应商。

3.3 煤炭与可再生能源耦合具有良好基础

近年来，在国家电力体制改革的推动下，可再生能源电力接入以煤电为主的主干网更有制度基础。同时，一部分煤电机组经过灵活改造，承担了更多的调峰功能。可再生能源电力接入电网的比例越来越高，弃风、弃光、弃水越来越少。

除电力外，煤炭与可再生能源在燃烧和化学转化方面的耦合，也逐步形成模式，突破了一系列技术，为煤炭与可再生能源深度耦合提供了良好基础。①煤炭与风能的风电/煤制天然气耦合系统，利用风电电解水制得氢气和氧气，完全或者部分代替空分系统和水煤气变换系统。由于电解氢气的加入，减少了水煤气变换系统过程中所产生的二氧化碳量，可实现煤制天然气系统真正意义上的碳减排。②煤炭与太阳能的太阳能—燃煤发电耦合系统，采用聚光型太阳能发电（CSP）与燃煤发电进行耦合，太阳能作为辅助，在保障太阳能发电效率的前提下尽量降低煤耗。③煤与生物能的生物质气化/煤粉炉混烧耦合发电系统，先将生物质在循环流化床气化炉中气化，产生生物质煤气，然后将生物质煤气送入煤粉炉中与煤粉混烧。生物质煤气与煤粉混烧，不仅不会对煤粉燃烧产生不利的影响，而且有助于加强煤粉燃烧和降低二氧化碳和氮氧化物的排放。

4. 煤炭仍将是我国新时代能源体系的压舱石

适应经济社会和能源发展的新形势新要求，推进颠覆性的自我革命，提升发展质量，逐步破解生态环境强约束，煤炭的基础能源作用将进一步增强，煤炭生产和消费仍将保持在较高水平，煤炭仍将是我国新时代构建清洁低碳、安全高效能源体系的稳定器和压舱石，是实现伟大复兴中国梦的可靠能源保障。

4.1 煤炭进入发展质量快速提升期

发达国家煤炭工业演进的历史经验表明，进入生产消费平台期，煤炭行业面貌改善速度明显加快。至今在用的法律、政策等 80% 以上形成和发布于平台期，且更加细密严格；煤炭开发安全程度快速提升，死亡人数和百万吨死亡率快速下降；煤炭开发效率成倍提高，煤炭消费清洁化程度加速提升。

经过 40 年左右的发展，我国煤炭开发利用水平由原始落后走到了国际先进甚至国际领先，实现了规模的快速增加。进入生产消费平台期，在新时代高质量发展的国家战略指引下，煤炭行业正在开展颠覆性技术创新、工艺创新、模式创新，提出全生命周期设计、资源立体开发、集群发展等理念并加快实施，煤炭行业进入发展质量快速提升期，将逐步提升发展质量，破解生态环境约束，改善和提升在我国能源体系中的竞争力。

全生命周期设计，综合考虑煤矿区赋存的所有资源，开展设计—建设—运行—退役全生命周期过程规划、设计，矿井建设、运营与煤矿退役后的地下空间综合利用、矿区恢复治理超前对接，一体化实施，提升煤炭资源开发的全生命周期综合效益。

资源立体开发，横向上由单一煤炭资源开发拓展为煤炭及共伴生资源综合开发，煤炭与煤层气、矿井水以及煤炭中稀土元素和镓、锂、铀等金属元素统筹规划，联合开发，大幅度提高开发效率；纵向由煤炭资源采出拓展为煤炭开发—利用一体化，煤矿区从单一煤炭供给基地转型升级为煤、热、电、气联供的综合能源基地。

集群发展，改变传统煤矿区仅考虑煤炭开采和洗选业等核心产业的做法，立足区位和自身资源特点，统筹设计新型主导产业集群，将煤炭资源优势变为集群经济优势，从根本上解决煤炭主产区转型困难、发展不平衡不充分等传统发展模式引发的问题。

预计经过 30 ~ 40 年的发展，煤炭行业将由目前的单一资源开采、利用发展成为煤基多元协同与原位采用一体化和深地空间利用的智慧能源系统，煤炭最终成为与可再生能源、油气深入耦合的安全、绿色、低碳、可靠、高科技含量的清洁能源。

4.2 煤炭的基础能源作用逐步增强

可再生能源占比提高、油气对外依存度攀升，同时面临的国际形势更加复杂，我国能源安全稳定供应的压力增强，要求煤炭充分发挥在能源体系中的稳定器和压舱石作用，承担更多基础能源的使命，由主体能源向基础能源转变。

现有条件下，风、光等可再生能源电力直接接入电网超过一定比例（一般认为不超过30%），就要求作为基底的燃煤发电同步增长或参与调峰，保持电网稳定运行。燃煤发电高灵活性改造技术，变负荷条件下可再生能源与燃煤机组互补高效运行调控技术等正在攻关和完善，将形成较为完善的煤与可再生能源耦合技术体系，支撑可再生能源高比例接入电网。

油气对外依存度不断攀升，要求扩大煤炭清洁转化生产油气替代品的能力，发挥关键时期弥补供应不足的战略性作用。经过“十一五”的技术示范、“十二五”规划以来的升级示范，煤炭直接液化、煤炭间接液化、煤制烯烃、煤制天然气、煤制乙二醇等技术基本成熟并具有一定规模，新型煤催化气化和加氢气化技术、温和液化技术等新正在突破，煤炭清洁转化的效率和污染物控制水平逐步提高，将更好地支撑煤炭作为弥补我国油气不足的战略途径。

基础能源地位的增强要求煤炭由数量、规模型的自我发展转向柔性、效益型的耦合发展，不再是自身发展越快越好、规模越大越好，而是适应整个能源体系的需要，需要时快速补上，不需要时低代价降低产量和用量，做好兜底保障。

4.3 煤炭仍将维持高水平产消规模

在能源消费总量控制、大气污染防治等政策约束下，通过淘汰落后产能、超低排放改造等措施，我国煤炭生产和消费清洁化、绿色化水平大幅度提高，存续的煤炭生产能力和煤炭消费设施适应经济高质量发展和生态文明建设的竞争力增强。2014—2020年我国煤炭产量稳定在36.8亿～39.6亿吨，消费量稳定在39.7亿～41.2亿吨，并没有实质性下降，而2020年我国煤炭产量和消费量呈增长趋势，表明存量煤炭短期内难以替代。

煤炭增量很大程度上取决于能源需求增长和非煤能源供给增长。按照党的十九大提出的“到2035年基本实现社会主义现代化”的目标，若届时达到人均GDP 3万美元左右的中等发达国家水平，我国GDP将增长到200万亿元以上。按照我国经济进入5% ~ 6%的增速区间，即使能源消费弹性系数在0.3 ~ 0.4的区间，到2035年我国能源需求也将接近60亿tce，较2020年49.8亿tce增长17%左右。采用谢和平院士等提出的分能源增量贡献值（CVSI）预测模型和计算方法，考虑可再生能源、油气等非煤能源可能的供应增量，煤炭增量贡献值仍将保持在0.01 ~ 0.09的水平，依此计算，2035年我国煤炭需求量为38亿~ 42亿吨，煤炭产量仍需保持在35亿~ 40亿吨，煤炭仍占我国一次能源消费的45% ~ 50%。

5. 结论和政策建议

5.1 结论

自新中国成立以来，煤炭肩负主体能源的使命和担当，以越来越多的产量，支撑了我国经济社会快速发展。虽然当前经济社会发展对煤炭的依赖有所减弱，但依然离不开煤炭的支撑，需要的是科学产能的煤炭和清洁利用的煤炭；煤炭是可以安全绿色开发和清洁低碳利用的，煤炭生产消费与生态文明建设不是绝对的水与火的关系；煤炭与可再生能源具有天然的互补性，在化石能源向非化石能源过渡的能源转型漫长进程中，二者是相互支撑关系。随着煤炭产量和消费量进入平台期，煤炭行业正在推进颠覆性的自我革命，提升发展质量，逐步破解生态环境强约束，煤炭的基础能源作用将逐步增强，煤炭生产和消费还将维持在较高水平，煤炭仍将是我国新时代构建清洁低碳、安全高效能源体系的稳定器和压舱石，是实现伟大复兴中国梦的可靠能源保障。

5.2 政策建议

发挥煤炭的稳定器和压舱石作用，不仅需要煤炭行业自身努力，也需要优化调整煤炭发展政策环境，我们提出以下政策建议：

（1）建立以排放为基础的清洁能源衡量标准。改变“以出身论英雄”的清洁能源标准，以全生命周期污染物排放为衡量标准区分清洁能源与非清洁能源，统筹规划发展煤炭的清洁高效利用与可再生能源发展，让不同能源公平竞争。

（2）构建大区域、大能源、大协同的国家能源战略格局。突破当前以行政区划为基础，各能源品种互相独立的能源体系，构建以共性区域为单元，煤、油、气、水、风、光等一体化跨时段的国家能源大协同战略格局。

（3）制定支撑煤炭柔性生产和消费的扶持政策。煤炭因承担调峰、储备等基础能源使命而建立的供求调节产能、燃煤发电负荷灵活调节能力，本身经济效益难以保证，建议给予相应的投资、财税等扶持政策，保障处于合理规模和可用状态。

（作者：任世华。根据院士专家讨论会整理，2021 年。）

专栏二　我国煤炭绿色矿山建设发展历程及未来展望

摘要：在工业文明向生态文明转变的背景下，煤炭作为我国最重要的能源供给，必须建成绿色矿山，实现高质量发展。在梳理我国煤炭行业绿色矿山建设发展历程与现状的基础上，本文提出了新时代背景下煤炭绿色矿山建设存在的问题及未来发展的方向。研究表明，我国煤炭绿色矿山建设可以分为四个阶段，2007年为提出“绿色矿山”倡议阶段，2008—2010年为研究探讨及政策制定阶段，2011—2015年为快速发展阶段，2016年以来为规范化发展阶段。目前，我国煤炭绿色矿山建设仍存在建设水平不高、区域发展不均衡和标准体系及政策不健全等问题。新时代煤炭绿色矿山应注重建设和开发利用全过程，形成全生命周期绿色矿山建设新模式；面对煤炭生产方式的变革，树立绿色矿山建设新理念；推进绿色矿山信息化建设，探索智慧煤矿发展新途径，实现我国煤炭绿色矿山建设高质量发展。

保护生态环境，应对气候变化，维护能源资源安全，是全球面临的共同挑战，坚持绿色发展，已成为世界各国共识。当前，我国社会主要矛盾已经发生转变，中国特色社会主义进入新时代，为解决严峻的环境问题，推动高质量发展，党中央采取了一系列重要举措，适应发展新常态，推进生态文明建设。我国作为能源消耗大国，煤炭在能源中一直占有最大比重，在工业文明向生态文明转变的情况下，要实现煤炭行业高质量发展，必须进行绿色矿山建设。

自2007年“发展绿色矿业”的倡议提出以来，我国按照生态文明建设的要求，大力推进煤炭绿色矿山建设，基本形成了煤炭绿色矿山建设新格局。目前，煤炭绿色矿山建设仍存在诸多难题，为进一步推动煤炭绿色矿山建设，本文在梳理我国绿色矿山建设发展历程的基础上，结合目前我国煤炭绿色矿山建设发展现状，研究亟待解决的问题，指出了未来我国煤炭绿色矿山建设的重要途径。

1. 发展历程

绿色矿山建设是一项复杂的系统工程，我国绿色矿山概念的提出与形成经历了一个漫长的过程，根据不同时期绿色矿山的发展特点，大体可分为以下四个阶段。

1.1 提出“绿色矿山”倡议阶段（2007年）

2007年，在主题为“落实科学发展，推进绿色矿业”的中国国际矿业大会上，原国土资源部部长徐绍史提出“发展绿色矿业”的倡议，指出要转变传统资源开发利用方式，先前消耗资源、破坏环境及高耗能的方式不再适应新时代，今后必须努力做到开发资源与保护环境相协调，建设“绿色矿山”的倡议被首次提出。

1.2 绿色矿山研究探讨及政策制定阶段（2008—2010年）

2008年，11家大型矿山企业与中国矿业联合会倡导发起签订《绿色矿山公约》，标志着绿色矿山研究探讨及政策制定的开始。2009年，国家发展和改革委员会与原国土资源部联合发布《全国矿产资源规划（2008—2015）》，并在该规划中首次提出“发展绿色矿业、建设绿色矿山”的明确要求。2010年，原国土资源部发布《关于贯彻落实全国矿产资源规划发展绿色矿业建设绿色矿山工作的指导意见》及《国家级绿色矿山基本条件》，首次以官方文件的形式提出建设“绿色矿山”的要求，并成为绿色矿山建设的指导性文件，为矿山企业开展绿色矿山建设提供了依据。这一阶段提出了建设绿色矿山的要求，系统明确了建设和发展绿色矿山的实际意义，深化了“绿色矿山”的概念，进一步确定了实现煤炭行业高质量发展必须进行绿色矿山建设。

1.3　绿色矿山快速发展阶段（2011—2015 年）

2011—2014 年，原国土资源部分四批公布了 661 个国家级“绿色矿山”试点单位，其中第一批 37 个、第二批 183 个、第三批 239 个、第四批 202 个。各批次国家级绿色矿山试点单位数量统计见图 1。

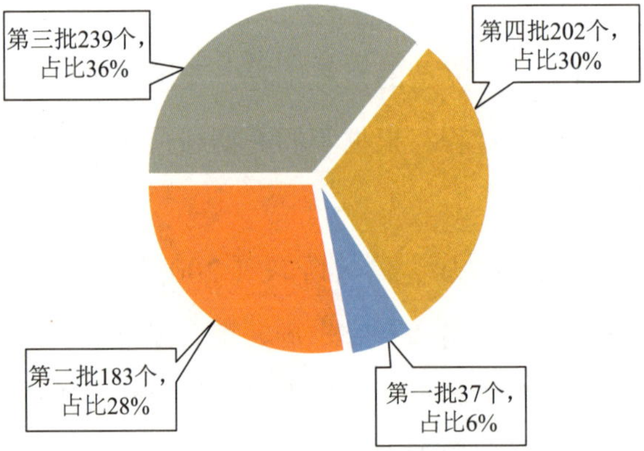

图1　各批次国家级绿色矿山试点单位数量统计图

按照不同行业进行分析，661 个绿色矿山试点单位中煤炭行业数量最多，共 229 个，占比约 35%，其他各类矿种分别为：有色金属 195 个，黑色金属 108 个，非金属 77 个，其他特殊矿种 52 个。661 个绿色矿山试点单位基本上覆盖了各类矿种，数量上整体呈现出上升的趋势，充分表明了国家大力建设煤炭绿色矿山、实现高质量发展的决心。国家级绿色矿山试点单位行业分布见图 2。

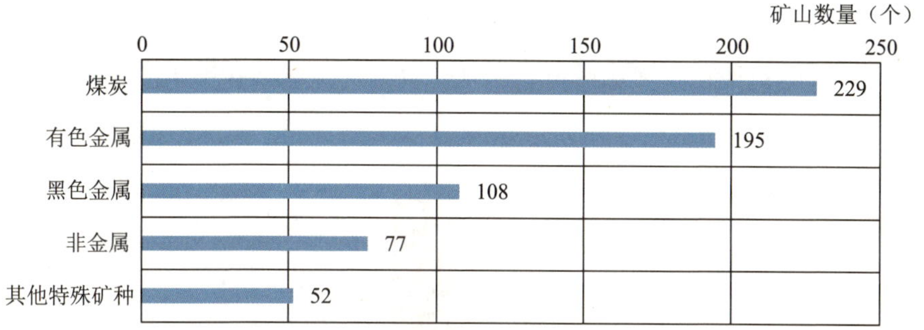

图2　国家级绿色矿山试点单位行业分布图

按照不同批次进行统计，首批试点数量最少；第二批试点数量显著增加，以中部为主；第三批试点数量最多，中西部数量大幅度增加；第四批试点数量少于第三批，但是仍以中西部为主，中部所占比重一直较多。各批次煤炭企业绿色矿山试点区域分布统计见图 3。

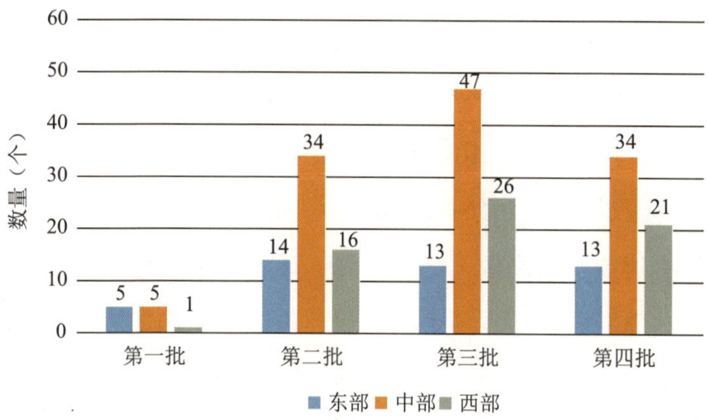

图3　各批次煤炭企业绿色矿山试点区域分布统计图

2015 年底，第一批和第二批试点单位中有 191 个矿山企业通过验收评估，获批国家级绿色矿山，其中煤炭企业共有 57 个单位获批，第一批 9 个、第二批 48 个，绿色矿山数量呈快速增长趋势。通过对煤炭企业国家级绿色矿山区域分布情况进行分析，发现第一批次通过验收的绿色矿山建设单位大多数分布在我国东部省份，第二批通过验收的绿色矿山建设单位开始转移到我国中西部省份，这与国家能源战略部署的调整以及东部地区转型发展有着紧密联系，山东、山西、内蒙古等省份作为我国重要的能源基地，在绿色矿山建设方面做出了重要的表率作用，见图4。

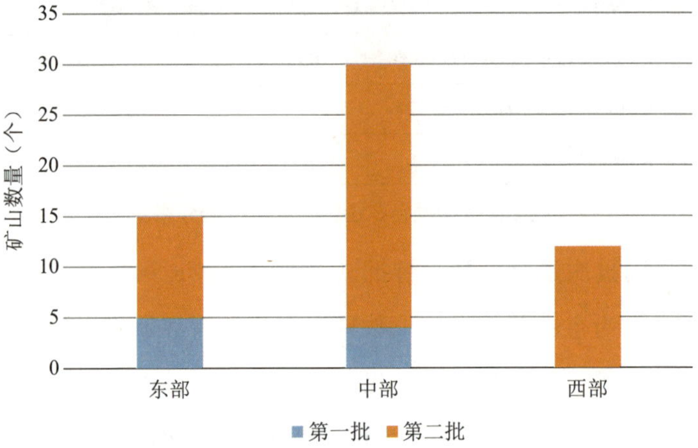

图4　全国煤炭企业国家级绿色矿山区域分布统计图

1.4　绿色矿山规范化发展阶段（2016年至今）

2016年，《中华人民共和国国民经济和社会发展第十三个五年规划纲要》全面部署“绿色矿山和绿色矿业发展示范区建设”工作。同年，《全国矿产资源规划（2016—2020年）》指出要加快发展绿色矿业，到2020年基本建成节约高效、环境友好、矿地和谐的绿色矿业发展模式。2017年，六部委联合印发《关于加快建设绿色矿山的实施意见》（国土资规〔2017〕4号），提出了7个行业绿色矿山建设评估标准。随后我国首个地方性绿色矿山建设标准《绿色矿山建设规范》在浙江省湖州市发布，标志着地方性绿色矿山建设同步走上规范化。同年，首个绿色矿山建设全国标准《固体矿产绿色矿山建设指南（试行）》（T/CMAS）正式发布。2018年，自然资源部发布已通过全国国土资源标准化技术委员会审查的《煤炭行业绿色矿山建设规范》等9项行业标准，内蒙古、河南、陕西、广西、江西等省份陆续出台省级绿色矿山建设规范和方案，这标志着绿色矿山建设将有“法”可依，绿色矿山建设逐步走向规范化。2019 年，《绿色矿山建设评估指导手册》正式印发，自然资源部开展 2019 年度绿色矿山遴选工作，并公示了通过遴选的 555 家矿山（不含原国家级绿色矿山试点单位），其中煤炭企业 113 家，2019 年度煤炭企业绿色矿山省份分布情况见图 5。

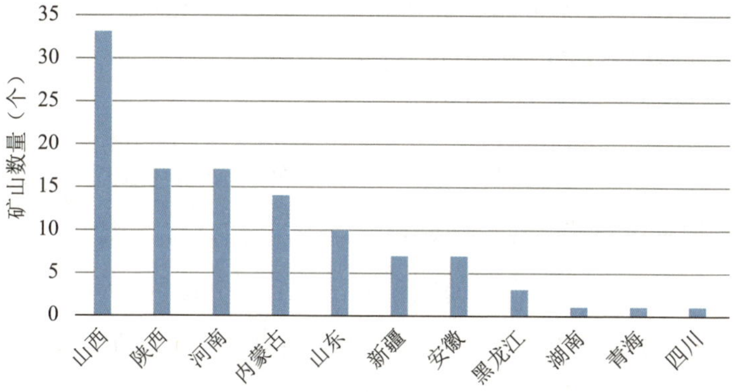

图5　2019年度煤炭企业绿色矿山省份分布统计图

2020 年，自然资源部发布《关于补充完善绿色矿业发展示范区建设有关情况的函》（自然资源矿保函〔2020〕19 号），进一步有序推进绿色矿业发展示范区建设工作。2020 年 12 月，自然资源部公布了绿色矿业发展示范区名单，确定了 50 家绿色矿业发展示范区。除北京和上海外，全国 29 个省（区、市）共有 1254 家矿山企业被纳入全国绿色矿山名录库，其中煤炭绿色矿山共计 284 座。

2. 发展现状及存在问题

2.1　发展现状

通过多年的建设，尤其是开展国家级绿色矿山试点建设并对前两批国家级绿色矿山进行验收公示，推进 2019 年度绿色矿山遴选工作，各项绿色开采技术和工艺相继涌现，信息化和智能化水平不断提升。同煤塔山煤矿、神华准格尔能源有限责任公司黑岱沟露天矿、兖州煤业股份有限公司兴隆庄煤矿、白山市振东煤业有限责任公司八道江东晋煤矿、神东天隆集团武家塔露天煤矿以及云南省东源煤电公司后所煤矿等一批煤炭企业已成为体现矿山企业经营管理综合水平的重要品牌以及转型升级、融资上市和走向海外的绿色标签，在全国发挥了良好的示范作用。“黑色煤炭、绿色开采”的观念深入人心，基本形成了符合生态文明建设要求的矿业发展新模式和绿色矿山建设新格局。

2.2 存在问题

“绿色矿业”理念提出之后，经过十多年的探索与发展，绿色成为煤炭企业发展的主旋律，在矿业领域形成了广泛共识，构建了绿色矿山建设新模式，在全国矿山企业绿色矿山建设工作中起到了示范作用。然而从总体来看，我国煤炭绿色矿山建设水平仍有很大的提升空间。

（1）绿色矿山建设水平有待提高

煤炭绿色矿山试点建设为绿色矿山的推广积累了丰富经验，但是目前国家级煤炭企业绿色矿山与4700多座煤矿相比数量明显偏少，距离全面建成绿色矿山格局仍有较大距离。在新常态格局下，煤炭企业目前的发展状况很难适应大的环境，必须进一步提高煤炭绿色矿山建设水平，将煤炭绿色矿山建设向深层次全面推进。

（2）绿色矿山区域发展不均衡

西部地区作为我国重要的资源储量与资源潜力地区，近年来建成了一批国家级能源基地，成为国民经济的重要支柱。而通过统计发现，661个国家级绿色矿山试点中，西部地区占比不到36%；2015年底，57家煤炭企业国家级绿色矿山中，西部地区第一批无一家绿色矿山企业，第二批仅12家通过评估验收，占比约为25.5%，中东部地区占比74%以上；2019年底，通过遴选的111个绿色矿山企业中，西部地区占40个，占比约为36%，可以看出绿色矿山建设仍然以中东部地区为主，中部地区仍然是国家能源的主要生产地，西部地区占比相对少。

要解决绿色矿山区域发展不均衡的问题，应该逐步提升西部地区煤炭企业绿色开发及建设水平，注重矿产资源的绿色勘查、绿色开发和绿色利用，利用自身资源优势，强化经济优势，最终形成东西部绿色矿山建设协调发展的良好局面。

（3）绿色矿山建设标准体系及政策不健全

目前我国绿色矿山建设标准体系仅从九个方面做了规定，与全面建设绿色矿山的要求相去甚远。国家级绿色矿山建设标准是从全国能源资源战略的角度做出统筹布局，所以目前制定的标准缺乏一定的针对性，绿色矿山建设需要密切结合经济发展水平、资源开发能力以及当地环境承载力，因地制宜地制定建设标准，不断发展和健全绿色矿山建设标准体系。

在政策方面，已经颁布的《中华人民共和国环境保护法》《中华人民共和国循环经济促进法》《中华人民共和国节约能源法》等在环境保护方面做出了明确规定，但相对于我国严峻的环境保护形势仍显不足。因此，只有制定和施行绿色矿山建设相关的法律法规，完善绿色矿山建设相关政策，强化环境保护执行力度，将经济发展与绿色发展相结合，才能实现绿色矿山建设的快速、协调和可持续发展。

（4）绿色矿山外部激励政策有待细化落实

《关于加快建设绿色矿山的实施意见》（国土资源局规定〔2017〕4号）明确了建设用地、矿产资源、财税、金融等四个方面的绿色矿山建设配套激励政策框架，为各地支持绿色矿山建设指明了方向，但仅有部分省（区、市）细化落实了部分激励政策，部分省（区、市）在建设方案或规划等文件中提出的激励支持政策存在照搬情况，未能制定符合当地实际的配套政策措施，不利于激励支持政策的落地实施。此外，国家缺乏对企业最为有效的激励政策，即金融财税方面激励政策的细化方案，导致当前地方在金融财税方面的激励政策难以落实，不能有效推动绿色矿山建设。税收优惠政策十分有限，仅在煤炭领域对采用充填开采给予

50% 资源税减免。

3. 未来展望

近年来，煤炭行业不断加快智能矿山建设，推进煤炭科技创新发展，提升“两化”融合水平，促进煤炭行业安全平稳运行。在全面推进生态文明建设、适应经济新常态、深入贯彻新发展理念的背景下，煤炭绿色矿山应在已有成果的基础上构建新模式，树立新理念，探索新路径，展现新时代煤炭绿色矿山建设的光明前景。

3.1 全生命周期的绿色矿山建设将成为新模式

我国首个绿色矿山建设全国标准《固体矿产绿色矿山建设指南（试行）》（T/CMAS）对固体矿产绿色矿山建设要求具体到了新建矿山、改扩建矿山及在建矿山的采矿工程、选矿工程、尾矿工程、公辅工程及其配套工程开发等各项具体工程的建设，覆盖了矿山的建设期、运行期和关闭期，提出了全过程的绿色建设要求。与此同时，我国深入开展生态文明建设，全面推进新发展理念也决定了煤矿绿色矿山建设必须做到绿色勘查、绿色设计、绿色建设、绿色退出（矿山生态环境修复与治理），形成全生命周期的绿色矿山建设新模式。

3.2 煤炭生产方式变革引发绿色矿山建设新理念

在推进煤炭生产高质量发展的新阶段，矿山地质条件越发复杂、采深逐年增加、生产过程不清洁等问题在很大程度上约束了行业的发展，煤炭行业必须进行生产方式变革，树立绿色矿山建设新理念。通过解决煤炭行业面临的绿色矿山建设重大科技问题，引导传统粗放式的煤炭生产方式朝着“近零生态损害的科学开采、近零排放的清洁低碳利用、矿井建设与地下空间一体化利用、流态化开采”等方向发展和变革，进而形成“煤炭开发利用一体化、矿井建设与地下空间利用一体化、煤基多元清洁能源协同开发和煤炭洁净低碳高效利用”等绿色矿山建设新理念，使煤炭资源的使用更加经济、可靠和清洁，推动行业高质量发展。

3.3 智慧煤矿建设将成为绿色矿山建设的新路径

我国煤炭工业经过改革开放40多年的创新与发展，逐步从人工采煤、半机械化采煤向机械化、综合机械化、自动化采煤发展，并已开始由自动化开采向智能化开采迈进，建成了一批具有世界领先水平的现代化大型智慧煤矿，但由于我国煤层赋存条件复杂多样，智慧煤矿尚处于初级阶段。智能开采作为智慧煤矿的核心，针对赋存条件相对较复杂的煤层智能开采还存在许多技术难题，在精准地质信息系统及随掘随采探测技术与装备、智慧煤矿物联网技术与装备、巷道智能化快速掘进技术与装备、智能化无人开采关键技术与装备以及煤矿机器人技术及产品研发等方面仍需重点攻关。不断推动煤炭企业运行全面智能化，构建新时代煤矿智慧系统，形成科学绿色开发的全产业链运行新模式，为煤炭行业升级发展提供强大推动力。

4. 结语

在“双碳”目标下，煤炭企业绿色矿山建设是大势所趋，是实现煤炭行业高质量发展的重要途径和必然要求，也是我国实现由煤炭大国向煤炭强国转变的必由之路。始终坚持“绿水青山就是金山银山”的发展理念，将“绿色”理念融入煤炭资源开发利用全过程，解决煤炭行业高质量绿色发展重大科技难题，将矿产开发与环境保护相结合，构建生态文明，建设美丽中国，实现资源、经济、生态和社会效益的和谐统一。

（原载于《煤炭经济研究》2020年第1期，作者：郑德志、任世华。有修改。）

专栏三　科技与机制耦合并进推动煤炭行业发展的国际经验借鉴

摘要：我国煤炭生产和消费开始进入快速增长后的平台期，与发达国家50年前经历的阶段有很强的相似性。发达国家现在的煤炭开发模式和管理方式，在很大程度上代表了我国煤炭工业的发展方向。项目组于2019年7月赴澳大利亚深入调研煤炭、煤层气开发利用方式，以为煤炭行业高质量发展研究和开展煤炭相关规划提供一手资料。调研形成对我国煤炭行业未来发展方向的五点认识以及对煤炭工业高质量发展的四点建议。

根据研究需要，项目组赴澳大利亚考察，实地了解澳大利亚煤炭、煤层气先进开发方式，并与科技人员、管理人员深入交流，开阔了视野，增长了见识，引发了对煤炭科技创新和我国煤炭行业未来发展方向的深入思考。

1. 行程与内容

项目组参观了兖煤澳大利亚有限公司莫拉本井工矿和露天矿，与现场技术和管理人员交流采煤技术和经营管理方式；访问悉尼科技大学，并与悉尼科技大学澳中关系研究院（Australia-China Relations Institute, UTS）交流澳洲煤炭工业生产组织方式、未来走势等；拜访兖煤澳大利亚有限公司悉尼总部，与管理层交流澳洲煤炭分工协作关系和生产技术水平、超洁净煤（UCC）项目进展等；拜访中海石油气电集团澳大利亚投资控股有限公司布里斯班总部，与管理层交流澳洲煤层气产业发展情况。

2. 思考与体会

澳大利亚20世纪70年代以前煤炭产能快速增长，以井工煤矿为主，矿区生态环境保护粗放；而后煤炭生产进入平台期，煤炭生产方式和管理模式逐步优化，形成了现在的先进开发模式和管理方式。当前，我国刚开始进入煤炭产能快速增长后的平台期，与澳大利亚50年前经历的阶段有很强的相似性，澳大利亚现在的煤炭开发模式和管理方式在很大程度上代表了我国煤炭工业的发展方向。对比我国煤炭行业当前状况，未来将呈现五大转变。

2.1 运营管理由粗放式向简单实用、精细化规范化转变

简单实用：莫拉本井工矿记录下井人员数量，仍然使用最为简单的挂牌方式。每个下井人员都有两个号牌，下井时把一个号牌挂在井口的号码存放栏，进入采掘区把另一个号牌挂在采掘区入口的存放栏，人员离开工作场所，同时取走号牌。只要能实现人员记录的功能，怎么简单怎么来，不求“高大上”。

管理精细化规范化：澳大利亚人少、劳动力成本高，因此企业管理水平很高。基于澳洲对项目开发有清晰明确的标准与规范要求，澳洲项目开发的计划性和规范性很强，对于勘探—开发—退出全过程均通过模型进行模拟和提出精确详细的开发计划，煤炭开采时严格按照模型计算和模拟结果进行开发和精细化管理。

2.2 技术装备由大而全向高可靠性和智能化转变

无论是莫拉本煤矿，还是柯蒂斯煤层气抽采生产LNG项目，都将“高效、可靠、自动化”作为技术装备选择的首要条件。高效：莫拉本

露天矿采用定向抛掷爆破技术，将覆土层直接抛掷到复垦区，是覆土剥离最经济的方式，大大降低了成本；采用挖掘量50吨的挖掘机、载重量300吨的超大型运输卡车挖掘和运输原煤，按工作日班（周一至周四工作）、周末班（周五至周日工作）全员计算的工效仍高达每年每人4万吨以上。可靠：此次拜访的煤矿和煤层气开发项目，所使用的设备均为美国、德国等高可靠性的煤机装备，我国煤机装备存在可靠性、效率等问题，在标准规范等方面还不能满足澳大利亚等发达国家的要求，因此，目前我国煤机产品只出口到发展中国家，很少出口到发达国家。自动化：莫拉本井工矿全自动化的采煤—运输成套设备，每天工作24小时，全年无休，无人操作、无人值守，工作面仅有6人检修；选煤厂全自动化运行，现场无人操作，仅配备1人检修；柯蒂斯项目煤层气抽采现场无人操作、无人值守，出现不同程度故障自动处置并上报不同层级人员检修。

经过几十年的科技攻关，目前我国煤炭技术装备在先进程度上实现了由跟跑到并跑和领跑，但重点在大和全上，可靠性还存在明显差距。未来煤炭生产的“无人操作、无人值守”，要求煤炭生产技术装备不仅性能先进，而且必须实现多年如一日的平稳高效运转。高可靠性和智能化将是我国煤机发展的必然方向，特别是当前煤炭产能进入平台期的大背景下，提高现有技术装备的可靠性在一定程度上比研制智能化装备显得更为重要。

2.3 生产组织由社会型向专业化转变

莫拉本煤矿作为兖煤澳大利亚有限公司的生产单元，专注于高效低成本生产高质量的煤炭产品，除了保障煤炭生产必需功能外，不建设其他功能。一是不建设办公楼，办公用房均为活动房。每年1900万吨的产能，750名员工，仅有不到1000平方米的活动用房。除了淋浴房和简易食堂外，没有员工宿舍，没有文化娱乐设施，大大降低了成本。二是定位于技术的使用者，面向全球采购简单高效、安全可靠的技术装备，尽可能发挥设备的效能，自身不搞科技研发，也不参与装备研制。三是设备维护检修、搬运等辅助服务采用外包方式，减少固定人员。专业化外包队伍面对多个煤矿，积累了更多的经验，相对于煤矿自有人员有更高的服务能力。

中海石油气电集团澳大利亚投资控股有限公司投资海外资源开发，参与柯蒂斯 LNG 项目，拥有煤层气资源权益和产品分成，参与项目重大投资计划和开发管理，不负责营运。项目营运完全采用专业化分工的生产组织方式，管道、钻井、基础设施、天然气购销完全由专业化的公司完成，代表了生产组织方式的未来发展方向。

相比较而言，我国大多煤炭企业更像是小型社会，功能齐全，专业化程度不够。随着社会化分工越来越深入，煤炭行业也将按照社会细化分工的总体要求，形成类似油服公司的勘探、掘进、采煤、机电、洗选、矿区服务等专业化的煤田服务公司，重构煤炭行业生产运行方式，提高煤炭行业的整体生产运行效率、人员组织效率、资本运作效率。煤炭科技研发和装备制造对行业发展的支撑作用也将更为重要，同时自身也将向更加专业化、更加集约化的方向发展。

2.4 从业人员由行业人向社会人转变

莫拉本煤矿工人完全是通过社会化招聘而来的，几乎全部为当地居民，根据合同和相关法律随时可以离开，对煤矿没有依赖，年流动率超过 1/3。本科以上学历的工人数量极少，大多相当于国内的专科毕业人员，能承受较高的工作强度，且有较好的工作耐力。工人只完成劳动合同明确的工作任务，不接受额外工作，不加班。煤矿与人才招聘机构建立长期联系，随时补充人员，并提前培训当地有意向的居民，作为人力资源储备。煤矿通过薪酬和升迁机会留人，实现严格的同工同酬，工人年薪 10 万 ~ 14 万澳元，是当地年平均工资 5 万 ~ 8 万澳元的近两倍。工人薪酬是市场化竞争的结果，没有人看不起煤矿工作，也没有性别歧视，有不少女性在露天矿开超大型运输卡车。人员流动均是市场化行为，双向选择，不存在煤矿退出关闭后的人员安置问题。

我国煤炭生产以国有企业为主，煤矿从业人员大多带着计划经济时期行业人的烙印，一旦到煤矿或煤炭企业工作，从思想上就认为一辈子都要在煤炭行业工作，还出现了大量的“煤二代”“煤三代”。随着分享经济等新经济新业态提供的就业渠道增加，新生代有更多的择业空间，加上对人身健康重视程度增加，新生代愿意到煤矿工作的也将越来越少。当前我国煤矿工人大多年龄在45岁以上，很快会进入集中退休期。未来我国煤矿将不得不通过有竞争力的薪酬和升迁机会以及更好的工作环境从社会上选聘从业人员。从业人员也不再紧紧依赖煤炭行业的发展，给煤炭行业发展带来新的挑战。

2.5 环境保护由采后治理向全生命周期管理防治转变

澳大利亚开办煤矿要求具备7类环保审批，包括1300余项先决条件，整个过程中必须始终满足条件。煤炭开发规划要求有煤矿建设、运行、退役全生命周期各环节的环境保护措施，开采之前就能清晰看出煤矿退役后是什么样子。如因开发规划没有考虑鸟的栖息地或对某种动物造成影响，将导致项目审批不通过的情况发生。政府批复开采多大面积，就要做到相应比例的复垦。按照当地法律法规和有关政策，复垦的要求逐年提高，边采边复垦最为合算，也能说服政府持续支持煤矿开采。当地社区持续监督煤矿环境保护，如果发现噪声、粉尘、污水排放超标，随时可投诉。煤矿必须解决投诉问题后，才可恢复生产。

过去我国煤炭开采只注重产量与效益，往往忽视采矿活动对环境的影响，环境保护走的是先开采后治理的路子。随着环境保护要求愈加严格，煤炭开采的环境保护也将由采后治理向全生命周期防治转变，要求生态环境保护贯穿于煤矿建设、运营、退役的全过程。在当前煤矿大量退出期，废弃矿井所在的矿区生态环境保护将是我国近中期必须考虑的问题，也将是“十四五”时期煤炭行业攻关的重点领域。

3. 有关建议

3.1 提高煤机装备的先进性和可靠性

可靠性是少人化（无人化）对煤机装备的基本要求，是衡量煤机装备性价比的关键指标，是煤机装备国际竞争力的核心所在。建议煤机制造业对现有煤机产品，除了功能性指标外，增强可靠性要求，标准规范达到国际先进水平，引导煤机通过简化设计、冗余设计、降额设计、人机与环境工程、优化目标值和门限值等提高环境适应性、稳定性、耐用性，为未来参与国际竞争奠定基础。

3.2 加快占领智能化煤机产品的国际制高点

澳大利亚等发达国家煤炭产能未来增长空间小，新型煤机装备研发动力不足；煤炭产能快速增长的发展中国家、欠发达国家技术基础薄弱，新型煤机装备研发能力有限。应紧抓当前有利时机，瞄准未来煤炭开采少人化（无人化）的要求，尽早研究制定煤矿智能化标准体系，力争成为国际采矿智能化标准，形成标准和规范优势；加快勘探—建井—采掘—运输—修复全过程智能化装备研制，形成智慧煤矿建设的一体化解决方案，占领国际智能煤机的制高点。

3.3 开展专业化科技服务新商业模式探索

煤炭生产由社会型向专业化转变，将推动煤矿科技服务外包，煤矿不再直接购买技术装备，而是购买技术装备服务，技术装备服务将成长为一个独立的专门领域。建议开展专业化科技服务新模式试点示范，探索建立符合新业态要求的新型商业模式，引领国内外技术装备服务发展。特别是针对煤矿集中退役问题，开展包括废弃矿井复垦在内的矿山生态环境保护全过程技术装备服务模式探索。

3.4 推进“一带一路”科技资源和市场配置

我国当前的煤炭产能直接转移到澳大利亚等发达国家，没有标准优势、科技优势，也没有人力成本优势；而东南亚、非洲等欠发达地区的未来发展，需要更加安全、高效、绿色的煤炭开发方式。在国内煤炭产能下降的大形势下，建议加快推进与澳大利亚等发达国家的联合研发，全球配置科技资源，提升技术装备国际竞争力；培育并引领“一带一路”欠发达地区的煤炭科技装备市场，提高服务国内 + 国外煤炭生产的总规模。

（作者：任世华、吴立新。2019 年）

专栏四　新冠肺炎疫情对煤炭行业人力资源影响及对策建议

摘要：煤炭行业属于典型的劳动密集型行业，从业人员数量多、整体素质不高、后备发展人才不足。新冠肺炎疫情集中暴发后，煤炭行业克服部分工人未能如期返岗、在岗工人劳动强度增加等多重困难，积极推进复工复产，疫情对煤炭生产的不利影响已基本消除。虽然疫情对煤炭行业人力资源直接影响较小，但是疫情将影响我国煤炭需求中长期趋势，倒逼煤炭行业加快转型升级，凸显煤炭行业人力资源存在的问题和不足。建议以疫情为契机，加快调整人力资源结构，补足人才短板，更好地适应未来经济社会发展与变革。

过去几十年，煤炭一直占我国一次能源生产的 69% 以上，占一次能源消费的 57% 以上，是我国能源安全的基石。2020 年 2 月初新冠肺炎疫情集中暴发后，为保障全国抗击疫情和经济社会发展能源供给，国家领导同志多次强调保障煤电油气稳定供应，国家能源局专门发文、发函要求做好煤炭供应保障，再次充分展示了煤炭在我国能源体系中的重要性。煤炭行业克服部分工人未能如期返岗、在岗工人劳动强度增加等多重困难，积极推动复工复产，到 3 月初，疫情对煤炭生产的不利影响已基本消除。然而，国外疫情仍在扩散蔓延，国内疫情局部时有反弹，影响我国煤炭需求中长期趋势，倒逼煤炭行业加快转型升级，凸显煤炭行业人力资源存在的问题和不足。本文分析研判疫情对煤炭行业人力资源的影响，从应对短期冲击到主动适应未来发展的角度提出人力资源保障措施，以为煤炭行业高质量发展提供支撑。

1. 疫情前煤炭行业人力资源发展态势

由于发展方式相对粗放，煤炭行业属于典型的劳动密集型行业，从业人员数量多、整体素质不高、后备发展人才不足。在我国人口老龄化程度加深的背景下，加上 2016 年以来煤炭行业化解过剩产能，煤炭行业人力资源面临新旧多重挑战。

1.1 人员数量多且整体素质不高

2003—2013 年，经济发展带动煤炭需求上升，从业人员逐步增加，煤炭行业从业人员最高峰达到 611 万人。2014—2015 年，煤炭产能出现过剩，煤炭行业亏损严重，煤炭企业实施降本增效，开启人员分流，从业人员开始回落。2016 年以来，国家推动煤炭行业化解过剩产能，从业人员持续减少，2018 年从业人数降至 320.9 万人（见图 1），但仍占我国采矿业总人数的 58.27%，占第二产业总人数的 3% 以上。

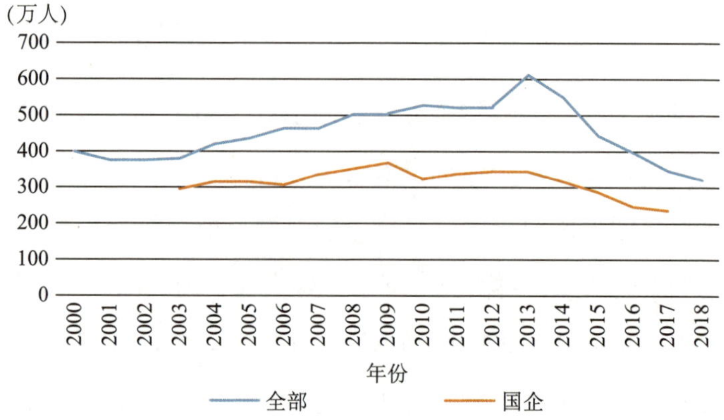

图1 煤炭行业从业人数变化

数据来源：Wind数据。

同时，煤炭行业从业人员整体素质不高。从学历水平来看，根据《中国劳动统计年鉴 2019》数据，我国采矿业从业人员学历以初中为主，占比 40.9%，较美国采矿业以高中为主的学历水平有很大差距，也赶不上我国电力、热力、燃气供应业以初中和大学专科为主的学历水平，见图 2。从高层次人才占比来看，煤炭行业中高级职称占比仅 2%，高技能人才占技能劳动者的比例为 11%，两院院士、长江学者、重大科研专项带头人等引领行业教育科技发展前沿的高层次人才非常少。

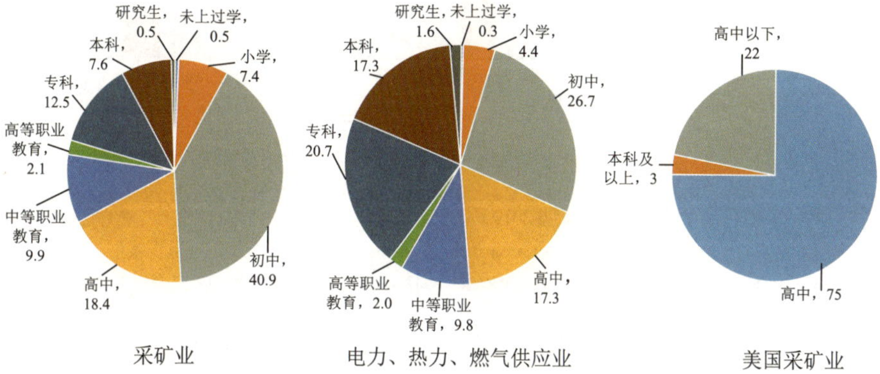

图2 我国采矿业、电力、热力燃气供应业和美国采矿业学历结构对比（%）

数据来源：《中国劳动统计年鉴2019》，美国劳动统计局。

1.2 人员老龄化严重且后备力量不足

与我国人口老龄化的总体趋势相比，我国煤炭行业从业人员老龄化更为严重。据相关统计，我国采矿业 25 ~ 39 岁的中青年占比 38%；40 岁以上人员占比 56.8%，超过各行业平均水平 10 个百分点（见图 3）。大部分煤矿一线人员平均年龄在 45 岁左右，一些煤矿已接近 50 岁，显著高于美国采矿业 44 岁的平均年龄。

在现有从业人员即将大量退休的同时，煤炭行业也面临“招工难”的困境。煤炭井下开采条件极为艰苦，井下工作环境潮湿、作业空间局限、劳动强度大、潜在灾害因素多，而我国采矿业从业人员平均收入明显低于全行业平均水平，远落后于美国煤炭行业平均水平（78024美元，在全美269个产业中排名第41位）。

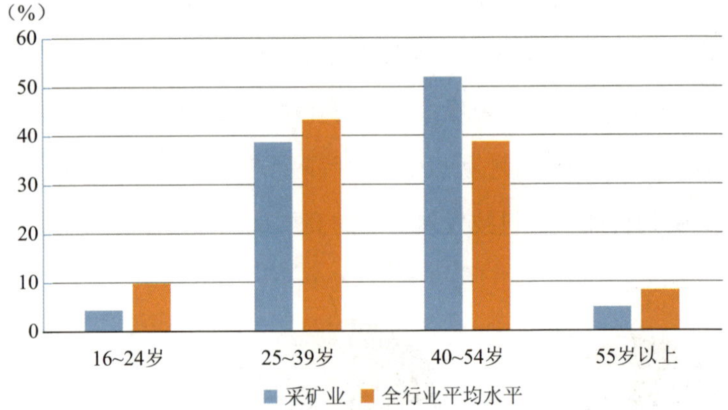

图3 我国采矿业年龄构成和全行业平均水平对比

数据来源：《中国劳动统计年鉴2019》。

收入与劳动付出不成比例降低了煤炭行业的就业吸引力，也引起了后备人才培养规模的快速下降。近年来，我国煤炭院校毕业生到煤炭行业就业人数大幅度减少，反过来导致煤炭院校大幅压缩矿业类主干专业招生数量。以东北某矿业学院为例，近5年矿业类专业第一志愿报考比例下降35%，毕业生到煤矿就业的人数降低86%，为此学校不断降低招生规模。

1.3 化解过剩产能加速相对优质人力资源流出

自2016年国家发布实施煤炭行业化解过剩产能政策以来，煤炭行业积极淘汰落后产能。截至2019年底，全国煤矿数量由2015年的1.08万处减至5300处以下，累计化解过剩产能超过9亿吨。大量煤矿关闭退出的同时也造成了数以万计的职工面临分流安置。以河北省为例，到2019年底，化解过剩产能接近5000万吨，涉及职工总数接近15万人。

虽然，人员分流有挖掘企业内部潜力安置职工、对符合条件的职工实行内部退养、依法依规解除终止劳动合同、帮扶就业困难职工再就业等多种方式，但是限于职工综合素质较低、就业适应能力较差、渠道有限，多数职工不愿意与企业解除劳动合同，基本依靠煤矿所在集团内部进行转岗安置。以淮南矿业集团为例，2016 年分流安置 5356 人，其中转岗安置 5046 人，内部退养 173 人，解除终止劳动合同 137 人。解除终止劳动合同实现集团外安置的比例不到 3%。通过自主创业、转岗就业等方式离开所在集团的职工技能水平、整体素质相对较高。技能水平较低人员流出比例低，而技能水平较高人员流出比例高，一定程度上带动了煤炭行业人力资源质量下降。

2. 疫情对煤炭行业人力资源影响分析

2.1 短期影响

2020 年春节一些煤矿停产放假较早，一线工人回乡过节较多。部分煤矿一线工人 2 月初未能及时返岗，造成煤炭产量短期恢复面临一定压力。克服部分工人未能如期返岗、在岗工人劳动强度增加等多重困难，煤炭行业加快复工复产步伐，推动产能复产率由 2 月 1 日的 38.9% 快速恢复到 3 月初的 83.4%（往年同期正常水平），整个一季度原煤产量 8.3 亿吨，同比仅下降 0.5%。到 5 月之后，全国煤炭日产量保持在 1000 万吨左右，超过历史同期水平（见图 4），疫情对煤炭生产的影响基本消除。

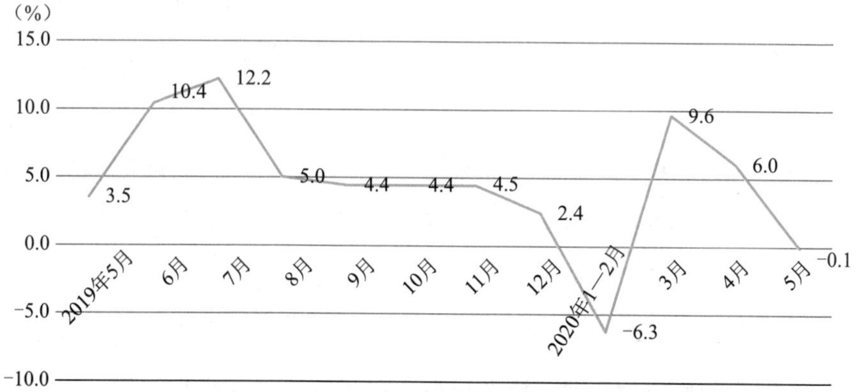

图4 我国原煤产量月度增速变化趋势

数据来源：国家统计局。

虽然短期内疫情对煤炭行业人力资源数量和质量本身没有太大的直接影响，但是煤炭作业场所人员相对密集，疫情防控要求加大个体防护距离，限制了煤炭行业人力资源效能的发挥，同时也带来了一定程度的用工安全风险。煤炭企业在遏制生产事故的同时，还要科学组织防疫工作，既保证安全生产，又织密防护网络，避免人员聚集，降低传染风险。连续发生的几起煤矿安全生产事故，也印证了事故防范与疫情防控交织叠加形势下，煤矿安全生产难度有所增加。

2.2 中期影响

当前，我国煤矿信息化、自动化、智能化程度落后于社会平均水平，落后于全部采用无人操作模式的风能、光能等新能源，也落后于几乎全部自动化的下游煤炭储运和大规模集中利用，以至于煤炭行业劳动效率总体不高。我国原煤生产工效为1300吨/人年左右，远低于美国、澳大利亚的10000吨/人年以上的水平。人力成本占我国煤炭生产总成本的40%左右。

虽然煤炭行业从业人员数量多，但是煤矿一线人员一直紧缺。疫情加剧了一线人员紧缺程度，凸显了机械化减人、自动化换人、智能化无人的重要性，激发煤炭企业推进智能化的积极性。在国家能源局等八部委2020年2月底发布《关于加快煤矿智能化发展的指导意见》前后，山西、山东等多个省份出台煤矿智能化建设实施意见，切实推进煤矿智能化。

按照一般规律，真正实现智能化的企业，智能化相关岗位人员占总人数的比例应达到30%以上。一方面，煤炭行业智能化相关人才储备较少，不足以支撑推进智能化的需要；另一方面，我国多个领域都在推动智能化，对智能化相关专业技术人才需求快速增加，煤炭行业引进相关人才的难度越来越大、成本越来越高。在多重因素共同作用下，煤炭行业智能化人才缺口将不断扩大。

2.3 长期影响

一方面，疫情对全球经济秩序和经济活动产生巨大冲击，将加速“逆全球化”浪潮，加快推动全球产业链重构，影响我国在全球产业链中的分工和份额，进而影响我国出口贸易，影响我国经济发展和煤炭需求。另一方面，疫情加速出清技术落后、煤炭单耗较高、盈利水平低，特别是长期亏损或处于亏损边缘的中小建材、化工等企业，一定程度上拉低了煤炭需求。中长期煤炭需求下降倒逼我国煤炭行业加快转型升级的步伐，而转型升级需要相匹配的人才支撑。

随着我国迈入后工业化时代，服务业平均工资不断上涨，我国服务业对就业人员的吸引力快速提升，现有劳动力向第三产业转移。根据预测，未来服务业就业人数还将进一步提升，到2030年左右，全社会60%的劳动力分布在第三产业。如果煤炭行业不能尽早谋划人力资源布局，将面临更加严峻的高层次人才紧缺问题。

3. 对策建议

人力资源是煤炭行业维持正常发展和转型升级的必备要素，无论是从短期应对疫情冲击还是长期适应经济转型趋势来看，改善人力资源现状都将是煤炭行业的必然要求。以疫情为契机，加快人力资源结构调整，营造良好的人才发展氛围，以人才带动前沿领域产业部署，才能够适应后疫情时代的经济社会变革。

3.1 着力提升现有人员素质

以实施从业人员知识更新工程为抓手，开展覆盖煤炭技术工人、管理人员、专业技术人员等不同岗位的继续教育服务。开发、整合适用于行业转型升级发展需要和职工多元化素质提升需求的线上线下教育资源，不断提高从业人员的学习能力。开展网络学历教育，提升煤炭职工整体学历层次。制定煤炭行业专业技术人才国家标准体系，培养一大批与煤炭工业发展相适应的技术能手、工匠大师、领军人才，努力建设一支高素质从业人员队伍。

3.2 加强对重点领域的人才培养和引进

针对煤炭行业智能化建设和布局新兴产业的战略发展需要，加快信息化、数字化、智能化前沿和重点领域的人才部署。一是建设国家级示范性高技能人才培训基地，围绕前沿技术的研发和应用，加大对有潜力的人才培养，尤其注重着力培养煤矿机器人领域人才；二是高薪聘请高层次人才，带领行业攻破关键技术、卡脖子的技术难题，加快提升产业创新能力。

3.3 优化薪酬激励制度

加大工资分配向特殊人才、井下一线和艰苦岗位倾斜力度。以企业投入为主，国家补贴为辅，加强煤炭企业员工的定点培养工作，重点支持国家贫困地区煤矿。满足员工追求美好生活的各项需求，主动帮助解决落户、教育、住房、医疗等难题，倾听员工在安全生产、职业健康等方面的诉求。加大对高层次技术人员、工匠大师、劳动模范等优秀员工的推介和宣传力度，扩大影响力，提高知名度，让高素质人才“名利双收”。

3.4 完善煤炭教育学科建设

根据煤炭行业转型发展需要，及时调整煤炭院校学科与专业设置，在传统学科内融入人工智能、应急管理、工业互联网等新知识、新技能、新工艺，不断健全学科和专业体系。加大校企合作，鼓励煤炭院校参与解决企业的现实问题，促进企业更好推动院校科研成果的直接转化。将职业能力、职业精神、实习实训环境贯穿教育教学过程，着力培养实战和应用能力。

（作者：陈茜。2020年）

专栏五 “双碳”目标下煤炭行业发展若干思考

摘要：碳减排相关政策措施的制定和落地实施将推进碳达峰、碳中和目标（简称“双碳”目标）由战略层面向经济、产业层面深入，对煤炭行业产生实质性的影响。本文试图厘清“双碳”目标对煤炭行业产生影响的机制，分析碳交易价格、技术进步等变化对主要消费领域煤炭竞争力格局的影响，预判了“双碳”目标下煤炭行业将由单一采煤向资源综合开发利用拓展、由燃料化利用向原料化材料化利用转型、由高产高效矿井向柔性矿井转变、由传统矿区向低碳/零碳矿区升级，并提出了相关政策措施建议，为煤炭相关决策和政策制定提供参考。

“双碳”目标不仅是国际承诺，也是国家战略，多个部门和行业正在研究制定减污降碳相关政策，推进由战略目标转化为指导经济产业发展的具体措施，将对我国包括煤炭行业在内的多个行业产生实质性影响。针对一段时间以来出现的超出目前发展阶段的盲目性减碳、零碳，2021年7月30日中共中央政治局会议要求“坚持全国一盘棋，纠正运动式‘减碳’，先立后破”。可以预见，未来推动碳达峰、碳中和将更加理性，会更多通过用能权交易、碳交易等市场化的手段，全国一盘棋循序渐进地推进，而不是针对某一具体行业或细分领域的“点穴式”行政强制产能退出。多年来，煤炭一直是我国的主体能源，未来相当长时期内我国经济社会发展仍离不开煤炭，即使实现碳中和，我国仍将有一定规模的煤炭消费。然而，煤炭开发利用也是我国碳排放的主要来源，占我国碳排放总量的 70% 左右，是我国碳减排的重点领域。虽然理性的碳减排环境给煤炭行业留出了优化发展的时间和空间，但是煤炭行业只有科学预判不同时段的政策强度及其可能带来的实质性影响，提前谋划布局采取针对性措施，才能既满足“双碳”目标的总体要求，也不冒进地大幅度退出，当好我国能源安全、稳定、经济供应的稳定器和压舱石。本文试图厘清“双碳”目标对煤炭行业产生影响的机制，分析碳交易价格、技术进步等变化对主要消费领域煤炭竞争力格局的影响，研判“双碳”目标下煤炭行业的发展方向，提出相关政策措施建议，为煤炭相关决策和政策的制定提供参考。

1.“双碳”目标对煤炭行业的影响机制及对关键领域影响分析

1.1 “双碳”目标对煤炭行业的影响机制分析

煤炭行业是指以煤炭开采、洗选为主的组织结构体系，聚焦于煤炭开发环节。煤炭开采、洗选因消耗煤炭、油品等化石能源，有少量的二氧化碳排放；因采动改变煤层压力，析出煤层中的甲烷（也称煤层气或瓦斯），有一定量的甲烷排放。从煤炭开发利用全过程排放特征来看，煤炭开发环节碳排放占煤炭开发利用碳排放总量的不到 10%。与电力、钢铁等煤炭利用行业相比，碳排放约束对煤炭行业的直接影响相对较小，更多是通过影响煤炭的竞争力来影响煤炭消费量，进而影响煤炭行业的产能需求和生产规模。

在保护生态环境、保障人身健康等多重目标下，能源的竞争力不再单纯是能源生产利用的直接成本，而应将从资源到最终被完全消耗的全生命周期作为整体来衡量，直接成本附加生态成本、安全风险成本等间接成本后的全生命周期综合成本越来越多地被认为是衡量能源竞争力的核心指标。生态成本包括污染物和温室气体处理、处置成本。碳中和要求将对生态成本产生影响，不同时段的影响程度不同，取决于碳排放约束程度、碳处置利用（CCS/CCUS）成本和碳交易价格。在碳中和要求带动生态成本增加的同时，也将促进技术进步，推动煤炭开发利用节能提效，降低直接成本，在一定程度上对冲生态成本的增加，降低煤炭开发利用全生命周期综合成本增加的幅度。煤炭开发利用全生命周期成本增加并不一定直接影响煤炭消费量，关键看煤炭与其他能源竞争力比较关系是否发生逆转。“双碳”目标对煤炭行业的影响机制见图 1。

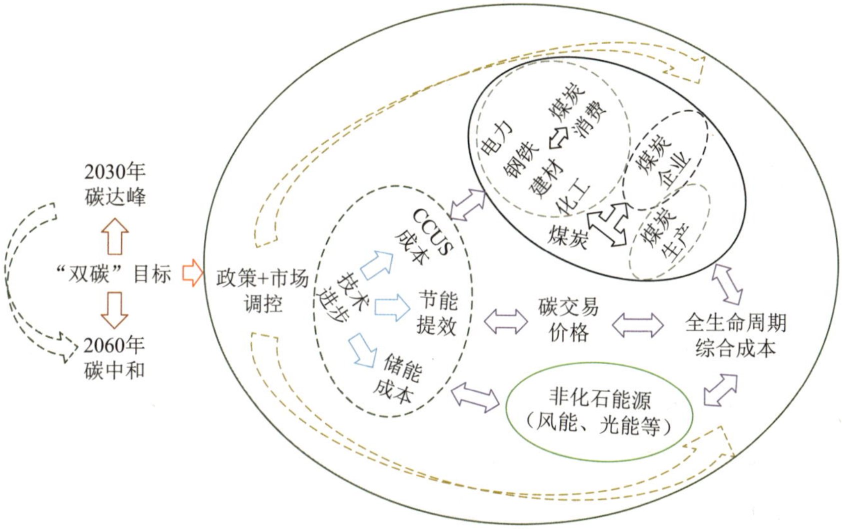

图1 “双碳”目标对煤炭行业的影响机制

1.2 “双碳”目标下主要消费领域煤炭竞争力格局分析

技术进步决定煤炭行业的发展空间，国家政策并没有明确其他能源替代煤炭，各种能源技术都在快速发展，煤炭行业发展的时间和空间取决于技术进步推进质量优化的程度和速度。根据煤炭和其他相关能源技术进步趋势预测，按照相关研究机构预测的我国碳交易价格将由目前的 50 元 / 吨左右逐步上升到 2030 年的 100 元 / 吨左右、2035 年的 120 元 / 吨左右、2050 年的 150 元 / 吨左右、2060 年的 200 元 / 吨左右，分析预测主要消费领域煤炭竞争力格局的未来变化。如果煤炭或其他能源有超越当前预期的颠覆性技术进步，将会进一步改变竞争力格局。特别是低成本 CCS/CCUS 技术若能取得突破并大规模应用，将从根本上扭转煤炭竞争力下降的趋势。

（1）燃煤发电

煤炭的主要利用方式是发电，可再生能源主要通过电力的方式实现利用，电力是煤炭与其他能源竞争的核心领域。多年来，燃煤发电占我国煤炭消费的一半左右。按照技术进步趋势和碳交易价格变化测算的不同时间各能源品种发电全生命周期综合成本见图 2。2035 年之前，燃煤发电全生命周期综合成本呈增加趋势，在攻克碳减排和环境保护技术的理想情景下，2035 年后有望开始下降。按照多年来煤炭与天然气的比价关系，典型超低排放燃煤发电和天然气发电对比分析结果表明，当碳交易价格不超过 1100 元 / 吨时，超低排放燃煤发电仍具有全生命周期综合成本的比较优势。与风能、光能等可再生能源电力包括安全风险成本在内的全生命周期综合成本相比较，风电成本有望于 2030 年前后低于燃煤发电，太阳能发电成本有望于 2040 年前后低于燃煤发电。届时，燃煤发电单纯作为发电量的竞争力可能发生逆转，若电力需求增量低于风电、太阳能发电量增长，燃煤发电会逐步被替代，而作为调峰电源将成为燃煤发电新的发展方向，在一定程度上减缓被替代的速度。

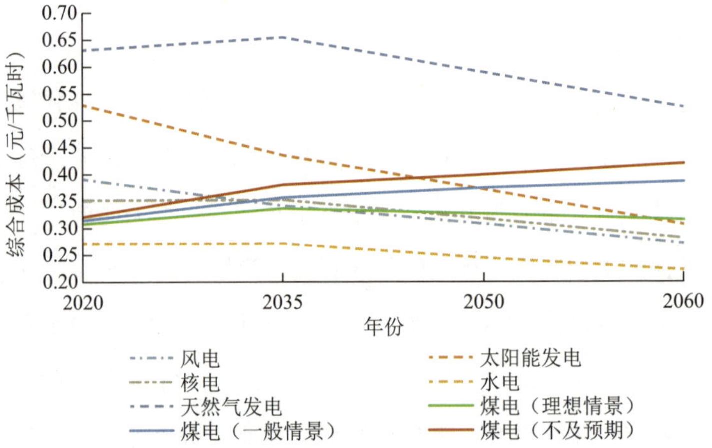

图2　不同能源发电的全生命周期综合成本预测

（2）金属冶炼

作为钢铁工业的碳质还原剂，生产焦炭或喷吹煤是煤炭的另一主要用途，约占我国煤炭消费量的15%。焦炭或喷吹煤主要用作原料，很难直接被以发电为主要利用方式的风能、太阳能等新能源替代，而理论上可通过新能源生产的电力制氢，用氢来减少焦炭或喷吹煤用量。国际上，20 世纪 90 年代前后开始研究氢能冶炼钢铁技术，到目前仍处于研发、试验阶段，据预测，到 2050 年前后高纯氢能冶炼钢铁有可能实现工业化。除了技术因素，另一个制约因素是成本。我国氢气产能有限，制氢气成本也非常高，依据目前氢能市场价格（约每吨 6 万元），采用氢能炼铁工艺成本比传统高炉冶炼工艺至少高 5 倍以上。笔者通过综合对比中美现代化进程指标、全球氢能冶金技术发展预测，结合我国经济社会发展阶段、人口发展趋势预测、废钢利用相关政策要求等，对碳中和目标下钢铁行业生产钢铁的碳质还原剂需求进行研判，得出到 2060 年作为碳质还原剂的用煤需求仍将为 3.0 亿 ~ 3.7 亿吨。对未来碳交易价格上升推动焦炭或喷吹煤冶炼钢铁成本升高、氢能生产和储运基础设施规模化带来的成本下降等因素综合测算表明，未来较长一段时期内，焦炭或喷吹煤的竞争力仍然难以被逆转。生产焦炭和喷吹煤对煤炭的需求将主要取决于钢铁生产规模和氢能冶金技术成熟度。

（3）化工转化

受资源禀赋制约，我国油气增产困难，近年来油气对外依存度持续攀升，2020 年油气对外依存度上升到 73% 和 43%。煤炭和油气的主要成分相似，通过煤制油、煤制天然气、煤制烯烃、煤制乙二醇等，可将相对丰富的煤炭资源转化为油气或油气替代品，以弥补油气供应不足。2020 年，煤制油产能 931 万吨 / 年、煤制烯烃产能 1582 万吨 / 年、煤制天然气产能 51 亿立方米 / 年、煤制乙二醇产能 489 万吨 / 年。煤炭化工转化可固定 30% ~ 40% 的碳在产品中，且产生的二氧化碳浓度高、压力大，不需要捕集和浓缩就可以直接利用或封存。在碳中和目标下，煤炭化工转化的优势将进一步显现。对碳交易价格上升推动煤炭化工转化成本升高、油气化工技术进步带动成本下降等综合测算表明，煤制油在 2030 年前后全生命周期综合成本将高于炼油，竞争力可能发生逆转；煤制烯烃的全生命周期综合成本较石油化工路线有明显优势，短期内难以逆转，见图 3。总体来看，生产作为原料或材料的化工品的竞争力强于生产作为燃料的油品。化工转化的煤炭需求在很大程度上取决于煤制化工品的市场需求和煤化工（煤炭深加工）产业政策。

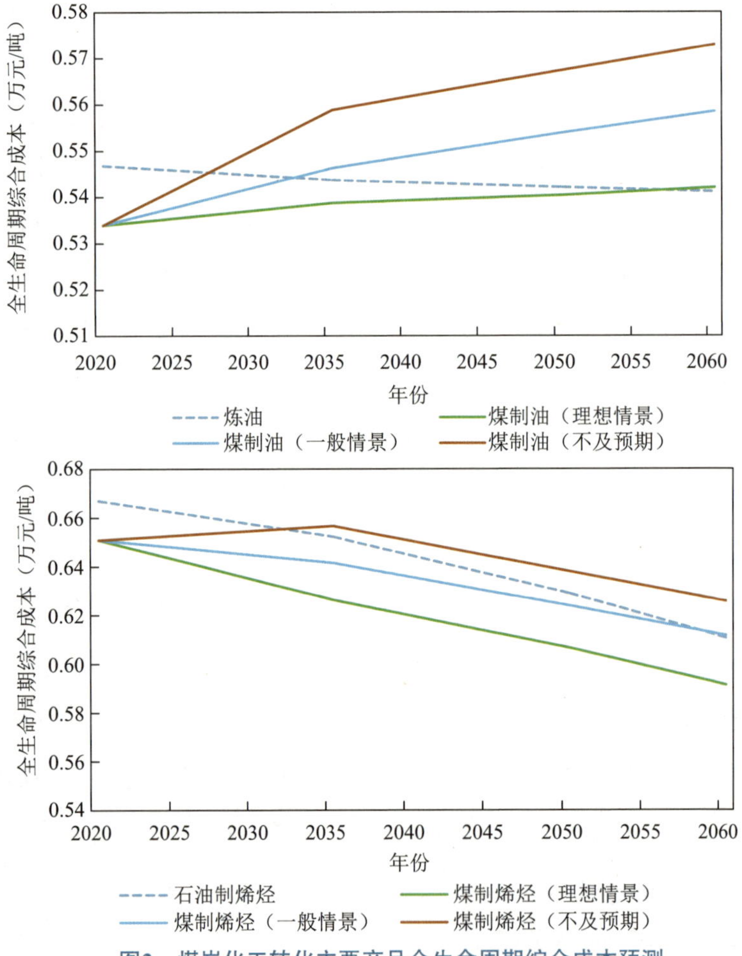

图3　煤炭化工转化主要产品全生命周期综合成本预测

2. 碳中和目标下煤炭行业发展方向思考

随着碳达峰、碳中和逐步由战略目标转化为指导经济、产业发展的具体措施，对煤炭生产和消费的影响逐步显现。针对逐步加大的影响强度，煤炭行业自身也将进行优化调整，可以通过多资源综合开发利用，减少单一资源采出的能源和材料消耗；原料化材料化固碳，少产碳少排放；订单式柔性生产，兜底能源供应并避免过剩浪费；矿区土地和地下空间储碳，构建低碳 / 零碳矿区等途径，降低碳排放强度，减缓甚至避免竞争力下降。

2.1 由单一采煤向资源综合开发利用拓展

碳达峰、碳中和在限制煤炭消费增长的同时，将推动新能源增长，而新能源增长将带动矿物需求增加。煤炭行业可发挥技术、工程优势，通过横纵向延伸，由单一煤炭资源采出拓展为煤炭及共伴生资源综合开发利用，由提供单一的初级产品升级为提供高附加值的多元产品优化组合，提高多种矿产资源综合回收率，增加开发效益，摊薄煤炭开采的能源和材料消耗以及相应的碳排放。横向上，以煤炭资源开发为主体，充分利用技术、设施、空间等优势，向共生资源和伴生资源开发拓展。煤炭与煤层气、矿井水以及煤炭中稀土元素和镓、锂、铀等金属元素统筹规划，联合开发，由单一煤炭资源开发拓展为煤炭及共伴生资源综合开发，大幅度提高开发效率。纵向上，以煤炭资源开发为基础，向煤炭洗选加工、分级分质利用、燃煤发电、化工转化等下游延伸，由煤炭资源采出拓展为煤炭开发及利用一体化，煤矿区从单一煤炭供给基地转型升级为煤、热、电、气等多元产品优化联供的综合能源基地。

2.2 由燃料化利用向原料化材料化利用转型

煤炭以芳环、脂环、杂环为基本结构单元，含碳量高，是很好的燃料，也可以作为原料和材料，生产油气产品和油气替代品，生产石墨烯等高端碳素材料。发电、工业锅炉、民用等燃料化利用，以燃烧获取热值为主要目的，不可避免地产生二氧化碳，碳排放系数高，对碳交易价格的承受力较低。而原料化材料化利用以提取或转化的方式获取高附加值的化工品，碳排放系数低，对碳交易价格的承受力相对较高。逐步增强的排放约束和逐步提高的碳交易价格将促使煤炭燃料化利用向原料化材料化利用转型。可以预见，随着煤炭物理性质、化学性质深入研究和提取、转化技术攻关不断取得突破，将实现更高水平的煤炭清洁转化，形成特种油品、高端煤基含氧化合物等多品种的原料化消费，以及在石墨烯、碳基固体氧化物燃料电池等前沿领域的大规模材料化应用。

2.3 由高产高效矿井向柔性矿井转变

碳中和目标下，风能、光能等可再生能源发电并网比例将逐步增高，而可再生能源本身具有不稳定性，电力调峰需求增加，带动煤炭需求波动加大。同时，油气对外依存度持续攀升且地缘政治复杂多变，我国油气供应安全面临严峻挑战，要求煤炭充分发挥在平衡能源品种中的兜底保障作用，将进一步加大煤炭需求波动。随着经济进入中速增长阶段、经济发展对能源需求减弱，未来煤炭生产不是越多越好，而是需要时可快速启动生产，不需要时可低成本保持生产能力，实现柔性供应，产能可低成本宽负荷调节的柔性矿井将替代当前的高产高效矿井，成为未来煤矿建设的新形式。国家部委和主要产煤省份正在大力推进煤矿智能化建设，云计算、大数据、物联网、移动互联网、人工智能等新一代信息技术在煤矿应用，将逐步推动柔性矿井由概念、框架变为现实，实现煤炭订单式生产。

2.4 由传统矿区向低碳 / 零碳矿区升级

煤矿区不仅有煤炭资源，还有丰富的地下空间和土地资源，具有丰富的储碳能力。截至 2018 年，我国煤矿井巷和采空区形成的地下空间体积超过 156 亿立方米，随着在产矿井资源枯竭后退出，还将进一步增加。

已有研究表明，500米以深的煤矿地下空间储存二氧化碳具有较好的稳定性。同时，煤矿地下空间的残煤、岩层和地下水对二氧化碳还有一定的吸附、溶解和运移作用，经过长时间的物理化学反应和地质变迁，可生成碳酸盐矿，固化二氧化碳。利用矿区土地，种植具有利用价值的快速生长植物，可形成一定量的碳汇。煤矿开采出煤炭，煤炭利用产生的二氧化碳回到煤矿地下空间封存，再加上地表碳汇，煤矿区有潜力实现碳自循环。德国等发达国家在2000年左右就开始了煤矿地下空间二氧化碳封存研究，我国一些研究机构正在开展煤矿地下空间调查评价和储能、储气、碳封存技术研发与应用。研发力度加大将推动技术快速突破，推进传统的煤矿区升级为低碳/零碳矿区。

3. 碳中和目标下煤炭行业发展对策建议

3.1 科学规范煤炭开发利用发展秩序

可再生能源在政策的大力支持下得到了快速发展，但短期内还不具备大规模替代煤炭等化石能源的能力。相关政府部门应在明确我国煤炭发展定位基础上，尽快调整煤炭产业政策，确保与“双碳”目标实现的进程、减煤成效相适应，不踩“急刹车”，不搞“一刀切”“层层加码”，改善煤炭行业和煤炭企业发展环境。针对建设柔性矿井的长期需求，研究制定长期适用的煤矿建设和运营标准，将安全生产、健康防护、环境保护等作为强制性条款，自动化、智能化等作为推荐性条款，以稳定的标准和政策环境支撑煤炭企业参与柔性矿井建设。针对煤炭原料化材料化利用的未来方向，采取区别于燃料化利用的政策，适当放宽能源消费量和消费强度限制。特别是生产煤基特种燃料、煤基生物可降解材料等的示范项目，可作为国家级重大项目，定向给予用能权等倾斜。

3.2 客观灵活把握煤炭产能调整节奏

煤炭企业应积极开展碳排放核查核算，厘清碳排放核查核算的范围、边界、计量依据，摸清碳排放家底，找出减排潜力点，预判不同时段碳减排约束强度和对碳交易价格的承受能力，客观制订与煤炭需求相适应的碳减排行动方案。关注不同能源竞争力比较关系变化，灵活把握煤炭产能调整节奏。积极跟踪能源技术进步、碳交易价格变化等对细分消费领域煤炭竞争力的影响，特别关注煤炭与其他能源竞争力的比较关系是否发生逆转。在逆转前，以节能提效为主，减少电耗、煤耗和材料消耗，不大幅度减少煤炭产能和产量，保障经济社会发展和人们生活水平提高的能源安全稳定供应；如果发生逆转，以煤炭需求减少的幅度同步减少煤炭产能和产量，保障煤炭供应既不大量过剩也不严重紧缺，当好我国安全高效、清洁低碳能源体系的稳定器和压舱石。同时，力争在逆转前完成自身转型升级。

3.3 加快煤炭相关颠覆性技术攻关

一些研究机构提出了新型技术构想并持续开展研究攻关，有望颠覆传统工艺技术不可避免产生二氧化碳的固有特性，实现零碳排放的煤炭开发利用。例如，煤固体氧化物燃料电池技术，在电池组内对二氧化碳催化、转化、矿化再能源化，实现循环利用、零碳排放。然而，这些技术还处在原理验证、小规模实验阶段，尚难以适应“双碳”目标的要求。应加大科技投入，加强科技资源整合，加快推进煤炭开发利用颠覆性技术攻关，探索节能低碳型煤炭开采方法、煤炭原料化材料化利用原理与机理、煤炭与新能源耦合利用原理、煤炭 CCUS 新原理等，研发废弃煤矿地下空间碳封存、二氧化碳矿化发电、二氧化碳制化工产品、与矿区生态环保深度融合的碳吸收等新型用碳、固碳、吸碳技术与装备，破解煤炭行业低碳发展的“卡脖子”技术问题。

4. 结语

（1）碳达峰、碳中和对煤炭行业的影响主要是通过碳排放处理处置或交易成本的内部化改变煤炭与其他能源竞争力的比较关系，影响煤炭消费量，进而影响煤炭行业的产能需求和生产规模。各种能源技术都在快速发展，煤炭行业发展的时间和空间取决于技术进步推进质量优化的程度和速度。

（2）针对逐步趋紧的碳排放控制，煤炭行业自身也将进行优化调整，由单一采煤向资源综合开发利用拓展、由燃料化利用向原料化材料化利用转型、由高产高效矿井向柔性矿井转变、由传统矿区向低碳 / 零碳矿区升级，降低碳排放强度，减缓甚至避免竞争力下降。

（3）建议科学规范煤炭开发利用发展秩序，与“双碳”目标实现的进程、减煤成效相适应；客观灵活把握煤炭产能调整节奏，保障经济社会发展所需的煤炭供应；加快煤炭相关颠覆性技术攻关，支撑煤炭行业低碳转型和高质量发展。

（原载于《中国能源》2021 年第 11 期。作者：任世华，焦小淼，谢亚辰。）

专栏六　煤炭与新能源深度耦合利用发展路径研究

摘要： 根据我国能源消费结构和煤炭在能源中地位的变化趋势，本文提出了煤炭消费方式变革的新路径——煤炭与新能源深度耦合利用。分析了煤炭与风能、太阳能、水能、生物质能、核能等典型新能源耦合的技术模式，剖析了其中存在的问题，提出了煤炭与新能源耦合路径的发展对策：加快耦合利用技术研发、完善耦合利用配套供给体系、建立健全政策体系与标准等。

随着我国经济向高质量发展转型，未来我国的能源结构将进一步优化，煤炭在能源消费结构中的比重将呈下降趋势，煤炭将承担更多的基础能源作用。根据相关预测，2025 年我国能源需求将达到 55 ~ 56 亿 tce，煤炭占比降至 50% ~ 52%。虽然占比降低，但煤炭在能源供给安全、成本安全中的调峰作用将越发凸显，是支撑新能源发展的重要基础，依然是我国能源体系中的稳定器和压舱石。然而，未来的煤炭发展不能再重复过去的粗放发展模式，煤炭需要通过技术创新、要素优化配置，以越来越低的环境成本，精准满足经济社会对煤炭的需要，既要进一步通过更高水平污染物控制手段降低单位用量的污染物排放量，也要提高利用效率和优化利用结构，减少煤炭资源消耗和污染物排放总量，适应生态环境要求。

近年来，我国在燃煤发电超低排放、散煤清洁替代及先进燃煤工业锅炉、煤炭提质加工和分质利用、煤炭清洁转化及多联产等领域有了长足的进步，煤炭清洁高效利用水平显著提高。商品煤质量明显提升，80%的燃煤发电实现了超低排放，现代煤化工各项指标不断优化。然而，随着污染物问题的逐步解决，煤炭利用过程的高碳排放问题已日益成为各方关注焦点。

碳捕集、利用与封存（CCUS）作为配套煤炭利用端减碳的技术，目前仍在成熟度、成本等方面存在不足，距离大规模工业应用还有差距。而基本不直接排放二氧化碳的新能源，虽然利用总量持续增加，但其成本问题尚未完全解决，应用形式发展不够均衡、应用场景不够丰富。同时，由于风能、光能、水能等可再生能源具有间歇性和波动性，大规模并网发电对电网调峰能力提出了很高要求，需要作为我国发电主力的燃煤发电参与调峰。因此，煤炭与新能源耦合利用，既能减少单位产品碳排放量，又能利用稳定可靠的煤炭清洁利用技术协同优化提升新能源利用质量。推动煤炭与新能源耦合协同利用，有利于煤炭利用碳减排、新能源利用规模提升，是从过程工程耦合角度提升能源利用质量的新举措，更为煤炭清洁高效利用开辟了新路径。

当前煤炭与新能源的协同耦合利用更多体现在电力调配上，依托火电厂深度调峰弥补可再生能源发电输出的波动间歇性，发挥降低煤电碳减排、促进可再生能源消纳、保障电网安全稳定运行的多重作用。然而，依托电网的煤炭与新能源的宏观层面耦合，给电网带来了巨大的调度压力，也未能深度发挥各自的潜力。因此，本文通过分析煤与新能源的深度耦合路径，提出发展对策建议，以期为煤炭与新能源耦合利用的技术发展与政策制定提供参考。

1. 煤炭与新能源深度耦合发展路径

新能源主要包含太阳能、风能、水能、生物能等可再生能源及核能等非可再生能源。煤炭与新能源深度耦合利用可通过化学转化、电力、热力等多种耦合形式实现。风能、水能、太阳能等可再生能源通过发电制氢将不稳定能量转化为稳定能量，并提供煤转化过程的用氢需求，替代原有煤制氢路线，减少碳排放，形成转化利用耦合；太阳能还可与燃煤形成耦合发电以提升能源互补性；核能既可通过制氢耦合煤化工，同时可实现核能余热气化及核—煤热耦合以降低能耗；生物质可与燃煤形成耦合发电路径，并与煤形成共转化（如共热解、共气化、共液化），协同提升利用效率。

1.1 煤炭与可再生能源耦合清洁转化

（1）可再生能源制氢耦合煤炭清洁转化

风能、水能、太阳能等可再生能源与煤炭耦合路径主要采用可再生能源发电制氢，通过氢能从产业链上整合可再生能源与煤炭转化，替代煤化工原有制氢路线，进一步削减碳排放，最大限度降低转化过程中的煤炭消耗，充分利用清洁可再生资源。此外，还可与煤化工的碳捕集与封存（CCS）集成，将煤化工捕获的二氧化碳与氢反应制备甲醇等，形成综合转化技术。该类技术正处于研发阶段，并已在基础理论、材料装备等方面取得了初步成果。

（2）煤炭与生物质耦合热转化

煤炭与生物质耦合制备化学品是充分利用两种能源结构优势、实现协调耦合作用的重要途径，通过耦合共热解、气化、液化等多种途径，进一步消纳可再生能源，同时提升煤炭转化效率。目前该类技术及先进配套装备多处于基础研究阶段，对煤炭与生物质的协同反应机理认识仍存在较大争议，研发仍需一定周期，尚未形成大规模工业化示范项目。

1.2 煤炭与可再生能源耦合发电

煤炭与可再生能源耦合发电技术为可再生能源发电提供一种新的途径，开展燃煤与光热耦合发电、生物质耦合发电示范与应用是当前多元化能源利用发展的重点方向。

（1）煤炭与太阳能光热耦合发电

利用太阳能与燃煤互补（即光煤互补）是从原料侧降低煤耗及污染物排放的有效途径，主要采用聚光型太阳能发电（CSP）与燃煤发电进行耦合，太阳能作为辅助，在保障太阳能发电效率的前提下尽量降低煤耗率、汽轮机热耗率、汽耗率。技术方式主要为槽式太阳能—燃煤发电耦合系统和塔式太阳能—燃煤发电耦合系统，塔式太阳能—燃煤发电耦合系统在热源部分耦合优势明显，熔融盐工质工作温度可达 575℃，空气循环更是可达 900℃，耦合潜力相比槽式更大。国内太阳能光热与燃煤耦合发电在系统集成、耦合技术等方面均有较大进展，正在制定太阳能光热与燃煤耦合发电方面的国家标准，已有企业正在开展 10 兆瓦太阳能与燃煤互补发电示范工程。

（2）煤炭与生物能耦合发电

燃煤生物质耦合发电是一种较为成熟的可再生能源发电技术，通过现役煤电机组的高效发电系统和环保集中治理平台，尽力消纳田间露天直燃秸秆，规模化协同处理污泥，实现燃料灵活性，降低存量煤电耗煤量，提升可再生能源发电量。燃烧技术以直接耦合燃烧及气化耦合燃烧为代表。直接耦合燃烧是在燃烧侧实现混烧，要求将生物质燃料预先处理成可以和煤粉混烧的状态直接送入炉膛实现混烧；气化耦合燃烧则依靠生物质在循环流化床气化炉中进行气化，而后将生物质煤气送入煤粉炉中与煤粉混烧。大型发电集团正在积极推进燃煤生物质气化耦合发电技术，2018 年燃煤耦合生物质发电技改试点项目建设已达到 70 余项。

1.3 煤炭与核能的耦合利用

核能发电在技术成熟性、经济性、可持续性等方面具有较大优势，相较于水电、光电、风电具有无间歇性、受自然条件约束少等优点，可持续稳定进行氢制备。针对煤炭在化工利用过程中富碳缺氢的特点，通过核能所制氢（高温电解制氢或热化学循环制氢）耦合煤气化工艺生产燃料和化学品，实现煤化工过程的碳氢平衡，减少传统煤化工直接碳排放源头——水煤气变换，大幅提升能效，显著降低碳排放。目前核能与煤炭资源耦合的低碳复合能源系统已完成模型构建。

煤炭与核能还可进行热耦合利用，如利用核能余热进行气化，可有效降低能耗及污染物排放，采用“核热源 + 调峰热源”的耦合供热新模式减少煤炭消耗。

2. 煤炭与新能源深度耦合过程重点问题分析

2.1 煤炭与新能源制氢耦合过程存在问题

风能、光能、水能、核能均可作为制氢的电力能源，但其在与煤炭耦合利用过程中存在共性问题，特别是表现在制氢端。

（1）大规模制氢技术及控制系统需进一步研发

新能源制氢技术主要依赖于水电解制氢，其中碱性电解水制氢技术相对比较成熟，成本低，操作范围负荷的变化为 10% ~ 110%，但能源效率偏低、控制策略复杂；而纯水电解制氢虽然有更高的电流密度、结构更紧凑、更加安全可靠，但设备成本比较高，贵金属催化剂、质子交换膜国产化技术尚未突破，单体容量比较小，大规模制氢难度较高。

大规模制氢需要大型控制系统进行实时检测与测量、数据通信和传输及控制策略实现等。同时制氢设备需要能够适应宽功率波动的高效低成本的制氢系统，才有可能实现大规模的制氢。总体上，大规模制氢技术及控制系统仍存在一定的研发周期。

（2）储存与运输装备及体系亟待完善

新能源建设基地与煤转化基地位置距离存在不确定性，大部分的风光电往往建设在远离氢能应用终端的东北、华北、西北等地区，可能存在距离终端用户较远的情况。距离的不确定性使得氢源与终端必须有大规模储存与运输体系作为支撑，但目前氢能的储运体系尚未完全形成。

（3）配套政策体系尚需健全

我国已制定了《国家中长期科学和技术发展规划纲要（2006—2020年）》（国科发计〔2013〕24号）、《“十三五”国家战略性新兴产业发展规划》（国发〔2016〕67号）、《产业结构调整指导目录（2019年本）》（发展改革委令第29号）等涉及氢的发展规划和相应的行动计划，部分地区也陆续发布了氢能相关的政策。但现有规划及措施主要以基于燃料电池行业的应用为政策出发点，政策规划仍大部分局限在新能源汽车等交通领域，没有在工业、能源领域出台鼓励用可再生能源制氢耦合煤炭等化石能源的引导和激励措施。氢能尚未明确纳入能源战略体系，氢与煤炭的耦合发展尚未形成专项规划。此外，多数鼓励性政策主要对象为鼓励燃料电池生产或者燃料电池汽车的生产，缺乏对耦合用氢等环节的补贴措施。同时，氢能的大规模储存、运输及与煤化工的一体化布局等尚没有完备系统的政策规划支撑。

2.2 煤炭与可再生能源耦合发电存在问题

（1）耦合发电技术存在薄弱环节

煤炭与生物耦合发电部分关键工程问题亟待解决，如生物质存在属性缺陷（能量密度低、含水量高），产生的烟气体积大，影响现有燃煤锅炉热交换系统正常运行；生物质燃料的不稳定性使锅炉的稳定燃烧复杂化；生物质灰的熔点低，易形成结渣；秸秆、稻草等生物质中的氯化物易形成高温腐蚀（交换器温度 >400℃）；生物质燃烧生成的碱易诱发燃煤电厂脱硝催化剂失活等。煤与太阳能光热耦合发电虽已形成示范，但在太阳能光热的高比例耦合原理及设计方法、系统集成、调控策略及电站灵活调峰等技术上仍需进一步攻关。

（2）耦合发电成本相对较高

生物质能与风能、光能等的区别是需要在原料获取和转化过程中额外投入，原料总成本居高不下。生物质发电的原材料成本构成要比传统发电复杂，增大了生物质与煤耦合发电成本。光煤互补过程太阳能替代汽轮机抽气在初段的转换效率最高，相应需求的太阳能热量更多，集热场面积更大，投资成本随之增加，需要进一步平衡其净现值率及盈利能力。

（3）产业规划及补贴政策尚需健全

目前煤炭与可再生能源深度耦合发电尚处于研发示范阶段，对光煤互补、生物质耦合燃煤发电等新产业在总量、结构、产业布局等方面的统一规划和指导相对薄弱，易形成无序及重复性产业布局。此外，新能源耦合燃煤发电的上网电价、补贴标准等尚未出台明确的政策。

3. 煤炭与新能源深度耦合利用的发展对策

3.1 加快深度耦合利用技术研发

形成多元化的新能源与煤炭耦合利用技术体系。突破新能源大规模低成本制氢技术，进一步提高电解效率，加强对风电、光电等无规律波动性适用性；突破纯水电解技术瓶颈，降低电解系统成本；提升可再生能源制氢系统控制水平，调整宽功率范围、降低波动以适应制氢系统；加快煤与太阳能光热耦合发电的系统集成研发，突破太阳能光热的高比例耦合技术与关键装备生产制造，形成调控运行策略及灵活调峰；突破煤与生物质耦合发电关键技术，探索煤与生物质共转化关键技术研发，形成产业示范。

3.2 完善耦合利用配套供给体系

加快提升氢储运技术水平，形成与煤转化的系统性耦合，形成“制氢—煤转化”一体化模式，减少运输距离，完善氢能供给产业链，将新能源与煤转化深度融合；完善生物质供给体系，进一步降低原料获取成本，提升煤与生物质耦合利用经济性。

3.3 建立健全政策体系与标准

将煤与新能源耦合利用全面纳入国家能源战略规划层面，从国家能源安全的战略层面鼓励发展新能源与煤炭等化石能源的耦合利用，以改善能源结构；建立促进煤炭与新能源耦合利用的财政补贴、税费、贷款支持等政策；面向国家重大战略需求的煤炭与新能源耦合利用技术，研究制定支持工业示范运转的专项政策，建立容错机制，加快成果转化；建立完善标准和认证机制，加强技术标准的研究制定，发布先进技术和装备目录；制定规划及指导意见，对总量、结构、布局形成分层次、分阶段的制度安排，避免无序、重复、低效投资。

（原载于《中国能源》2020年第5期。作者：任世华，曲洋。）

专栏七　煤炭行业向地热能资源开发拓展的路径分析

摘要：基于煤炭行业面临的严峻转型压力和地热能资源开发具有的发展潜力，研判认为当前正值煤炭行业向地热能资源开发拓展的机遇期。从技术、设施设备、工程建设与服务能力等方面分析了煤炭行业向地热能资源开发拓展的基础与优势，提出了以煤炭行业现有技术装备为支撑开展地热关键技术攻关与装备研发，以煤矿现有工程设施为基础推进矿井煤热共采工程建设，以煤炭行业现有工程服务能力为依托拓展地热专业化服务，以煤炭行业现有专业人才为主体打造专业化地热开发队伍等煤炭行业向地热能资源开发拓展的四大路径，以期为煤炭行业转型发展和实现碳中和目标提供思路和参考。

煤炭开发和利用是我国碳排放的主要来源，占我国碳排放量的70%左右。实现碳达峰碳中和目标，要求我国能源消费加快绿色低碳转型，实现由煤炭等传统化石能源向可再生能源转变。2021年10月国务院印发的《2030年前碳达峰行动方案》明确提出，“推进煤炭消费替代和转型升级”。在消费受限的同时，由于浅部资源减少，逐步向深部延伸，煤炭开采自身也面临着开发难度增大、投资效益减少的重大难题，煤炭行业转型升级是必然要求。另外，作为可再生能源的地热能，具有化石能源的可储性、可调性、可控性和可再生能源的无碳排放特性，且储量丰富、分布较广，具有良好的发展前景，但目前尚处于发展初期。2021 年 9 月，国家发改委等八部门联合发布的《关于促进地热能开发利用的若干意见》提出，“到 2025 年，地热能供暖（制冷）面积比 2020 年增加 50%，全国地热能发电装机容量比 2020 年翻一番；到 2035 年，地热能供暖（制冷）面积及地热能发电装机容量力争比 2025 年翻一番”。地热能资源与煤炭资源赋存深度较近，煤炭行业充分发挥自身技术装备、工程建设、人才队伍等优势，向地热能资源开发拓展具有良好的基础，当前正是难得的战略机遇期。本文试图从开采深度、技术、设施设备、工程建设与服务能力等方面分析煤炭行业向地热能资源开发拓展的基础与优势，提出煤炭行业向地热能资源开发拓展的主要路径，以期为煤炭行业转型发展提供思路和参考。

1. 煤炭行业向地热能资源开发拓展是战略方向

1.1 煤炭行业面临严峻的转型压力

我国已出台的政策措施明确提出，到 2030 年，非化石能源消费比重达到 25% 左右，单位国内生产总值二氧化碳排放比 2005 年下降 65% 以上，以助力实现 2030 年前碳达峰目标。国务院印发的《2030 年前碳达峰行动方案》提出，我国煤炭消费“十四五”时期严格合理控制增长，“十五五”时期逐步减少。碳减排、碳达峰相关政策措施的制定和落地实施，将对煤炭行业产生实质性的影响，煤炭行业面临前所未有的转型压力。我国碳排放情况见图 1。

1.2 地热能是未来能源发展的重要方向

地热能是储藏于地球内部的热能，具有总量丰富、分布广泛、能量密度大、清洁低碳、安全优质等特点，与水能、风能等其他新能源相比供能持续稳定，是一种发展潜力巨大的可再生能源。据原国土资源部中国

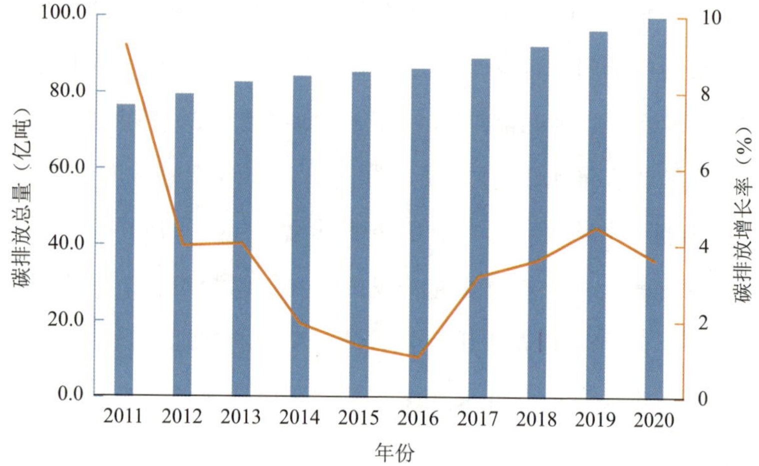

（a） 历年碳排放总量及增长率

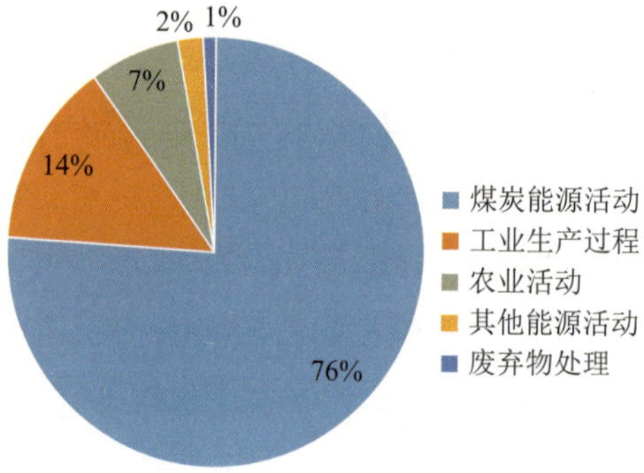

（b） 碳排放结构

图1 我国碳排放情况

地质调查局 2015 年调查评价结果，全国 336 个地级以上城市浅层地热能年可开采资源量折合 7 亿 tce；全国水热型地热资源量折合 1.25 万亿 tce，年可开采资源量折合 19 亿 tce；埋深在 3000 ~ 10000 米的干热岩资源量折合 856 万亿 tce。在国家政策引导及市场需求推动作用下，我国地热能资源开发利用发展迅速，浅层地热能利用快速发展、水热型地热能利用不断增长、干热岩地热能开发也已起步，地热产业体系初步形成，我国地热资源利用情况见图 2。在能源结构优化、气候变化应对、大气污染治理等大背景下，地热能作为潜力巨大的清洁可再生能源将成为未来我国能源结构转型的重要方向。

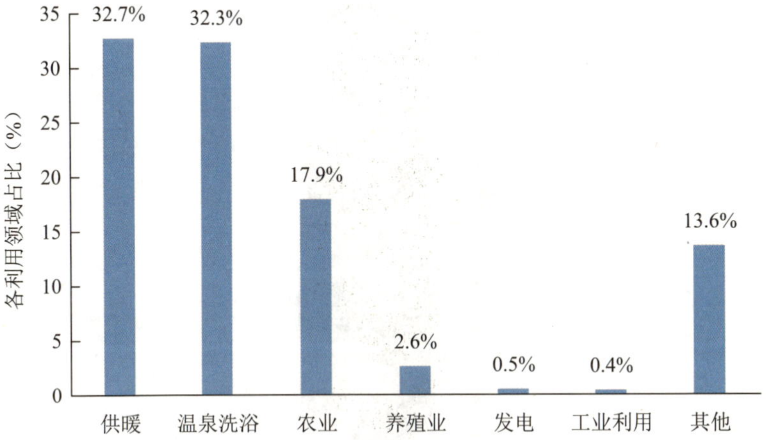

图2　我国地热资源利用领域及占比

1.3　煤炭行业向地热能拓展是重要的战略选择

煤炭开发深度与地热能资源契合。按照资源赋存条件，地热资源大致可划分为浅层地热资源（0 ~ 200 米）、水热型（常规）地热资源（200 ~ 3000 米）和干热岩地热资源（3000 ~ 10000 米）三大类。目前我国地热资源开发利用主要以 3000 米以浅的浅层地热资源、水热型地热资源为主。其中地源热泵井深度通常在 80 ~ 120 米，而温泉地热井则在上千米。对于 3000 米以深的干热岩型地热能，虽基本未开发利用，但其赋存的地热资源量潜力巨大。目前，我国煤炭开采矿井多集中于 800 ~ 1000 米以下的浅部矿井，矿井平均开采深度已达 510 米。煤炭资源赋存及开发深度及以此为基础的接续深度与浅层地热资源、水热型地热资源开发深度极为契合，见图 3。充分发挥煤炭行业技术装备、工程建设、人才队伍等优势，向地热能资源开发拓展，是煤炭行业转型升级的战略选择。尤其是在开采煤炭的同时对地热能资源进行协同开发，不仅可解决煤炭深部开采热害难题，也可提高资源开发效率和效益。

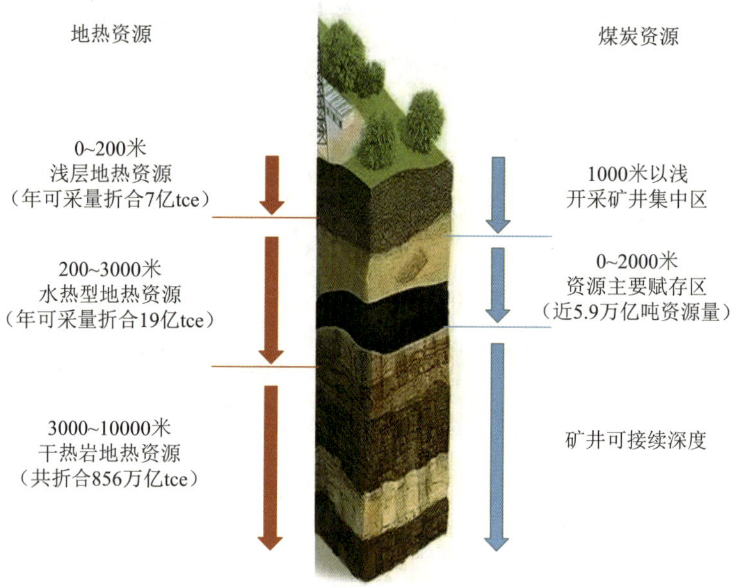

图3 煤炭与地热资源赋存及开发深度示意图

2. 煤炭行业向地热能开发拓展的基础和优势

2.1 煤炭行业相关技术可延伸于地热开发

从前期地热资源的勘探与评价，到准备阶段的钻井与成井，直至最终开发利用与生产监测调控，煤炭行业均可利用现有相关技术为地热开发提供技术支撑与保障。

（1）地质勘查与资源评价技术

历经近 70 年的发展，我国煤炭地质勘查依靠煤炭地质综合勘查理论与技术，以及集钻探、物探、测试、测绘、遥感、计算机于一体的综合勘探体系，形成了完善的煤炭地质综合勘查理论与技术体系。高精度地球物理勘探技术、地球化学勘探技术和快速精准钻探技术等煤炭领域地质勘查技术，可为初步查明热储、盖层、通道及热源等地热地质条件，并进一步勘查地热资源提供技术支撑。另外，我国煤矿企业在长期的煤炭资源勘查开发过程中积累了全国各地区巨量的地质资料，尤其是深部地层的相关地质资料，为确定地热异常区提供了重要依据与参考。

（2）矿井建设技术

作为地热开发重要的特殊技术，地热钻井是勘探和开采地热流体必用手段之一，常用于地热蒸汽和地热水的钻井开采。近年来，煤炭行业钻井技术发展迅速，形成了以竖井钻机为核心的钻井法凿井、以反井钻机为核心的反井法凿井以及以竖井掘进机为核心的井筒综合机械化掘进技术工艺及装备。特别是应用于矿井通风、瓦斯抽采、矸石填充、应急排水、注氮气灭火等方面的煤矿大口径钻井技术等特殊钻井技术与地面地热井钻进、井下地热井接力钻进等具有极高技术相似性，可较好地用于地热矿井建设。

（3）矿井水防治与利用技术

多数地热井水位在地面以下，仅有少数热田在开发之初有自流热水，地热井尤其是低温地热井的开采均需要在井口安装潜水泵抽水。煤矿大能力排水系统及相关技术可为地热水抽采提供完备的技术保障。矿井水处理技术、矿井水深度利用技术较为成熟，能够为地热水除砂、降矿化度处理、水资源保护等方面提供技术支撑。

（4）预裂爆破与水力压裂技术

为保持热储压力平衡和保护生态环境，地热资源开采的同时应尽可能将利用后的乏气和尾水实施地热回灌。石灰岩的岩溶热储和坚硬岩石的裂隙热储具有通畅的导水通道，回灌较为简单，而砂岩孔隙热储由于孔隙易被堵塞，较难实施地热回灌。一方面，煤炭行业预裂爆破技术、水力压裂技术、酸化增透技术等可为地热回灌提供经验借鉴，实现技术突破；另一方面，未来干热岩开发的关键技术是对原生裂隙极不发育的深部高温岩体进行裂隙激发，煤炭行业的煤岩预裂爆破技术、水力压裂技术等可为干热岩开发提供技术支撑。

（5）巷道掘进与支护技术

除增强型地热系统外，未来干热岩开发的一个重要思路就是在深地掘进巷道，铺设管路，通过直接或者间接换热系统对深部干热岩资源进行开发。经过多年发展，煤炭行业形成了适应各种复杂地质条件的巷道掘进与支护技术体系，其中，综合机械化掘进技术、全岩巷高效掘进技术及巷道支护理论与技术等可全面应用于干热岩资源开发。

（6）矿井安全监测监控技术

在地热开采过程中，为保障平稳安全生产，需要对地热流量、水位、压力、温度、水质等数据进行实时监测。同时，也要对地热开采、回灌等各生产环节供电设备、水泵、控制箱等机械设备工作状态实施监控。煤炭行业矿井安全生产监测监控系统可自动采集和处理数据并进行相应控制，能够实现对井下气体浓度、实时风速、矿井涌水量、矿山压力等环境数据的实时监测，同时也能对矿井各生产环节相关机械运行状态进行监控。煤炭矿井全方位监测监控技术应用于地热开发可实现全开发过程的动态监测及智能调度与调峰。

2.2 煤炭开发现有工程设施设备可应用于地热开发

地热资源开发存在勘查周期长、钻探成本高、开发风险大等问题，利用现有煤炭矿井巷道硐室进行进一步地质勘查及地质保障工作，可为地热资源勘查工作提供更为详尽的参考资料，现有井巷、管道设施设备也可以用于地热开发，从而大大降低了地热开发的成本。

（1）通风设施设备

矿山地热资源储能载体主要分为空气、地下水、岩体三个大类。矿井生产过程中，通风活动会产生大量废风，这种低温热源一般具有良好的稳定性。煤炭矿井现有通风系统设施设备较为成熟完备，主要包括以进风井、回风井为主的通风井，以进风巷、回风巷、瓦斯巷为主的通风巷道以及以高压风机、监测设备为主的通风设备。以通风设施设备为基础，煤炭生产矿井可开发利用以空气为储能载体的地热能：直接利用方式是在矿井回风巷道内通过空气对流方式提取回风中的地热资源；间接利用方式是在矿井通风系统内置喷水装置，利用水流与矿井回风流形成逆流换热。

（2）排水设施设备

根据已有煤—热共采工艺，矿井水热利用是在井下建立地下水库系统、地热井群系统、水仓系统等，钻采地热水，收集矿井涌水和深部地热水热能；在井上建设换热总站，换取矿井排水热能包括直接排水、降温系统热水的热能。对煤炭矿井而言，其排水设施设备主要包括：水仓、水泵房、管子道以及排水设备（水泵、供电设备、管路及其附件等），这些设施设备基本满足矿井水热开发条件。近年来部分矿井利用工作面开采后留下的采空区建立地下水库，不仅可以储存岩层渗水与井下开采产生的污水，还能充分利用矸石和长距离流动实现水资源的自然净化。这些矿井地下水库的水量、水温稳定，水质相对较好，可根据其实际条件选作地热水资源开发的热储。

（3）矿山巷道硐室

矿山巷道是在煤矿地下开采过程中，为实现矿井提升、运输、通风、排水以及动力供应等功能而开掘的地下空间与通道，通常包括井筒、巷道及硐室等。利用煤矿现有矿山巷道向地热开发拓展相比常规地面直接钻井具有较大优势。一方面，利用井下矿山巷道继续向深部进行地质探测，可以准确了解地质构造及垂直地温变化等情况，为后期热储层的确定提供资料；另一方面，由于地热井钻井成本与钻进深度呈指数关系，充分利用井下已有巷道与硐室作为钻井硐室向深部接力钻进地热井，可以极大减少钻井工程量、降低管材费等成本费用。以淄矿集团唐口煤矿地热开发研究为例，井下接力地热井需钻进 300 米，相较于井上直接钻井 1300 米的工程量具有极大效益与安全优势。对于关闭后的废弃矿井，有相当一部分水资源丰富、蕴藏着巨量的地热能、井下废弃的巷道硐室等巨大空间资源可以作为良好的热储空间进行地热开发。

2.3 煤矿工程建设与服务能力可保障地热开发

庞大数量及规模的煤炭矿井建设生产实践经验、专业化的全产业链从业人员、多专业耦合的科技创新能力以及多业务领域的专业服务能力，成就了我国煤炭行业强大的工程建设与服务能力，可为煤炭行业向地热能开发拓展提供强大支撑保障。

（1）工程建设能力

一方面，具有世界领先的煤矿矿井生产能力与建设能力。2020 年全国原煤产量 39.0 亿吨，约占我国一次能源生产总量的 70%，占世界总产量的 50%。截至 2020 年底，我国煤矿数量为 4700 处左右，平均产能达 110 万吨 / 年以上。全国建成年产 120 万吨以上的大型现代化煤矿 1200 处以上，千万吨级煤矿 52 处。煤矿井下定向钻进主孔深度达到 3353 米，煤岩巷道年掘进量达到一万多千米。另一方面，具有高水平的矿井建设科技创新能力，人工智能、大数据、机器人等现代信息技术与煤炭开发持续深度融合，全国已经建成近 500 个智能化采掘工作面，煤矿数字化智能化建设加速驶入快车道。随着我国煤炭矿井建设基础理论研究与关键技术攻关不断取得重大进展，以及先进设备研发和关键零部件生产能力显著增强，我国煤矿工程建设能力将会继续稳步提升，为拓展地热能开发打下扎实工程基础。

（2）专业人才队伍

我国煤炭行业从业人员规模庞大，工程技术人员等高素质人才比例较高。根据国家统计局第四次全国经济普查结果，我国煤炭开采和洗选业从业人员 347.3 万人，有力支撑着我国煤炭平稳生产、保障了国家能源安全，也为煤矿向地热开发拓展提供了强大建设力量。从地质勘探、煤炭生产，再到加工利用，煤炭行业涉及众多专业领域，拥有地质工程、环境工程、暖通工程、建筑工程、电气工程、机电工程、动力工程、矿业工程、通风与安全工程等专业科研梯队及人才队伍。专业力量与地热资源开发利用专业相关度较高，具备地热产业化发展的良好专业基础优势，可以为煤炭行业向地热资源开发领域拓展提供专业化人才队伍保障。

（3）专业化服务能力

我国煤炭企业拥有全面专业的服务能力，可提供井工矿、露天矿、选煤厂智能化设计、总承包、施工、监理及运营等全产业链全过程专业化服务，提供研发—制造—服务一体化解决方案，提供高端智库咨询服务等。随着煤炭行业转型步伐加快，专业化服务逐步向市政、建筑、交通、新能源等非煤领域延伸，并取得丰硕成果与显著成效。煤炭行业专业化的服务能力以及非煤领域实践经验可为地热能开发全过程专业化服务提供支撑。

3. 煤炭行业向地热能开发拓展的主要路径

适应碳达峰碳中和目标，顺应国家能源结构调整趋势，面向非化石能源比重提高、煤炭行业高质量发展等重大战略需求，把握煤炭行业向地热资源开发拓展的重要机遇期，加快开展关键技术研究及配套装备研制，打造专业化人才队伍，规划、改造、再利用新建矿井、生产矿井及废弃矿井，投资建设形成一批生产矿井煤热共采与废弃矿井地热资源利用示范工程，有力支撑煤炭行业拓展地热产业板块。

3.1 以煤炭行业现有技术装备为支撑开展地热关键技术攻关与装备研发

（1）矿井地热资源潜力评价

不同矿区之间、生产矿井与废弃矿井之间地热资源赋存差异较大，矿井各类热源开发的经济性与可行性不同。针对乏风、热水、热岩等不同形式的热源建立分项评价指标体系，开展综合评价。研究形成准确的生产矿井及废弃矿井地热资源潜力评估方法体系。研究生产矿井及废弃矿井风—水—岩多源热能综合评价技术，具体攻关地下温度场三维精细刻画技术、矿井乏风风量及低位热能蕴藏量评价技术、矿井热水水质及热储量评价技术、热岩体储层物理力学性质评价技术，研究矿井多场耦合作用下热储层储量动态变化评价技术等。

（2）井下钻井与成井技术与装备

相较于常规水文钻井作业，井下地热井接续钻井存在钻井深、井口大、成井工艺复杂，井上常规作业设备体积较大，难以应用于井下有限作业空间等难题。开展井下接续钻井选址评价技术研究，选取井下已有巷道与硐室作为接续钻井硐室，研究评价硐室地层稳定性及产热稳定性。开展生产矿井井下接续钻井与成井技术及配套设备研究，研究井下大口径快速钻井与成井技术及装备、井下定向井快速钻井与成井技术及装备，研制便于运输及适用井下作业的井下小型钻井防爆设备。

（3）矿井多热源综合开采技术与装备

现有矿井地热资源开发往往只针对单一热源且以水热资源开发为主，矿井地热资源开发应综合考虑矿井乏风、矿井排水及热岩体等多种井下热源进行开发利用。开展矿井风—水—岩多热源综合开采利用技术研究。对于矿井乏风，研究矿井乏风变工况高效能热泵技术、高效节能冷源提取技术及配套设备；对于矿井热水，研究高效回灌技术与工艺、热储层增透工艺与技术、物—化—生快速水处理技术与配套装备、矿井热水高效梯级利用技术、井下热水高效集输及热泵技术；对于热岩，研究热物性测试技术及成套装备、地岩换热型地热井高效强化换热技术。

（4）动态监测及智能调控技术与装备

多热源、多模块集成的矿井地热开发系统整体较为复杂，为保证矿井地热开发系统安全稳定运行，应对矿井地热开发各系统及设备进行动态监测与智能调控，根据监测数据综合分析，自动调节系统运行至最优状态。开展矿井多源地热开发动态监测与智能调控技术研究及配套设备研制，研究基于分布式传感的多参数动态监测技术与设备、基于智能反馈的动态调控技术与设备、基于信息融合的智能调控技术与设备、高效回灌智慧控制系统等，最终建成矿井多源地热开发智能化动态监测与智能调控系统。

3.2 以煤矿现有工程设施为基础推进矿井煤热共采工程建设

结合深井优势，充分利用煤炭行业工程建设能力、专业人才队伍、先进技术装备等有利条件，在具备条件的矿井优先开展一批技术经济可行的试点工程，并以此为基础，形成煤炭矿井地热开发拓展的技术装备、工程设计、施工、运行的标准规范体系与可推广可复制的成功经验，以点带面，推动我国煤炭行业向地热能开发拓展。

开展废弃矿井地热资源潜力综合评价，在摸清矿井地质条件、井巷状况、资源储量等基本情况的前提下，对废弃矿井地热开发可行性进行分级并建立动态数据库。据此优先选取一批技术经济性较优的废弃矿井进行地热资源开发项目示范，逐步形成示范效应。对于生产矿井，根据现有地质资料进行地热资源开发评价，选取条件成熟的矿井开展一批生产矿井地热资源改造开发工程，充分利用现有设备设施进行技术工程改造，形成煤热共采示范生产矿井。对于新建矿井，在设计阶段就应根据矿井地质及资源条件进行煤热共采总体规划，根据评估结果选择条件适宜的新井，开展一批新建矿井煤热共采设计示范工程，将地热开发贯穿于煤炭开发的全生命周期。

3.3 以煤炭行业现有工程服务能力为依托拓展地热专业化服务

开展地热开发设计咨询等服务。依托煤炭行业丰富的矿井设计经验，充分利用煤炭设计院力量，以工程实践为基础，逐步探索形成煤炭行业地热开发设计咨询产业；依托煤炭行业强大的研究能力与智库力量，延伸拓展地热开发规划编制、战略研究、技术咨询等相关服务，打造煤炭行业地热开发智库。

开展装备研发设计制造一体化服务。充分发挥煤炭行业煤机装备制造优势，以较为成熟的钻机、掘进机等地热开发装备为先导，定制化研发设计适用于煤炭行业地热开发的专业装备，并逐步拓展其他类型地热装备，最终形成地热开发全产业链装备一体化服务能力。

开展总承包、施工、监理及运营等全过程专业化服务。以煤矿施工、监理、运营项目经验为基础，充分发挥资质、技术、人才优势，加快申请相关业务资质，逐步探索承建地热开发建设、监理及运营等项目，加强项目组织管理，建设地热开发全过程专业化服务能力。

3.4 以煤炭行业现有专业人才为主体打造专业化地热开发队伍

以资源评价、钻井与成井、综合开采、动态监测等地热开发技术需求为导向，以煤炭行业现有相关专业人才为基础，引进地热开发专家、学术带头人及业务骨干，以煤矿地热开发实际工程项目为实践契机并结合地热开发专业培训，逐步打造一支以煤炭行业原有人才为主体的地热开发专业队伍。

超前布局煤炭行业地热开发所需的人力资源，加强传统矿业学科与新能源学科的交叉融合，形成人才接续。加快煤炭院校新兴交叉学科建设，以传统专业为基础，优化新增“采矿＋地热”“煤田地质＋地热”等复合型方向；推动煤炭院校研究生培养模式改革，强化企校合作力度，紧密结合煤炭企业地热开发现场实际需求，培养一批具有煤炭采矿学科专业基础的高素质地热开发复合型人才，提高人才与行业需求契合度。

4. 结论和展望

4.1 结论

（1）在煤炭减量转型压力严峻、非化石替代煤炭步伐加快的形势下，地热能产业体系初成，成为未来能源的重要发展方向。煤炭行业前所未有的转型压力恰逢地热能产业高速发展的迫切需求，当前正值我国煤炭行业向地热能资源开发利用拓展的重要机遇期。

（2）煤炭行业向地热能资源开发拓展具有极佳的基础与优势，二者开发在深度上相契合，煤炭现有开发技术、装备设施、工程建设服务能力等均可应用于地热开发。

（3）煤炭行业向地热能开发拓展，主要包括以煤炭行业现有技术装备为支撑开展地热关键技术攻关与装备研发、以煤矿现有工程设施为基础推进矿井煤热共采工程建设、以煤炭行业现有工程服务能力为依托拓展地热专业化服务、以煤炭行业现有专业人才为主体打造专业化地热开发队伍四大主要路径。

4.2 展望

（1）煤热资源全生命周期共采成为煤矿资源开发新模式。具备煤热共采条件的煤炭矿井探索形成从煤热资源地质勘探评估、共采规划设计、实际生产运行、协同高效利用，到采尽有序退出的全生命周期煤炭与地热资源共采体系。

（2）地热资源开发创造煤炭废弃矿井资源利用新途径。随着我国煤炭资源持续开发与去产能政策稳步推进，大量矿井面临关闭或废弃，预计到 2030 年我国废弃 / 关闭矿井将达到 1.5 万处。煤炭矿井拓展地热资源开发可提供废弃 / 关闭矿井巨量剩余资源开发利用的新方法，也为缓解煤炭企业经济压力与解决人员再就业问题创造新途径。

（3）煤热共采引领煤炭行业向多项资源开发拓展新局面。以煤炭矿井地热资源开发利用为契机，煤炭行业利用现有资源开发基础及矿井赋存资源优势向煤炭共伴生多项资源开发进行拓展，探索形成以煤为主、多项资源全生命周期协同开发新局面。

（作者：张亚宁，任世华。2021 年 12 月。）

参考文献

[1] 谢利平，任世华，吴立新. 煤炭碳中和战略与技术路径[M]. 北京：科学出版社，2022.

[2] 康红普，王国法，王双明，等. 我国煤炭行业高质量发展战略研究[M]. 北京：科学出版社，2022.

[3] 邢来顺. 迈向强权国家——1830–1914年德国工业化与政治发展研究[M]. 武汉：华中师范大学出版社，2002.

[4] 国务院国有资产监督管理委员会研究室. 探索与研究国有资产监管和国有企业改革研究报告2006[M]. 北京：中国经济出版社，2007.

[5] 廖进球，陈富良. 规制与竞争前沿问题（第3辑）[M]. 北京：中国社会科学出版社，2007.

[6] 谢富纪，肖敏，于晓宇. 创新型国家建设的R&D资源配置[M]. 北京：经济科学出版社，2011.

[7] 徐水师，王佟，谭克龙. 现代煤炭地质勘查技术[M]. 北京：地质出版社，2011.

[8] 石达，于畅. 现代配煤生产配方优化设计、工艺控制及煤质评定标准实务全书[M]. 北京：当代中国音像出版社，2011.

[9] 张毅，郭东明. 中国深部煤矿地热资源评价及利用分析[M]. 北京：冶金工业出版社，2012.

[10] 朱克力，吴敬琏，厉以宁，林毅夫，等. 读懂新常态[M]. 北京：中信出版社，2016.

[11] 编写组. 能源互联网助推中国能源转型与体制创新[M]. 北京：中国发展出版社，2017.

[12] 中国发展研究基金会. 中国发展报告2017资源的可持续利用[M]. 北京：中国统计出版社，2017.

[13] 贺佑国，刘文革，于雷，蓝晓梅. 中国大型煤炭企业资源开发方略[M]. 北京：煤炭工业出版社，2017.

[14] 郑克棪. 地热利用技术[M]. 北京：中国电力出版社，2018.

[15] 宁宇. 矿井建设技术[M]. 北京：科学出版社，2018.

[16] （德）克劳斯·施瓦布，（澳）尼古拉斯·戴维斯. 第四次工业革命行动路线图：打造创新[M]. 北京：中信出版社，2018.

[17] 庄世坚. 统一科学融基础学科于一体（下）[M]. 厦门：厦门大学出版社，2018.

[18] 谢和平. 煤炭革命的战略与方向[M]. 北京：科学出版社，2018.

[19] 王能全. 石油的时代[M]. 北京：中信出版社，2018.

[20] 谢和平. 煤炭革命与区域经济社会环境协同发展研究. 北京：煤炭科学研究总院，2019.

[21] 刘世锦. 中国经济增长十年展望（2019–2028）：建设高标准市场经[M]. 北京：中信出版社，2019.

[22] 煤炭科学研究总院. 煤炭高效清洁利用方式综合评价研究[R]. 北京：煤炭科学研究总院，2017.
[23] 煤炭科学研究总院. 能源革命驱动力与煤炭内生发展对策研究[R]. 北京：煤炭科学研究总院，2018.
[24] 中华人民共和国自然资源部. 中国矿产资源报告2019[M]. 北京：地质出版社，2020.
[25] 中国煤炭工业协会. 2019煤炭行业发展年度报告[R]. 北京：中国煤炭工业协会，2020.
[26] 国际能源署（IEA）. 2020年可再生能源报告：分析和预测至2025年[R]. 美国：国际能源署（IEA），2020.
[27] 国际能源署（IEA）. 关键矿物原材料在能源转型过程中的作用[R]. 美国：国际能源署（IEA），2021.
[28] 李秀娟. 吉林省国有林区经济社会环境系统协调发展评价研究[D]. 北京：北京林业大学，2008.
[29] 张艳. 陕西省煤炭行业管理体制创新研究[D]. 北京：中国地质大学（北京），2008.
[30] 孔闰英. 科学发展指标体系及评价方法研究[D]. 天津：天津大学，2009.
[31] 肖敏. 创新型国家建设的R&D资源配置研究[D]. 上海：上海交通大学，2010.
[32] 宋志才. 中国产业结构优化升级的驱动机制研究[D]. 武汉：华中科技大学，2013.
[33] 董翔宇. 辽宁省高技术产业自主创新与产业集群协同发展研究[D]. 沈阳：沈阳大学，2014.
[34] 宋喜斌. 基于系统动力学的煤炭资源枯竭型城市经济转型研究[D]. 北京：中国地质大学（北京），2014.
[35] 郭皓雪. 山西省煤炭资源与区域经济发展的耦合关系研究[D]. 太原：山西农业大学，2015.
[36] 许贵阁. 基于D–S理论的绿色矿山企业安全文化评价体系研究[D]. 西安：西安建筑科技大学，2015.
[37] 严慧. 大屯矿区绿色矿山建设评价及对策研究[D]. 北京：中国矿业大学，2015.
[38] 崔涛. 煤炭企业多元化、产业协同与企业绩效研究[D]. 北京：中国矿业大学，2016.
[39] 潘峰. 我国开征地热资源税问题研究[D]. 济南：山东财经大学，2017.
[40] 张茂龙. 塔式太阳能—燃煤双源耦合发电系统分析[D]. 北京：华北电力大学（北京），2017.
[41] 乔媛媛. 某煤矿安全体系构建及监管系统设计与开发[D]. 西安：西安理工大学，2018.
[42] 张文龙. 基于AHP—熵权法的绿色矿山建设综合评价[D]. 鞍山：辽宁科技大学，2018.
[43] 吴之琼. “京东白条”应收账款资产证券化动因及效果分析[D]. 南昌：江西财经大学，2018.
[44] 李莉莉. 基于回归模型的煤炭资源型城市产业转型研究[D]. 郑州：华北水利水电大学，2019.
[45] 亚库比. 中哈煤炭行业发展的比较分析与合作路径研究[D]. 西安：西安科技大学，2020.
[46] 侯翔. 地方政府竞争对经济高质量发展影响研究[D]. 广州：华南理工大学，2020.
[47] 岳福斌. 煤炭管理体制创新研究[J]. 中国特色社会主义研究，2006（03）：68–74.
[48] 周加来，李刚. 区域经济发展差距：新经济地理、要素流动与经济政策[J]. 经济理论与经济管

理，2008（09）：29-34.
[49] 李暄煜. 我国的能源、经济、环境（3E）系统发展相关性分析与研究[D]. 天津：天津大学，2008.
[50] 唐庆杰，丁兆军. 煤与生物质共气化制氢技术[J]. 中国煤炭，2010，36（07）：98-100.
[51] 王国庆，任群芳. 低品位油气储量相关资源税费政策的研究[J]. 当代石油石化，2010，18（11）：10-15+49.
[52] 于斌. 煤炭工业循环经济及园区发展模式分析[J]. 煤炭科学技术，2010，38（12）：105-108.
[53] 郑志锋，潘晶，黄元波，等. 壳类生物质与煤共液化的研究[J]. 太阳能学报，2011，32（04）：446-450.
[54] 牛克洪，何迎庆，孔光宇. 新时期我国煤炭企业变革发展的大趋势大战略[J]. 煤炭经济研究，2012，32（11）：26-31.
[55] 李红梅. 基于DEA方法下的我国金融资源配置效率研究[J]. 辽宁大学学报（自然科学版），2012，39（04）：336-341.
[56] 张玉卓. 我国煤洁净转化产业发展展望[C].中国煤炭学会成立五十周年高层学术论坛大会报告，2012.
[57] 孟卫东，孙广绪. 中国高技术产业各行业资源配置效率研究——基于R&D存量Malmquist指数方法[J]. 科技管理研究，2014，34（04）：38-42+79.
[58] 余波，曹晨，顾为东. 中国能源消费结构与风电/煤制天然气耦合经济性分析[J]. 中国工程科学，2015，17（03）：100-106.
[59] 焦慧强. 农业生物质混煤燃烧发电技术的研究进展[J]. 绿色科技，2015（10）：293-295.
[60] 牛克洪. “十三五”煤炭企业转型发展战略构想[J]. 煤炭经济研究，2015，35（01）：40-43.
[61] 吴立新，秦容军，任世华. 煤炭行业体制革命实现途径研究[J]. 煤炭经济研究，2016，36（05）：11-14.
[62] 任世华. 我国煤炭业态未来发展趋势分析[J]. 煤炭经济研究，2016，36（04）：57-60.
[63] 樊金璐，吴立新，任世华. 碳减排约束下的燃煤发电与天然气发电成本比较研究[J]. 中国煤炭，2016，42（12）：14-17+23.
[64] 王诚庆，徐金海. 推进我国新经济积极有序发展[J]. 中国发展观察，2016（14）：24-26.
[65] 黄炳香，赵兴龙，张权. 煤与煤系伴生资源共采的理论与技术框架[J]. 中国矿业大学学报，2016，45（04）：653-662.
[66] 刘见中，谢和平，任世华. 煤炭绿色开发利用的颠覆性技术发展对策研究[J]. 煤炭经济研究，2017，37（12）：6-10.
[67] 葛世荣. 深部煤炭化学开采技术[J]. 中国矿业大学学报，2017，46（04）：679-691.
[68] 王亚娟，李宗伟. 煤炭资源依赖型县域地区经济发展的问题及策略[J]. 中国经贸导刊，2017

（08）：12–13.

[69] 俞珠峰，王强，罗腾. 现代煤化工该朝什么方向发展[J]. 煤炭加工与综合利用，2017（12）：1–4+96.

[70] 赵继虎. 综采工作面重型刮板输送机中部槽国产化技术研究应用[J]. 山东煤炭科技，2017（11）：102–103+105.

[71] 程蕾，孙春升. 我国煤炭企业国际比较及强国战略实施[J]. 煤炭经济研究，2017，37（11）：21–26.

[72] 韩健庄. 矿区地热井工程施工技术探讨[J]. 世界有色金属，2017，472（04）：212–213.

[73] 谢和平，鞠杨，高明忠，等. 煤炭深部原位流态化开采的理论与技术体系[J]. 煤炭学报，2018，43（05）：1210–1219.

[74] 谢和平，王金华，王国法，等. 煤炭革命新理念与煤炭科技发展构想[J]. 煤炭学报，2018，43（05）：1187–1197.

[75] 王金华，谢和平，刘见中，等. 煤炭近零生态环境影响开发利用理论和技术构想[J]. 煤炭学报，2018，43（05）：1198–1209.

[76] 康红普，王国法，姜鹏飞，等. 煤矿千米深井围岩控制及智能开采技术构想[J]. 煤炭学报，2018，43（07）：1789–1800.

[77] 袁亮，张农，阚甲广，等. 我国绿色煤炭资源量概念、模型及预测[J]. 中国矿业大学学报，2018，47（01）：1–8.

[78] 王显政. 关于建设现代化煤炭经济体系的思考[J]. 中国煤炭，2018，44（10）：5–8.

[79] 王显政. 构建现代化煤炭经济体系促进煤炭工业高质量发展[J]. 中国煤炭工业，2018（08）：4–9.

[80] 黄滢，陈金锋，李强，钟文瑾. 生物质耦合发电项目综合效益分析[J]. 中国电力企业管理，2018（36）：78–79.

[81] 宋梅，常力月. 我国西北部地区煤炭行业人力资源结构优化及人才培养[J]. 中国煤炭，2018，44（11）：23–26.

[82] 侯全海，杨芊. 黑色煤炭清洁利用循环经济转型发展——同煤集团塔山循环经济园区建设发展的探索和实践[J]. 中国煤炭，2018，44（11）：146–149.

[83] 崔艳. 我国煤系共伴生矿产资源分布与开发现状[J]. 洁净煤技术，2018，24（S1）：27–32.

[84] 秦容军. 能源革命驱动要素及新一轮能源革命方向研究[J]. 煤炭经济研究，2018，38（06）：6–10.

[85] 郭牛喜，陶能进，王宏，等. 我国煤矿选煤设计综述[J]. 煤炭工程，2018，50（06）：15–19.

[86] 张风达. 基于熵值法的传统煤企转型协同发展评价研究[J]. 煤炭经济研究，2018，38（05）：58–62.

[87] 阮立军，杨芊. 我国现代煤化工产业面临的形势和发展机会[J]. 煤炭加工与综合利用，2018（02）：1-5+8.

[88] 任辉，吴国强，宁树正，等. 关闭煤矿的资源开发利用与地质保障[J]. 中国煤炭地质，2018，30（06）：1-9.

[89] 万志军，毕世科，张源，等. 煤—热共采的理论与技术框架[J]. 煤炭学报，2018，43（08）：2099-2106.

[90] 毕世科，万志军，张洪伟，等. 唐口煤矿地热资源开发及利用研究[J]. 煤炭科学技术，2018，46（04）：208-214.

[91] Qianqian Chen，Min Lv，Yu Gu，et al. Hybrid Energy System for a Coal-Based Chemical Industry[J]. Joule，2018，2（4）：607-620.

[92] 谢和平，吴立新，郑德志. 2025年中国能源消费及煤炭需求预测[J]. 煤炭学报，2019，44（07）：1949-1960.

[93] 王国法，刘峰，孟祥军，等. 煤矿智能化（初级阶段）研究与实践[J]. 煤炭科学技术，2019，47（08）：1-36.

[94] 王国法，杜毅博. 德国工业4.0与中国煤机装备智能制造的发展[J]. 煤炭科学技术，2019，47（03）：1-9.

[95] 王国法，刘峰，庞义辉，等. 煤矿智能化——煤炭工业高质量发展的核心技术支撑[J]. 煤炭学报，2019，44（02）：349-357.

[96] 刘峰，曹文君，张建明. 持续推进煤矿智能化 促进我国煤炭工业高质量发展[J]. 中国煤炭，2019，45（12）：32-36.

[97] 王建强，戴志敏，徐洪杰. 核能综合利用研究现状与展望[J]. 中国科学院院刊，2019（04）：460-468.

[98] 李维明，任世华，田辉. 多方合力妥善解决煤炭“去产能”后续问题——以河北省为例[J]. 中国煤炭，2019（01）：6-9.

[99] 施亚琪. 新常态下中国绿色矿山建设政策与格局[J]. 能源与节能，2019（12）：73-74.

[100] 陈茜，任世华. 新时代商品煤供应质量要求研判[J]. 煤炭经济研究，2019，39（03），54-58.

[101] 刘立. 我国能源供应体系建设的思考[J]. 国土资源情报，2019（12）：58-63.

[102] 马玉荣. “十三五”：高速增长转向高质量发展[J]. 中国发展观察，2019（20）：5-10.

[103] 本刊讯. 《中国地热能发展报告（2018）》白皮书发布[J]. 地质装备，2019，20（02）：3-6.

[104] 孙付华，陈汝佳，张兆方. 基于三阶段DEA-Malmquist区域农业水资源利用效率评价[J]. 水利经济，2019，37（02）：53-58+78+87-88.

[105] 陈健鹏. 完善环境治理体系，助力建构现代化经济体系.中国经济增长十年展望（2019-2028）. 2019：421-443

[106] 秦容军. 内蒙古“煤炭—经济—环境”协同发展研究[J]. 煤炭经济研究，2019，39（07）：45-50.

[107] 谭章禄，马营营，郝旭光，等. 智慧矿山标准发展现状及路径分析[J]. 煤炭科学技术，2019，47（03）：27-34.

[108] 孙来芝，陈雷，赵保峰，等. Mo/ZSM-5催化作用下生物质快速热解制生物油实验研究[J]. 化工学报，2019，70（08）：3160-3166.

[109] 刘虹. 煤炭企业向综合能源服务商转型刻不容缓[J]. 煤炭经济研究，2019，39（02）：1.

[110] 买亚宗，石书德，张勇. 国外综合能源服务的发展实践与启示[N]. 国家电网报，2019-01-08（005）.

[111] 李继峰. 推进新时代煤炭产业高质量发展的思考[N]. 中国煤炭报，2019-07-20（003）.

[112] 习近平. 推动形成优势互补高质量发展的区域经济布局[J]. 当代党员，2020（01）：1-3.

[113] 康红普，任世华. 煤炭行业高质量发展思路与“十四五”展望[J]. 电力决策与舆情参考，2020（01）：23-28.

[114] 王国法，庞义辉，刘峰，等. 智能化煤矿分类、分级评价指标体系[J]. 煤炭科学技术，2020，48（03）：1-13.

[115] 王国法，任怀伟，庞义辉，等. 煤矿智能化（初级阶段）技术体系研究与工程进展[J]. 煤炭科学技术，2020，48（07）：1-27.

[116] 任世华，李维明，李博康. 新冠肺炎疫情对煤炭行业后续影响研判及对策建议[J]. 煤炭经济研究，2020，40（04）：31-34.

[117] 任世华，曲洋. 煤炭与新能源深度耦合利用发展路径研究[J]. 中国能源，2020，42（05）：20-23+47.

[118] 郑德志，任世华. 我国煤炭绿色矿山建设发展历程及未来展望[J]. 煤炭经济研究，2020，40（01）：37-41.

[119] 徐泽宇. 中国区域经济增长差异研究进展与展望[J]. 财经界，2020（10）：23-24.

[120] 黄炳香，张农，靖洪文，等. 深井采动巷道围岩流变和结构失稳大变形理论[J]. 煤炭学报，2020，45（03）：911-926.

[121] 杜明泽，李宏杰，李文，等. 煤矿区场地地下水污染防控技术研究进展及发展方向[J]. 金属矿山，2020（09）：1-14.

[122] YuhaoWang，Wengui Gao，Kongzhai Li，et al. Strong Evidence of the Role of H_2O for Affecting Methanol Selectivity from CO_2 Hydrogenation over Cu-ZnO-ZrO_2[J]. Chem，2020，6（2）：419-430.

[123] 秦容军. 煤炭企业产业协同发展研究[J]. 煤炭经济研究，2020，40（07）：76–81.

[124] 王兵，陈龙高，李安民，等. 莫拉本井工矿长壁自动化工作面安全高效开采实践[J]. 煤矿现代化，2020（04）：45–48.

[125] 陈茜，任世华. 消费平台期煤炭行业发展的国际经验借鉴[J]. 煤炭经济研究，2020，40（06）：72–77.

[126] 贾玉成，吕静韦. 经济周期和经济政策不确定性推动了贸易摩擦吗[J]. 经济学家，2020（03）：75–86.

[127] 周先平，向古月，皮永娟. 逆全球化对中国经济增长的微观效应及其作用机理[J]. 国际金融研究，2020（04）：23–32.

[128] 徐生霞，刘强，姜玉英. 全要素生产率与区域经济发展不平衡——基于资本存量再测算的视角[J]. 经济与管理研究，2020，41（05）：64–78.

[129] 王莞珏，罗一凡，岳子静，等. 区域式综合能源发展策略[J]. 能源研究与管理，2020（02）：1–7.

[130] 孟翔宇，顾阿伦，邬新国，等. 中国氢能产业高质量发展前景[J]. 科技导报，2020，38（14）：77–93.

[131] 王国法，任世华，庞义辉，等. 煤炭工业“十三五”发展成效与“双碳”目标实施路径[J]. 煤炭科学技术，2021，49（09）：1–8.

[132] 王国法. 加快煤矿智能化建设推进煤炭行业高质量发展[J]. 中国煤炭，2021，47（01）：2–10.

[133] 刘峰，曹文君，张建明，等. 我国煤炭工业科技创新进展及“十四五”发展方向[J]. 煤炭学报，2021，46（01）：1–15.

[134] 张绍强. 统筹推进煤炭行业节能减碳，积极应对碳达峰、碳中和挑战[J]. 煤炭加工与综合利用，2021（05）：1–6.

[135] 牛艳奇，商德勇，庞义辉，等. 煤机装备智能制造发展路径与关键技术研究[J]. 煤炭技术，2021，40（05）：157–160.

[136] 王建建，胡辰树. 我国氢燃料电池专用车发展现状与趋势分析[J]. 专用汽车，2021（04）：51–55.

[137] 陈茜. 新时代我国煤炭行业开展全方位国际合作的策略研究[J]. 煤炭经济研究，2021，41（03）：56–60.

[138] 靳国忠，张晓，朱汉雄，等. 应对碳减排挑战 现代煤化工多能融合创新发展研究[J]. 中国煤炭，2021，47（03）：15–20.

[139] 李佳佳. 全国碳市场因故推迟启动CCER等配套市场已悄然升温[N]. 财联社，2021-06-30.

[140] 环境保护部. “生态保护红线、环境质量底线、资源利用上线和环境准入负面清单”编制技

术指南（试行）.2017.

[141] 国务院关于煤炭行业化解过剩产能 实现脱困发展的意见（国发〔2016〕7号），2016年2月5日.

[142] 王琼杰. 生态文明引领中国矿业行稳致远[N]. 中国矿业报，2019-12-02（001）.

[143] 康红普. “十四五”迎变局，煤炭路在何方[N]. 中国煤炭报，2020-01-14（002）.

[144] 国家能源局. 2019年风电并网运行情况[Z/OL].（2020-02-28）[2020-03-20]http：//www.nea.gov.cn/2020-02/28/c_138827910.htm.

[145] 国家能源局. 2019年光伏发电并网运行情况[Z/OL].（2020-02-28）[2020-03-20]http：//www.nea.gov.cn/2020-02/28/c_138827923.htm.

[146] 国家能源局.2019年电力统计年快报基本数据一览表[Z/OL]. [2020-03-20] http：//www.cec.org.cn/d/file/guihuayutongji/tongjxinxi/niandushuju/2020-01-21/da4b94b0ea26eb47bb0304bc44970870.

[147] 国家能源局综合司关于做好疫情防控期间煤炭供应保障有关工作的通知（国能综通煤炭〔2020〕7号），2020年1月.

[148] 国家能源局煤炭司关于进一步加快煤矿复工复产保障煤炭稳定供应的函，2020年2月5日.

[149] 东方财富网. 氢能炼钢：技术、经验与前景[EB/OL].（2021-03-19）. https：//www.eastmoney.com/.